■ 中国·美国与当代世界论丛

全球化语境中的中美文化研究

——中美比较文化研究会第九届年会暨国际学术研讨会文集

程爱民 潘 望 编

南京大学出版社

图书在版编目(CIP)数据

全球化语境中的中美文化研究：中美比较文化研究
会第九届年会暨国际学术研讨会文集：英、汉 / 程爱民，
潘望编. -- 南京：南京大学出版社，2016.6
（中国·美国与当代世界论丛）
ISBN 978 - 7 - 305 - 16921 - 2

Ⅰ. ①全… Ⅱ. ①程… ②潘… Ⅲ. ①比较文化－中
国、美国－国际学术会议－文集－英、汉 Ⅳ. ①G04 - 53

中国版本图书馆 CIP 数据核字(2016)第 112527 号

出版发行　南京大学出版社
社　　址　南京市汉口路 22 号　　　　邮　　编　210093
出 版 人　金鑫荣

丛 书 名　中国·美国与当代世界论丛
书　　名　全球化语境中的中美文化研究
　　　　　　——中美比较文化研究会第九届年会暨国际学术研讨会文集
编　　者　程爱民　潘　望
责任编辑　卢文婷　田　雁

照　　排　南京南琳图文制作有限公司
印　　刷　南京玉河印刷厂
开　　本　787×960　1/16　印张 16.25　字数 267 千
版　　次　2016 年 6 月第 1 版　　2016 年 6 月第 1 次印刷
ISBN 978 - 7 - 305 - 16921 - 2
定　　价　46.00 元

网　　址　http://www.njupco.com
官方微博　http://weibo.com/njupco
官方微信　njupress
销售咨询热线　025-83594756

总　　序

《礼记·学记》有云："虽有嘉肴,弗食不知其旨也;虽有至道,弗学不知其善也。是故学然后知不足,教然后知困。知不足,然后能自反也;知困,然后能自强也。故曰:教学相长也。"教与学原本一体两面,是师生共同的事业,非独教师单方面的"传道、授业、解惑"。进而言之,教师亦须不断追求新知,一流的教学有赖于一流的研究。

育人与问学,乃高等教育的两翼,相辅相成,缺一不可。大学之本是育人,育人之旨,在"养成人格",非徒灌输知识、传授技能;大学之根是学问,学问之道,在"善疑、求真、创获"。两者之上,更需有一灵魂,是为大学之魂。大学之魂乃文化,文化之内核,即人文价值与"大学精神":独立、开放、理性、包容、自由探索、追求真理、秉持理想与信念。大学之为大学,盖因有此三者矣。

南京大学—约翰斯·霍普金斯大学中美文化研究中心,是中国和美国两所著名大学共同创办的教学与研究机构。它于1982年经国务院批准开始创建,是中国改革开放以来最早建立的高等教育国际合作机构,旨在培养从事中美事务和国际事务的专业精英,专业方向涵盖国际政治、国际经济、国际法、环境—资源—能源、美国研究和中国研究等领域。

自1986年以来,联合证书项目已连续招收了28届学生。自2006年以来,联合硕士项目已招收8届学生。来自中国、美国和其他国家的近三千名具有杰出才能的学生从"中心"毕业,他们活跃在中美两国以及世界各地的政府、企业、高校、科研机构、媒体、非政府组织等部门。

跨语言、跨文化、跨学科的交流氛围,中外学生共同学习、生活,中外教授联合执教、相互切磋,以及与国际教育体制接轨的管理制度等特征,构成了"中心"迄今在全国仍属独一无二的运行模式。在两校领导人的大力支持下,经过几代人的辛勤耕耘,"中心"如今已成为国际知名的跨国教学与研究机构,被海内外誉为高等教育国际合作的典范。

时光荏苒,物换星移。唯有与时俱进,方能长盛不衰。在"中心"即将"三十而立"之际，为了更好地利用"中心"独特的国际化学术资源，加强对外交流，凝聚研究团队，促进学术发展，展示"中心"师生的学术成果与研究心得，反映南京大学的学术风格与研究水平，"中心"的几位中方教授经反复商讨，决定编辑出版《中国·美国与当代世界论丛》。

海纳百川，有容乃大。办教育、兴学术，蔡元培先生主张"囊括大典，网罗众家，思想自由，兼容并包"。本丛书的编纂，亦将遵循此种方针。

"中国·美国与当代世界"之命题，其义有三：首先，基于"中心"学术架构与办学特色，我们鼓励就中美关系以及中美两国在政治、经济、社会、文化诸领域的各种具体问题展开全方位、多层次、跨学科的研究。其次，鉴于全球化时代世界各国相互依存、各类问题密切关联的现实，我们不但要研究中美两个大国各自的发展状况及其相互关系对当代世界可能产生的影响，更要把中国、美国以及中美关系问题置于当代世界的大环境中加以考察。复次，当今世界各种关乎人类和平与发展的重大问题，无论是全球与地区层次上的政治、经济、贸易、金融问题，还是诸如暴力冲突、武器扩散、恐怖主义、跨国犯罪、移民、难民以及环境、生态、资源、能源等传统与非传统安全议题，乃至国际体系的制度变迁与秩序改良、多元文明的对话与交融，也理当进入我们的研究视野。总之，探讨各类国际与国内问题，考察各种双边与多边国际关系，我们不仅强调中国视角与本土关怀，也倡导全球意识与世界眼光。

我们不仅期待海内外校友惠赐大作、玉汝于成，也欢迎学界同仁不吝赐教，共襄此举。

举凡个人专著、合作成果、优秀论文、会议文集，乃至特色鲜明、裨利教学的精品教材，海外名家、学术前沿的移译之作，只要主题切合，立意新颖，言之有物，均在"网罗"、出版之列。必要时我们还将出版各类专题系列成果。我们希望，将来集腋成裘，或可蔚为大观。

一事之成，端赖众力。让我们携手浇灌我们的精神花园，共赴思想之旅，同铸大学之魂。

论丛编委会

前　言

自 21 世纪以来,全球文化冲突与文化竞争加剧,既有宏观理念上的冲撞,也有微观生活中潜移默化的影响。如何在这样的国际环境中开展行之有效的语言文化交流与传播,已成为中美两国语言文化教学研究者所面临的一个亟待解决的命题。由中国比较文学学会中美比较文化研究会、南京大学、北京大学、南京师范大学主办,南京大学—霍普金斯大学中美文化研究中心和南京大学海外教育学院共同承办的中美比较文化研究会第九届年会暨国际学术研讨会于 2014 年 7 月 18 日至 20 日在南京大学召开。南京大学副校长杨忠教授,中美比较文化研究会会长、南京大学海外教育学院程爱民教授,南京大学—霍普金斯大学中美文化研究中心中方主任何成洲教授等出席了开幕式并致辞。本届会议以"变化中的中美文化"为中心议题,在全球化的大背景下,涉及多个领域、不同视角,包括全球化与文学的关系、中美文化研究对当下中国社会文化发展的意义、中美语言文化在两国的教学与传播、中美文学与文化的翻译与传播、中美影视与流行文化及其他相关议题。本次年会共有 160 多位代表与会,来自国内外 80 多所高校或研究机构,会议共收到论文或摘要 120 多份。美国加州大学洛杉矶分校(UCLA)张敬钰,澳门理工大学毛思慧,山东大学郭继德,北京外国语大学孙有中,南京大学杨金才、何成洲,南京师范大学顾嘉祖、姚君伟等知名学者参与会议并做了重要发言。

当今世界正在发生深刻而复杂的变化。就中美两国而言,在目前全球化时代的世界格局中,伴随着中国对世界的开放,中美两国已经不再仅是地理意义上的概念,而是处于新的世界结构中的两个相互竞争又相互依存的经济文化大国。大国之间的关系对国际事务产生着重大影响。大国关系的构建不仅在于政治和经济,也需要打破文化隔膜,进行有效的文化沟通,实现真正的互信互利。对于中国和美国这两个超级大国来说,在文化方面的博弈、调整与合作更是势在必行。鉴于中国文化的兼容并蓄和美国文化的开放多元,长远来看,中美之间并不必然走向"文明的冲突",更有可能的是,通过不断碰撞和了解,两国达成一种基于理解的共处。而这种平衡的状态将为新型大国关系奠定坚实的文化基础。正是在这一背景下,本次大会密切关注中美两国间最新的文学、文化交流形势,以及这些新现象的根源、表征及其带来的具体影响。

大会特邀嘉宾张敬钰教授作了主旨发言。她以中美两种文化传统为观照,比较了中国诗人陶渊明对隐居生活的向往和美国作家爱默生为独立精神之前提的洒脱,讨论了二者的精神渊源与思想异同。陶渊明和爱默生分别开启了中美田园诗的先河,文人著述"隐"以及"隐"之理想的传统也由此生发。张教授提出,两位诗人都受到老子的影响,但由于不同的文化背景,二者的差异也很明显。陶渊明追求融合于自然,与世隔绝;爱默生则从未放弃作为公共知识分子的社会责任,并认为受启蒙的个人本身就具有神性。所以,在两位伟大作家身上体现出的不仅是个人选择的差异,也反映出两种文明的截然不同。在本次大会上,许多精彩的论述都是借由经典作家来反思中美文化的异同以及彼此间的影响。南京大学程爱民教授对梭罗自然观中的"天人合一"思想进行了再思考。他认为,西方与中国在对人与自然之关系的理解上存在着很大差异。在西方自然哲学中,人与自然的关系通常被认为是彼此对立的"主客关系",而中国哲学通常将之视为一种和谐的"部分与整体"的关系。梭罗的自然观将中国古代哲学的"天人合一"思想吸收其中。尽管这种自然观在结构上可能存在矛盾,但梭罗试图协调东西方两种存在冲突的观念,寻求和维持两者间的平衡。而淮阴师范学院的浦立昕则论述了古老的儒家思想对梭罗的影响,指出梭罗借鉴和吸收了儒家的"安贫乐道"来丰富他自己的"自愿清贫"。

在经典研读和历史观照的基础上,与会代表们将目光投向了现实,对变化中的中美文化给予了高度而热切的关注。语言、文学、影视等皆是文化的符号与表征,大到新经典的诞生,小到一部美剧的流行,都可指涉深远的社会文化原因以及对未来的重大意义。就当下而言,最大的现实,或者说每一种文化研究都不能回避的大背景是全球化。这也是此次研讨会的热点话题之一。南京大学何成洲教授探讨了全球化与文学的关系。他认为,随着当代全球意识的崛起,出现了一些普遍的问题和现象,它们成为各民族文学共同关注的对象。在不同文化语境下,这些普遍的问题和现象产生了本土化流变,表现在不同的文学作品中,呈现出富有国家、民族个性的特征。这种世界文学的新形态改变了跨文化交流的方式,反映着世界历史的变化,同时也影响着全球历史的进程。从这个角度来看,文学能够反映全球化;文学作品正在生产和修正全球化的话语叙事;文学研究则推动了对全球化的理解和阐释。与此同时,全球化趋势也反过来影响着文学的生产和传播。澳门大学毛思慧教授关于文化研究的发言,正是讨论了在这种新语境下,文化研究的价值意义、现实效用和具体途径。他研讨了文化研究对中美两国现实的多维介入,这种介入体现在文学、艺术、媒体以及诸种社会运动上。除此之外,通过阶级、性别、身份、意识形态等理论,文化研究将检视文化、历史、社会、政治之间错综复杂的关系,并对这些关系产生影响。

随着全球化时代的发展,中外文学、文化交流的规模和范围必然扩大和拓展,但是,不同文化相遇时也不可避免地会出现碰撞乃至冲突。在这样的形势下,如何看待当下的中美文化,如何更好地在实践中不断深化中美文化间的交流,开辟中美比较文化研究的新途径,探讨中美文化交流中的新课题,尤其是新时代、新格局中的中美文化、中美关系等问题,成为新的焦点与挑战。天津外国语大学刘建喜教授讨论了在这一宏大复杂的背景下,中美文化的交融以及中国文化在美传播的现状。他将文化的全球化视为不同质文化之间的传播和融汇,而中美两国由于意识形态和政治制度的不同,历来被视为不同质的典型。但在全球化浪潮冲击下,为了各自的长远发展,两国在冲突中进行着试探性的理解和交融。天津财经大学高红樱、罗红则独辟蹊径地采用比较分析法、话语分析法、修辞分析法以及文本分析法等研究方法,对两国的政府报告(中国以李克强的政府工作报告为主,美国以奥巴马近两年的国情咨文为主)进行研究,结合国情、历史来解析"中国梦"与"美国梦",以及隐藏在这些话语背后的权力规则、传播策略和政治目标。在宏观研究和官方叙事以外,两国的民间交流也从频繁走向深刻。南京大学潘望谈到了当代美国纪实文学中的中国形象,以两位自发的民间作家彼得·海斯勒和比尔·波特为例,剖析了这两个普通美国人对变化中的中国的记录:前者关注中国社会的经济剧变对老百姓的影响;后者介绍了中国的隐士传统和禅宗历史,以及当下隐士与和尚的生活现状。由此看来,在不同的层面上,中美两国确实在试探中增进着对彼此的了解,并且都意识到随着政治、经济和文化领域的交织愈来愈深,双方必须放下成见,以理性而客观的态度去进行真实的认知。

在当代文化日趋交融、多元并存的背景下,族裔文学日益成为世界性的重要文化现象。美国华裔文学在美国文化中是主流之外的亚文化表现,不但记录了外来文化求生存的过程,也反映了主流文化在纯度和包容性之间的摇摆。在本次研讨会上,关于华裔文学的争论相当热烈。南京大学刘俊教授探讨了美国华文文学中的历史书写和个人记忆。他认为,在美国华文文学中,许多作家都是通过描写故国历史来展现个人记忆。不同时代、不同背景的作家各自具备独特的创作风貌和文学特色,正是这些风貌和特色构成了美国华文文学的特质。汤亭亭,作为华裔文学的代表人物,依然是学者谈论的焦点。南京财经大学邵怡认为,汤亭亭的《女勇士》的叙事充满不确定性。借助法国哲学家德勒兹的理论,她分析小说的语言符号和文化符号所蕴含的不确定性和含糊性。她发现,尽管这部作品充满多种可能,但实际是一种单义存在,其最大的真实正在于虚构。香港公开大学刘致心则将汤亭亭笔下的中国女性形象与鲁迅笔下的中国女性形象进行对照。她相信,一个国家的文化可以在意识形态的各个层面塑造国民的精神。当遭遇与该文化截然不同的另一种文化的冲击时,人们将有机会检视和修正原有的看法。汤亭亭的《女勇士》倡导中国妇女摆脱束缚,而受到西方思想影响的鲁迅在《祝福》中则塑造了一位典型的受束缚的中国旧女性。两位作家从相反的方向表现了中国民族文化中的性别压抑。此外,河南理工大学耿莹借用后殖民主义理论家霍米·巴巴的"模拟、含混与杂糅"概念,对美国华裔女作家谭恩美的《拯救溺水鱼》做了后殖民主义式的解读。浙江师范大学的李贵仓教授将这一主题上升到"族性"的高度,他谈到华人形象与族性能见度的政治学。族性和族性能见度研究已溢出人类学和社会学的范畴,目前已逐渐成为美国文学界研究族裔文学的一个重要视角,但国内这样的研究尚不充分。他认为美国主流文学塑造的邪恶华人形象,便是族性能见度的政治化产物。

文化的载体丰富多样,除了传统的文学,大众/流行文化尤其是影视文化在价值判断和意识形态的传播中也发挥着巨大的作用,是不同的历史、习俗与观念得以呈现并发生冲撞的场所。近年来,中美两国都有不少极具影响力的影视作品,它们吸引着学者的关注。美国艾默蕾大学蔡蓉教授从冯小刚的《集结号》谈起,研究了大屏幕上的历史,即人们对战争的文化想象;济南大学菅文静分析了美国类型电影所体现的意识形态立场;上海外国语大学袁源、南京大学罗媚媚讨论了《功夫熊猫》的中国元素,以及好莱坞对异国文化的改编。也有研究者将影视研究和生态研究结合起来,如东南大学杭欣竹论述了美国动画电影中的生态思想。而广东外贸外语大学陈开举教授等则聚焦于中美电影中的生态观比较,他们认为中华民族讲求"天人合一"的和谐,奉行顺天而为的观念;美国则信奉建立在理性主义之上的人本主义自然观。

　　文化的传播、冲撞和交融无疑是时代的主流,而使文化的互动和对话成为可能的一个重要前提是翻译。翻译与文化的关系一直处于争议之中,始于文化学派的多元系统论聚焦于外部社会对翻译的影响、制约,从此生发出一系列关于翻译伦理的理论。而译者与翻译行为本身,又涉及文化身份认同、本土化和全球化等问题。兼容并蓄的翻译研究亦是本次会议的热点之一。上海外国语大学的张蓉把外宣翻译置于当代西方修辞的视角下,探讨如何有效构建译文话语,增强传播效果和译文效度。在宏观研究之外,微观论述也颇多亮点。南京师范大学姚君伟教授介绍了赛珍珠在新世纪中国的译介,不仅梳理了这十余年来的具体译介情况,还论及作家的文化精神和理想对于我们保持文化多样性的认识价值和借鉴意义。上海外国语大学的黄俊燕和康燕都谈到《红楼梦》在美国的翻译和传播,通过四个译本的成书过程和各自特点,讨论了译者的身份、赞助的力量、翻译的目的、美国对中国古典文化的认识等问题。南京师范大学的许诗焱副教授以江苏作家毕飞宇的三部短篇小说英译为例,考察了译者与编辑合作的模式在中国文学外译中的实践。此外,季淑凤探讨了美国李清照作品英译中的女性形象,张丽敏论述了中国古诗词鉴赏的英译及其在对外传播中的意义。

　　翻译无疑是文化传播中重要的一环,翻译作品将面临在新的语言环境、文化语境中的接受问题。本次会议上,对中美两国经典作家/作品的接受史也展开了热烈而有趣的讨论。南京大学杨金才教授介绍了自20世纪始马克·吐温在中国的批评接受史。伴随着三个不同的历史文化阶段,对马克·吐温的解读也出现了相应的特点。所以,不能只考量文学本身,也不能只依据读者、批评者的倾向和爱好,而是要把它放回具体的语境中去。西北大学易春芳探讨了鲁迅在美国的接受与批评问题,她从美国学者詹明信的"第三世界文学都是民族语言"谈起,指出詹明信的谬误之处主要在于,从单一的政治角度阐释鲁迅作品,忽视了鲁迅作品中的现代性诉求。文学的输出和输入都牵涉到接受的问题,许多学者将眼光投向美国作品和理论在中国的传播。安徽师范大学陈丽认为,美国黑色幽默小说在中国的盛行主要是在改革开放后新时期初期,到20世纪90年代后期逐渐式微。她不仅梳理了美国黑色幽默小说的译介历程,也分析了其兴起的社会背景和对中国本土文学造成的影响。广东外语外贸大学张欣关注20世纪美国百老汇女性剧作家莉莲·海尔曼在中国的接受,她还谈到海尔曼戏剧在中国戏剧舞台上的再现模式,以及不同时期中国观众对作品解读的差异。南开大学的刘英论述了美国女性主义在中国的传播和启示,论及经典美国女性主义著作在中国产生的影响,如凯特·米勒的《性政治》、桑德拉·吉尔伯特与苏珊·古巴的《阁楼上的疯女人》、肖沃尔特的《她们自己的文学》。

除了上述议题,会议对孔子学院、美国的汉语教学等问题的探讨也格外热烈。随着中国在地球村中扮演的角色越来越重要,世界了解中国的愿望也变得更加强烈。孔子学院应运而生,承担着传播中华文明的重任,是传递友谊、消除误解、增进沟通的方式,也是向世界展现中国软实力的重要途径。四川大学叶英教授介绍了孔子学院在国外报纸等媒体上的形象,尤其是美国媒体,因为该国拥有全球最多的孔子学院/课堂。他认为,国外对孔子学院的报道兼具赞赏与批评,应当从中汲取经验和教训。西安外国语学院陈盛远谈论了外国大学设立孔子学院对海外汉语推广的影响。他认为,应充分利用高等院校频繁的国际交往,在中外师生互访过程中大力导入中国语言文化的培训与推广。美国加州理工大学潘大安教授探索的是中国文化在美的教学策略,根据当代比较文化理论、语言学理论、心理语言学及神经学理论,他提出的策略包括:深化文化内容、推进启发式教学、强调汉字作为表意符号、信息载体和精神象征的可持续性。只有雅俗共赏、深入浅出,才能更行之有效地在美国教学与传播中华语言文化。

在大会闭幕式上,中美比较文化研究会副会长、山东大学郭继德教授高度评价了本次会议,特别是诸位学者能将切入点各异的研究放在全球化、地球村这样的大背景下来考量。本次年会秉承了持续与发展的理念,进一步拓宽了学术研究的范围和视角,从文学研究到文化研究,主题涉及语言学、语用学、社会学、政治学、历史学、艺术、跨文化交际等诸多领域,成果丰硕,尤其是许多青年学者,也积极参与和踊跃发言。此文集收录的近30篇论文也从一侧面反映了我国中美比较文化/文学研究领域的研究实力和充满活力的状态。

编　者

2015.11

目 录

Tao Qian and Emerson: Alignment of Mindscape and Landscape[①]

King-Kok Cheung,

University of California, Los Angeles

Although Tao Qian 陶潜(also known as Tao Yuanming 陶渊明 and Sire of the Five Willows〔五柳先生〕; 365—427 CE) and Ralph Waldo Emerson (1803—1882) hail from different epochs and continents, the two arguably have inaugurated Chinese and American pastorals, respectively. Tao Qian, the preeminent "recluse" poet of the Six Dynasties period, spearheaded the "Return Home to the Farm" tradition, while Emerson (along with his disciple Henry David Thoreau and Walt Whitman) ushered in American Transcendentalism. Their considerable impact went beyond national borders into each other's country. Tao Qian has inspired not only Tang and Song poets such as Li Po 李白, Tu Fu 杜甫, and Su Shi 苏轼, but also American Beat writers of the 1950s and 1960s. [②]Emerson is venerated not only by American and European luminaries such as

---

① Earlier versions of this paper were presented at the International Association for Comparative Study of China and the West, Peking University, July 14-16, 2013 and Ninth Annual International Conference on Chinese and American Comparative Literature, Nanjing University, July 18-20, 2014. An excerpt has appeared in *Comparative Studies of China and the West* 1 (2013): 62-74, and a Chinese version, trans. Li Hanping 李汉平, entitled"心境互照: 陶潜的隐居理想与爱默生的超验主义愿望", will appear in《中西文化比较与翻译研究论集》(*Chinese and Western Literature and Translation Studies*). Ed. Gu Zhengkun 辜正坤(Beijing: Higher Education Press 高等教育出版社, 2015). I thank my colleague Michael Cohen for his most helpful comments.

② Jack Kerouac's "Running Through (Chinese Poem Song)", for example, contains the lines "No body has respect/for the self centered/Irresponsible wine invalid. /Everybody wants to be strapped/in a hopeless space suit where they can't move. /I urge you, China/go back to Li Po and Tao Yuan Ming". http://archive.neopoet.com/node/1075 (Sept 7, 2013).

Thoreau, Whitman, Thomas Carlyle, and Friedrich Nietzsche, but also by diasporic Chinese writers such as Gao Xingjian and Ha Jin. Most remarkable are the multiple convergences of the reclusive ideal of Tao Qian and the transcendentalist worldview of Emerson: both writers take for granted the contiguity of ecological and moral landscape, of nature and existential solitude; both prefer independent living to social conformity, wealth, or fame. Despite their parallel conviction in the linkage between topos and ethos, between nature and intuition, and between landscape and mindscape, they differ markedly in their conceptions of "self" and "nature" and in their visions of the relationship between self, nature, and society. Tao Qian feels the need to cultivate virtue in a Spartan setting; for him the self should seek to live in unison with nature, which could be found only in the countryside. Emerson holds that the mind can prevail over any environment; for him both human and nature (whose meaning keeps shifting in his oeuvre) partake of divine intelligence, and an open mind could access natural solitude anywhere. The two also respond in disparate fashions to public service and governmental interference. Tao Qian resigns from official posts and "returns" to the countryside, which he relishes as "natural" abode. Emerson, though also averse to social organizations, including organized charity and reform societies, never ceases to be a public intellectual who speaks out vehemently against unjust policies.

Through an analysis of selected works by Tao Qian and Emerson, I mark their common religious and literary predilections, their revelry in nature and solitude, as well as their divergent construals of selfhood and responses to society. The first section of this essay shows the Taoist inflection in Tao Qian's reclusiveness and Emersonian Transcendentalism, in their reverence for nature and antipathy to social and political demands. The second examines the confluence of ecological and ontological climate in their works. The third contrasts their views concerning the relationship between self and nature. The fourth sets Tao Qian's quiescence against Emerson's activism. The last illustrates how their spiritual and stylistic orientation comports with their pastoral ideal.

Taoist Impact on the Reclusive and Transcendentalist Appreciation of Nature

Tao Qian and Emerson are of like mind that human beings should be nature-centered rather than society-centered. Their mutual conviction in the human spirit's intimate relationship with nature is consonant with Taoism. Tao Qian lived during a period marked by warfare and instability in the years between the collapse of the Han dynasty (220 CE) and the reunification of northern and southern dynasties by the Sui Dynasty (589 CE). He embraces a simple life close to nature and decries the pernicious effects of politics and commerce. Quitting official life to farm in the countryside, he exemplifies the Taoist virtues of humility, gentleness, resignation, quiescence, and contentment. He says of himself in "The Life of the Sire of Five Willows"《五柳先生传》(hereafter "Life"), his self-portrait: "Living quietly in solitude and spare of speech, he covets not rank nor wealth[闲静少言,不慕荣利]." (Sun 72-73) His Taoist bent is further evident in lines such as "The Tao has been lost ... And people everywhere are misers of their feelings[道丧向千载,人人惜其情]"; "The life of man is like a shadow-play/Which must in the end return to nothingness[虽留身后名/一生亦枯槁]." (Sun 72); and in his persistent association of nature with individualist freedom (as opposed to Confucian emphasis on duty and hierarchy).① As recorded in his autobiographical "Five Poems on Returning to Dwell in the Country"《归园田居五首》, Tao Qian considers the life of affairs in the city to be a "net" or a "cage", and the countryside to be his natural habitat: "Inadvertently I fell into the Dusty Net ... Too long I was held within the barred cage. /Now I am able

---

① T'ao Ch'ien, "Six Poems Written while Drunk" and "Five Poems on Returning to Dwell in the Country", in William Acker, trans. , *T'ao the Hermit* 65, 56; Chinese original in Xu Wei 徐巍, ed.《陶渊明诗选》65, 28. All English and Chinese citations of Tao Qian are to Acker's and Xu's texts unless otherwise stated.

to return again to Nature[误落尘网中……久在樊笼里,复得返自然].＂
(Acker 52-53; Xu 24-25) Urban living, to borrow from Macbeth, is
"cabined, cribbed, confined".

Taoist philosophy seems to resonate with Emerson as well. Whether
he has actually read *The Book of Tao* is open to speculation, for most
scholarly discussions of his indebtedness to Oriental thought are confined
to Persian, Hindu, and Hebrew influences, though his familiarity with
Confucian classics has been documented extensively by Frederic Ives
Carpenter and Arthur Christy (see also Dimock, Gura, and Obeidat,
Packer, and Richardson). Lyman V. Cady further informs us that
"Thoreau's acquaintance with Oriental texts began with his residence in
Emerson's home in 1841" and among the Oriental books in Emerson's
private collection were Joshua Marshman's *The Works of Confucius*
(1809) and David Collie's *The Chinese Classical Work*, *commonly called
the Four Books* (1828), the latter being also Confucian classics (20).①
Emerson has obviously read French translations of Chinese texts as well.
The name of the French Sinologist Jean-Pierre Abel-Rémusat (1788—
1832), Christy indicates, "was often on the tongues of the Concordians";
Emerson even marked in his journal that Rémusat's *L'Invariable Milieu*
(1817) begins with "promising definitions" of nature (Christy 45, 317).
Although *L'Invariable Milieu* is also a translation of *The Four Books*,
Rémusat's "Extrait d'un memoire sur Lao Tseu", which "dealt with
parallels of Taoism, Plato, and Pythagoras", appeared in the *Journal
Asiatique* of 1823 (Christy 49). Emerson, given his exhaustive reading
and his familiarity with Rémusat's other works, might have come across
this article, *pace* Carpenter's assertion to the contrary: "Lao-tse
[Emerson] had never read." (235) David T. Y. Chen, in "Thoreau and
Taoism", reports that another French translation of Taoist texts, G.
Pauthier's *Memoire sur l'Origin et la Propagation de la Doctrien du Tao*,

---

① Cady also makes a convincing case from textual evidence that Thoreau is also familiar with
G. Pauthier's *Les Livressacrés de L'Orient* (1841), a French translation of *the Four Books*.

published in 1831 by Libraire Orientale, was also available to the Concordians—a translation Chen strongly suspects Thoreau to have read (409). If so, Thoreau's mentor is unlikely to be oblivious of its content.

Not being a Sinologist, I refrain from claiming any definitive imprint of Lao Zi on Emerson. Yet one of the most elusive concepts in Transcendentalism, about an all-encompassing spirit that is the source of all wisdom and intuition, is highly reminiscent of *The Book of Tao*: "Tao is invisibly empty,/But its use is extremely plentiful. It is profound like the originator of all things ... I do not know where it comes from/It seems to have appeared before the existence of God[道冲,而用之有弗盈也。渊呵! 似万物之宗……吾不知其谁之子,象帝之先]."(Gu 11) Compare this with Emerson's formulation of the primal Intuition:

> Who is the Trustee [of self-trust]? The inquiry leads us to that source, at once the essence of genius, of virtue, and of life, which we call Spontaneity or Instinct. We denote this primary wisdom as Intuition ... In that deep force, the last fact behind which analysis cannot go, all things find their common origin ... We lie in the lap of immense intelligence, which makes us receivers of its truth and organs of its activity ... If we ask whence this comes, if we seek to pry into the soul that causes, all philosophy is at fault. [1]

Emerson's premise about a pervasive spirit with no beginning and no end, that is at one with all things, has an insistent Taoist ring. Gu Zhengkun, the translator of *The Book of Tao and Teh*, observes: "Taoism is systematically constructed with four integral parts: 1) Tao as the ontological being; 2) Tao as the dialectic law; 3) Tao as the

---

[1] Ralph Waldo Emerson, "Self-Reliance", in Carl Bode and Malcolm Cowley, ed. , *The Portable Emerson*, 149-150; all citations from Emerson are to *The Portable Emerson* unless otherwise stated. Emerson is also very much influenced by British poets (e. g. Wordsworth and Coleridge) whose works reflect Eastern philosophical currents.

epistemological tool; 4) Tao as a practical guide to worldly affairs." (30) Emerson's Intuition similarly has an ontological, dialectic, epistemological, and practical dimensions.

Also highly redolent of "Tao" is Emerson's bedeviling exposition of "nature", which ranges from a common understanding of the word as designating outdoor terrains such as woods, fields, and mountains to much more abstract and elusive entities approximating "over-soul", "divinity", and "spirit":

> The lover of nature is he whose inward and outward senses are still truly adjusted to each other ... In the presence of nature a wild delight runs through the man ... Crossing a bare common ... I have enjoyed a perfect exhilaration ... In the woods, too, a man casts off his years ... In the woods its perpetual youth ... In the woods, we return to reason and faith. Standing on the bare ground, —my head bathed by the blithe air and uplifted into infinite space,—all mean egotism vanishes. I become a transparent eyeball; I am nothing; I see all; the currents of the Universal Being circulate through me; I am part or parcel of God ... I am the lover of uncontained and immortal beauty. (*Nature*, 10-11)

Like Tao Qian, Emerson sings the praise of nature as a conduit to "perfect exhilaration"; thrice he uses the phrase "in the woods" to underscore its rejuvenating power, wherein one can cast off years, enjoy perennial youth, and recover reason and faith. Like Lao Zi, Emerson wraps his head around the ecstasy of being at one with nature. There is no original sin that separates human beings from God, but any mortal can partake of the beneficent Universal Being, much in the way that Tao is everywhere accessible.

Lao Zi's notions about the law of nature and about the paradox of "less is more" similarly surface in Tao Qian's and Emerson's writing.

Both the Chinese poet and the American doyen favor a simple life of wandering in the woods, removed from the din of the city and unencumbered by wealth, power, or official duty. In "Peach Blossom Spring"《桃花源记》Tao Qian's utopian fable, a fisherman who follows the course of a brook through a grotto finds a grove aflame with blossoming peach trees (Birch 167-168; Xu 136-137). By leaving his boat and walking through a small pass, he comes upon a village founded dynasties ago by refugees from wars, draft, taxation, economic rivalry, and political persecution. No potentate controls the populace in this egalitarian community, where villagers make their living by farming and raising cattle. After the fisherman returns to his prefecture he informs the prefect of the unique village, but when officers are dispatched to go back with the fisherman, he is unable to locate the wonderland again. Peach Blossom Spring, Tao Qian implies, exists only in the imagination. In the fable, the ruling class is responsible for the ills of society; magistrates often reek of toadyism, rapaciousness, and oppression. Both officialdom and affluence (which tend to go in tandem) are deemed corrupting, unworthy of a poet's pursuit and detrimental to artistic integrity. Tao Qian himself resigned from the Jin court to become a farmer and lived in the countryside for twenty-two years before he died at sixty-three; he is known for his acerbic refusal to "grovel to petty provincial functionaries for his livelihood [吾不能为五斗米折腰,拳拳事乡里小人邪]" (literally, "How can I bend my waist for five bushels of rice?") (Xu 2; my translation).

Although Emerson never worked as a bureaucrat, he gave up his secure post as Unitarian minister in 1832 when he was scarcely thirty, "without any assurance that he [would] ever be employed again" (Bode ix). After touring Europe, he retired to the Old Manse in Concord in 1834 to live with his step-grandfather. Like Tao Qian, he associates official life with spineless conformity and looks askance at social mores, religious creeds, and national laws:"the wise know that foolish legislation is a rope of sand, which perishes in the twisting; that the State must follow, and not lead the character and progress of the citizen. " ("Politics", 254) In other words, individuals must abide by their innate promptings even if these run afoul of official edicts.

Emerson's ruminations about solitude and nature, like Tao Qian's reclusive ponderings, are grounded in "the presumed opposition between the realm of the collective, the organized, and the worldly on the one hand, and the personal, the spontaneous, and the inward on the other" (Marx 44). Tao Qian senses a palpable rapport between self and nature; Emerson finds "something more dear and connate [in the wilderness] than in streets and villages" (11). A starry sky can induct someone into solitary selfhood:

> To go into solitude, a man needs to retire as much from his chamber as from society. I am not solitary whilst I read and write, though nobody is with me. If a man would be alone, let him look at the stars. The rays that come from those heavenly worlds, will separate him and what he touches. ... The stars awaken a certain reverence, because though always present, they are inaccessible. (9)

This passage suggests that solitude is a sublime experience accessible to the human faculty in nature's presence. Just as Tao Qian credits his bucolic surrounding with insulating him from the "vulgar tone" of the city and allowing him to regain his intrinsic self ("Five Poems", 52), so Emerson lauds the restorative power of natural landscape: "To the body and mind which have been cramped by noxious work or company, nature is medicinal and restores their tone. The tradesman, the attorney comes out of the din and craft of the street, and sees the sky and the woods, and is a man again. " (14) Both men concur that humankind can get in touch with the sacred core of their beings through firsthand communion with nature.

Correspondence between Topos and Ethos

Nature is more than healing and restorative. Tao Qian and Emerson look to it for existential, intellectual, and moral edification, as well as for poetic and philosophical inspiration. Both, for example, find in plants the model of carefree and glorious living. Tao Qian muses in "Spending the Ninth Day in Solitude"《九日闲居》:

> Our lives are short and our ambitions many 世短意常多……
> And while one can with wine exorcize all sorrows. 酒能祛百虑,
> Chrysanthemums know how to restrain declining years. 菊解制颓龄。
> How is it with me the thatch-cottage scholar,如何蓬庐士,
> Vainly watching how my time and fate decline … 空视时运倾……
> These cold-weather flowers bloom of themselves alone. 寒华徒自荣。
> I pull close my lapels and sing to myself at leisure,敛襟独闲谣,
> Which somehow distantly awaken deep emotions. 缅焉起深情。
> Even in retirement I do have many pleasures,栖迟固多娱,
> Even in my lassitude I still get things accomplished. 淹留岂无成。(Acker 50-51; Xu 22)

The poet learns from chrysanthemums to live with gusto even in face of adversity or death, instead of bemoaning missed opportunities or grieving about twilight years. By living life to the brim each morn, implicitly in nature's lap, one can catch intimations, if not of immortality, then at least of vibrant mortality. He sketches a comparable scenario in

"Life":

> As there are five willows beside his abode, he has called himself by such a title ... His short coats of coarse fabric are patched and knotted, his reed cereal case and gourd shell for liquid food are often empty: but he takes such at his ease ... He quaffs at his beaker and chants his poems to find happiness in his sublimating will. Isn't he a free, blissful subject of our legendary kings at the dawn of the world, the One of Care-free Rule and the One of Heavenly Grace? [宅边有五柳树,因以为号焉⋯⋯短褐穿结,箪瓢屡空,晏如也⋯⋯衔觞赋诗,以乐其志,无怀氏之民欤? 葛天氏之民欤?](Sun 72-75)

The "five willows" refer explicitly to the shrubs outside his house, but the soubriquet nicely befits a sire who enjoys a blithe if slender existence. Despite his meager means, he likens his persona to the happy subjects of legendary kings in prehistorical times (rulers who exercised a Taoist form of libertarianism), exulting at being a free, blissful soul heedless of material abundance and worldly renown.

Nature also vouchsafes Emerson virtual majesty: "Give me health and a day, and I will make the pomp of emperors ridiculous. The dawn is my Assyria, the sun-set and moon-rise my Paphos." (14-15) Regal pomp and circumstance dwarf beside natural bounty, which teaches by luscious examples how to live with aplomb in the present:

> Man is timid and apologetic; he dares not say "I think", "I am", but quotes some saint or sage. He is ashamed before the blade of grass or the blowing rose. These roses under my window make no reference to former roses or to better ones; they are for what they are; they exist with God today ... . But man postpones or remembers; he does not live in the present, but with reverted eye laments the past, or, heedless of the riches that surround

him, stands on tiptoe to foresee the future. He cannot be happy and strong until he too lives with nature in the present, above time. ("Self-Reliance", 151)

The blade of grass and the blowing rose call forth the biblical "lilies of the field" that neither toil nor spin (Matthew 6:28), offering the New England seer a lesson congruent with the one set by chrysanthemums for the Chinese poet. Humankind too can bask in the moment, instead of measuring themselves against predecessors, submitting themselves to ancient authority, regretting the past, or fretting about the future. For both Tao Qian and Emerson, the riches that nature affords outweigh any worldly gratifications or recognitions. It is telling, however, that while Emerson compares these riches with royal splendor (as a close analogue that still falls short), Tao Qian equates them with the luxury of being a subject under benign rule. This minor difference perhaps indicates that Tao Qian, much as he has absorbed Taoist thinking, still adheres to the Confucian ideal of righteous governance, while Emerson seems more than glad to dispense with any form of authority.

Nature, which both Tao Qian and Emerson regard as the perfect classroom, is also conducive to their common goal of self-cultivation. Far from associating it with untrammeled wilderness or barbarity, the two thinkers are genteel countryside dwellers who cherish a life of farming *and* study. Tao Qian's thatched hut is stocked with books; Emerson's journal entries attest to his capacious library. The Chinese bard discloses that he is often so engrossed in his reading that "he jovially forgets his meals" ("Life" in Sun 72). He registers in "On Reading the Classic of the Hills and Seas"《读山海经》that browsing is his reward after farm work:

Ploughing is done and also I have sown. ... 孟夏草木长,绕屋树扶疏。······

The time has come to return and read my books. 既耕亦已种,时还读我书。······

I read at length the story of King Mu,泛览《周王传》,

And let my gaze wander over pictures of hills and seas 流观《山海图》。

Thus with a glance I reach the ends of the Universe,俯仰终宇宙,

If this is not a pleasure where could I ever find one. 不乐复何如。(Acker 99–100; Xu 129)

Significantly, the rapture the poet derives from reading consists in being transported vicariously to "hills and seas", that the civilized pleasure unleashed by texts is of a piece with his delight in nature.

Besides providing a blueprint for right living, nature as conceived by both Tao Qian and Emerson bespeaks a deeper ethic (whether grounded in Taoism or Transcendentalism) than social propriety or received morality. Tao Qian's "Peach Blossom Spring" situates the utopia in a secluded niche away from corrupt power holders, ruthless landlords, and greedy merchants; his poetry bears out a synergistic relay between the natural and ethical environment, between ecological boon and moral well being. In "Six Songs of Poor Scholars"《咏贫士》he associates a prosperous official life with "real pain", and contrasts it with the poor scholar's rustic existence:

A bed of straw was always warm enough,刍槁有常温,

And fresh-gathered yams were good enough for breakfast. 采莒足朝飡。……

Poverty and wealth will always war within us,贫富常交战,

But when the Tao prevails there are no anxious faces. 道胜无戚颜。

Utmost moral power will crown the village entrance,至德冠邦闾,

And purest chastity shine in the western gateway. 清节映西关。(Acker 132; Xu 118)

The poem, particularly the last two lines, exhibits a noted Taoist paradox: "Flex to remain whole;/Bend to be straight;/Empty to be filled;/Be worn and be renewed;/Seek less and gain;/Seek more and be dazed .../The self-effacing shines;/The humble wins acclaim;/Brag not and be decorated [曲则全,枉则直,洼则盈,敝则新,少则得,多则惑。是以圣人抱一为天下式。不自见,故明;不自是,故彰,不自伐,故有功]." (Gu 58; my translation) Tao Qian intimates that "utmost moral power" resides in the lowliest abode and "purest chastity" issues from the humblest quarter. Tucked away in remote mountains and hidden hamlets, his *locus amoenus* is free not only of air pollution but—perhaps more importantly—of political infighting and economic competition. The poet does not, however, downplay the hardship of being indigent. Laments about bitter cold and gnawing hunger crop up in another canto of "Six Songs of Poor Scholars", but the speaker consoles himself by observing that many ancient sages were in analogous plight ("何以慰吾怀,赖古多此贤!") (Acker 127).

Emerson too disparages worldly possession and dominion and couples salubrious milieu with ethical conduct: "The farmer imagines power and place are fine things. But the President has paid dear for his White House. It has commonly cost him all his peace, and the best of his manly attributes." ("Compensation", 169) His reasoning, which implies that architectural grandeur and political clout are inversely proportional to inner peace and personal integrity, may have been inspired by Christ's Sermon on the Mount: "Blessed are the poor in spirit: for theirs is the kingdom of heaven .../Blessed are the meek: for they shall inherit the earth. /Blessed are they which do hunger and thirst after righteousness: for they shall be filled." (Mathew 5: 2-5) The blessing for the spiritually hungry echoes the Taoist paradox cited above: "Empty to be filled." However, unlike the Beatitudes, which promise delayed gratification in the kingdom of heaven, the *Book of Tao* conveys the benefit of material abstinence here and now—an idea to which both Tao Qian and Emerson subscribe. Tao Qian shuns worldly profit and official life for the sake of self-cultivation; Emerson considers "the reliance on Property, including the reliance on governments which protect it, [as] the want of self-reliance" (163).

Like Tao Qian, Emerson exalts nature as a "discipline" that disseminates intellectual and moral truths: "Sensible objects conform to the premonitions of Reason and reflect the conscience. All things are moral; and in their boundless changes have an unceasing reference to spiritual nature ... every natural process is a version of a moral sentence. The moral law lies at the centre of nature and radiates to the circumference." As such, everything about a natural landscape educates:

> What is a farm but a mute gospel? ... . Nor can it be doubted that this moral sentiment, which thus scents the air, grows in the grain, and impregnates the waters of the world, is caught by man and sinks into his soul. The moral influence of nature upon every individual is that amount of truth which it illustrates to him ... . Who can guess how much firmness the sea-beaten rock has taught the fisherman? How much tranquility has been reflected to man from the azure sky, over whose unspotted deeps the winds forevermore drive flocks of stormy clouds, and leave no wrinkle or stain? (*Nature*, 28, 29)

Nature dispenses moral truth; the laws of nature translate into moral laws. A fisherman can learn from the sea-beaten rock to stand firm against adversity, and presumably also against the tide of public opinion; a man can learn from the azure sky to remain unruffled and unclouded by earthly storms and stresses.

By far the greatest lesson instilled by Nature is self-reliance. Using an imagery that echoes the Taoist paradox "Bend to be straight", Emerson posits: "Nature suffers nothing to remain in her kingdoms which cannot help itself. The genesis and maturation of a planet, its poise and orbit, the bended tree recovering itself from the strong wind, the vital resources of every animal and vegetable, are demonstrations of the self-sufficing and therefore self-relying soul. " ("Self-Reliance", 153) He adamantly holds that "what I must do is all that concerns me, not what the people think" (143). No less importunately than Tao Qian, he cautions against social pressure that induces one to kowtow to power, fame, or fortune: "Society is a joint-stock company ... in which the members agree, for the better security of his bread to each shareholder, to surrender the liberty and culture of the eater. The virtue in most requests is conformity. Self-reliance is its aversion. " Hence the oft-quoted corollary: "Who so would be a man must be a nonconformist. ... Nothing is at last sacred but the integrity of your own mind. Absolve you to yourself, and you shall have the suffrage of the world. " (141) Emerson, ever against herd values, would applaud Tao Qian's decision to tune out "vulgar tone" so as to recover his inherent personality through self-sufficient husbandry.

Analogies abound between Emerson's transcendentalist notions of self-reliance and Tao Qian's reclusive ideas concerning self-sufficiency, as well as between their stances against societal affiliations. The Chinese poet reckons as obstacles to the Way of Tao what the New England sage remonstrates against as impediments to self-trust—dogma, property, government, discontent stemming from regret about the past and anxiety about the future. Both espouse the paradox of "less is more", pitching natural living against material comfort, craven security, and obsequious existence.

Divergent Ideas about Nature, Selfhood, and Solitude

With regard to the definition and interconnection of nature, selfhood, and solitude, we discern both striking coincidences and sharp discrepancies between Tao Qian and Emerson. Like-minded in their coordination of nature and solitude, the two regard studying nature and knowing oneself to be twin pursuits. But their ideas about nature and self veer from each other. Tao Qian sees nature as a haven from feudal ministry; individuals must remove themselves to the countryside to cultivate their native temperament under the auspices of nature. For Emerson, it is the human mind that must intuit the meaning of the external world—which is not confined to rustic regions—and communicate its lessons. Hence nature can only manifest itself through agency. He anticipates Darwin's theory of evolution in designating homo sapiens as the highest form to which nature aspires while proclaiming, against both Darwinian atheism and orthodox Unitarianism, that "God is here within" ("Self-Reliance", 153). Where Tao Qian envisions the self to be living in concord with nature, Emerson bids the self-reliant individual to explicate the world, generating order out of chaos. The solitude that Tao Qian savors can be found only in the countryside; the kind that Emerson extols can be found anywhere by the self-possessed.

Tao Qian associates nature and solitude with the countryside, but not with a hermetic existence. While distancing himself from hubs of power and commerce, he continues to enjoy being with his family and friends. He reveals in "Retracing My Way Home: A Prose Poem"《归去来兮辞》 that despite ending his "intercourse with the world [请息交以绝游]", he is "pleased with the feeling words of … kin and friends[悦亲戚之情话]" (Sun 62, 65). He describes the hard work of a farmer providing for his kin:"I have never yet utterly failed my family/Even though cold and hungry/they always had bran and gruel[躬亲未曾替,寒馁常糟糠]" ("Seven Miscellaneous Poems", Acker 78; Xu 111). He celebrates the joys of being surrounded by children:"Now I hold hands with a train of nieces and nephews,/Parting the hazel growth we tread the untilled wastes [试携子侄辈,披榛步荒墟]" ("Five Poems", 56; Xu 28). Above all, he revels in drinking with others:"Fond of wine, he is too poor to resort to it often; knowing this, his kin and friends would invite him to bumpers [性嗜酒,家贫不能常得。亲旧知其如此,或置酒而招之]." ("Life", Sun 72-73) The poet is a "hermit" only in the Chinese sense of choosing to live in a rural area, but still within human earshot. All he needs for his inner peace is the freedom to follow his heart's desire, as celebrated in "Retracing My Way Home"《归去来兮辞》:

> To be wealthy and to be high in rank are not what I wish; to be in the celestial city is not what I expect. I may wish to go somewhere on a fair day alone, or to weed and manure the soil ... Or I may wish to rise on the eastern bank to halloo in easing my heart, or to compose poetry by the side of a limpid stream. In such wise, I may merge into Nature and come to my end, delighting in the decree of heaven and doubting nought. 富贵非吾愿,帝乡不可期。怀良辰以孤往,或植杖而耘耔。登东皋以舒啸,临清流而赋诗。聊乘化以归尽,乐夫天命复奚疑! (Sun 62-63, 66-67)

It is worth noting here that although Tao Qian stresses his autonomy, the poet sees himself—whether fertilizing the soil, composing by a stream, or dissolving back into the earth eventually—as very much a part of the landscape. This point will be taken up again in my discussion of the Taoist sense of "self" as a vanishing act.

Tao Qian and Emerson share a free spirit and wish above all to be true to themselves and their inward promptings. The Chinese poet, as recounted earlier, does not deign to "grovel" for a living. Emerson, who values honesty and liberty far above tact, likewise refuses to ingratiate himself: "If you are noble, I will love you; if you are not, I will not hurt you and myself by hypocritical attentions ... But so may you give these friends pain. Yes, but I cannot sell my liberty and my power, to save their sensibility." Neither of them is willing to pay lip service to those they dislike. Just as Tao Qian would rise spontaneously on the eastern bank and halloo to ease his heart, so Emerson intends to do "whatever inly rejoices [him] and the heart appoints" ("Self-Reliance", 155).

Nature for both men is the repository of knowledge and self-knowledge. Emerson asserts: "The first in time and the first in importance of the influences upon the mind is that of nature. Every day, the sun; and after sunset, Night and her stars. Ever the winds blow; ever the grass grows ... The scholar is he of all men whom this spectacle most engages. " ("The American Scholar", 53) He believes that nature and the human soul are rooted in the same order, that a law of nature is also a human law, so much so that "the ancient precept, 'Know thyself', and the modern precept, 'Study nature', become at last one maxim" (54). But it is not always easy to nail down this lay philosopher's ideas owing to his contempt for consistency. While Emerson identifies the open air as the ideal setting for learning and for solitary communion in his first book *Nature*(1836), he opines in a later essay with the same title that nature is ubiquitous—as omnipresent as Tao:

> If we consider how much we are nature's, we need not be superstitious about towns, as if that terrific or benefic force did not find us there also, and fashion cities. Nature who made the mason, made the house. We may easily hear too much of rural influences. The cool disengaged air of natural objects, makes them enviable to us chafed and irritable creatures with red faces, and we think we shall be as grand as they, if we camp out and eat roots; but let us be men instead of woodchucks, and the oak and the elm shall gladly serve us, though we sit in chairs of ivory on carpets of silk. ("Nature" [1844], 111)

In this piece nature and solitude are no longer confined to bucolic locales but within reach everywhere, even in an ornate boudoir, inasmuch as ivory and silk are also natural products. Nature even cycles as "thought" in this essay: "Nature is the incarnation of a thought, and turns to a thought again, as ice becomes water and gas. " Hence "every moment instructs, and every object: for wisdom is infused into every form" ("Nature" [1844], 117). Nature here encompasses just about everything under the sun. The alert mind can be illuminated by any external objects, including those found indoors or in cities.

If nature is construed much more broadly in Emerson's later work, it is also much more contingent upon the apprehension of an individual who can actively shape the world around it, rather than passively receiving information from it. Solitude is also increasingly allied with self-reliance, more and more a prerogative of the inner self: "It is easy in the world to live after the world's opinion; it is easy in solitude to live after our own; but the great man is he who in the midst of the crowd keeps with perfect sweetness the independence of solitude. " ("Self-Reliance", 143) Solitude is nearly synonymous with independence here. This solipsistic mindset, linked to a firm individual conviction unshaken by popular opinions, must remain intact even when one is surrounded by a rabble.

Emerson thus goes much farther than Tao Qian in his insistence on self-amplifying solitude. Unlike the Chinese poet, who never shuns family and friends, Emerson declares that the mental state essential for self-reliance must preclude any extrinsic interference, including that of one's closest kin:

> Your isolation must not be mechanical, but spiritual, that is, must be elevation. At times the whole world seems to be in conspiracy to importune you with emphatic trifles. Friend, client, child ... all knock at once at thy closet door ... But keep thy state; come not into their confusion .... Say to them, "O father, O mother, O wife, O brother, O friend, I have lived with you after appearances hitherto. Henceforward I am the truth's. Be it known unto you that henceforward I obey no law less than the eternal law ... I must be myself". ("Self-Reliance", 154–55)

Unlike Tao Qian, who remains mindful of his domestic duties, Emerson would turn a deaf ear to all immanent demands when the transcendentalist spirit beckons. The enjoinment to "keep thy state" appears to pun on "state" of mind and a sovereign "state": an individual must hold his own mind supreme like that that of a sovereign who does not have to heed anyone else. The next injunction (bidding parents, sibling, and friend to leave the speaker alone), which echoes twelve-year-old Jesus's response to his mother, further elevates the sovereign into the role of the Son of God. The biblical teen, unbeknownst to his parents, has stayed behind in the temple in Jerusalem. Upon being rebuked, he ripostes: "How is it that ye sought me? wist ye not that I must be about my Father's business?" (Luke 2:49) Just as Christ's retort implies that his unique alliance with God supersedes earthly filiation, so individuals, Emerson argues, must get their priorities straight by ministering first to the God within.

Tao Qian and Emerson further differ in their ideas concerning the relationship between self and nature. Tao Qian, as his line about merging eventually into nature adumbrates, adheres to the Taoist worldview in which " man is not separated from nature either by intellectual discrimination or by emotional response; he is one with nature, and lives with it in harmony" (Levenson & Schurmann 112). As in traditional Chinese paintings where human figures are often tiny specks amid grand landscapes, so the speaker in Tao Qian's "Retracing My Way Home", as I noted earlier, quietly blends in with nature, a fleeting presence in the scheme of things.

In contrast with Tao Qian, who is content to lead a self-effacing georgic existence, Emerson sees nature as "thoroughly mediate", subject to human orchestration:

> It is made to serve. It receives the dominion of man as meekly as the ass on which the Saviour rode. It offers all its kingdoms to man as the raw material which he may mould into what is useful ... One after another his victorious thought comes up with and reduces all things, until the world becomes at last only a realized will—the double of the man. (*Nature*, 28)

Although Emerson is not espousing this as the only true relation between human and nature, the idea of nature serving humankind, who can also mold it into what is useful, goes against the Taoist grain of being subsidiary to nature. The last line, with its cocksure sense of nature as the realized human will, would never be uttered by Tao Qian or any traditional Chinese poet, not even grandiloquent Li Po or Su Shi. Emerson deems an enlightened person to be "the creator in the finite" (*Nature*, 43), with ascendency over nature, which presumably remains nebulous and inchoate till it is quickened by God-given human intelligence. While individuals can learn from nature, they must first invest the universe with meanings:"We animate what we can, and we see only what we animate. Nature and books belong to the eyes that see them. " ("Experience", 269)

Writing centuries after Tao Qian, Emerson has also incorporated scientific knowledge in his understanding of the world, as the epigraph for the 1849 edition of *Nature* shows:

> A subtle chain of countless rings
> The next unto the farthest brings;
> The eye reads omens where it goes,
> And speaks all languages the rose;
> And, striving to be man, the worm
> Mounts through all the spires of form. (7)

The chain at first glance resembles the Chain of Being in Renaissance British literature. But upon close examination, it looks not so much backward to the Elizabethan world picture as forward to Darwin's evolutionary theory. Instead of depicting humankind clambering up the ladder to the galaxy, "man" in this Emersonian hierarchy is the highest order of beings toward which the worm inches upward. Furthermore, while natural objects such as rose and worm embody fundamental lessons, it is the human eye that divines these omens. Nature itself cannot deliver any message until it is thus penetrated.

Because Emerson believes human beings to be endowed with godlike intelligence, cultivation of the self takes on very different forms than those found in Confucian or Taoist literature, in which the self must exist in harmony with social or natural scheme of things. In Confucian culture, self-cultivation is often associated with self-control, self-restraint, even self-abnegation, and with learning one's place in multiple hierarchies. Although Taoism gives freer reign to the individual spirit, a human being, as one miniscule cog in the universal wheel, must not strive for a detached existence. In the words of Joseph Levenson and Franz Schurmann:

> Nature is not merely observed, for observation implies separation of ego and object—a separation which, for the Taoists, isolates the self, thus condemning it to the striving they hold vain and to the suffering they see as the inevitable concomitant. It is identification with nature that banishes consciousness, a consciousness that in the last analysis is always and ominously of self. (112)

This Taoist diffusion, if not dissolution, of self, which has found its way into much of Tao Qian's poetry, is anathema to Emerson.

The Taoist and Transcendentalist construals of self and of the relation between self and nature are in some way encapsulated by Tao Qian and Emerson. William Acker's translation of one of Tao Qian's poems evinces this dissonance between a discrete self and one that is Taoistically absorbed:

> Renouncing my cap of office I will return to my old home 投冠旋旧墟,
>
> Never more entangled with love for high position 不为好爵萦。
>
> I will nourish my **REAL self** under my gates and thatch 养真衡茅下,

And by doing this be all **the better known** 庶以善自名。

("Written in the Seventh Month of the Year Hsin-chou while Passing T'u-k'ou in the Night on my Way back to Chiang-ling for my vacation"[辛丑岁七月赴假还江陵夜行涂口]，Acker 111；Davis 70-71；my emphases)

The line rendered as "I will nourish my REAL self" is at variance with the Chinese expression "养真"—nurture natural disposition and cultivate truth—betraying the translator's Western bias for an inalienable self. In the Chinese idiom, nurturing disposition and cultivating truth are cognate pursuits, and the idea of an irreducible ego is notably absent. Tao Qian implies that it is through identifying with nature—and definitely not through raising self-awareness—that one can attain enlightenment. A related mistranslation occurs in the phrase "be all the better known". What the poet desires is not worldly prestige but a sense of honor. Tao Qian may be recasting a saying in *Analects*(《论语》)："Be not grieved that you are not known, but seek to be worthy of being known [不患无位,患所以立;不患莫己知,求为可知也]."(*Analects* IV：14；Collie 14) He makes this distinction himself when he writes："After our death ... our name should also perish ... Should we not labour ... To do good in such a way that men will love us for it[身没名亦尽……立善有遗爱,胡为不自竭]."("Substance，Shadow，and Spirit"，Acker 46-47；Xu 18) Elsewhere,Tao Qian has also lamented that "The Tao has been lost ... And people everywhere are misers of their feelings ... And think of nothing save keeping their reputation [道丧向千载,人人惜其情。有酒不肯饮,但顾世间名]"("Six Poems Written While Drunk"，Acker 65；Xu 65). He is unlikely to be vain along the same vein. A. R. Davis's translation of these lines—"I'll cultivate truth 'under a cross-beam door';/So may I make myself a name for goodness" (I: 83) seems closer to the original meaning. ①

Solitude for Tao Qian involves reclusiveness and asceticism; it is affiliated with intellectual independence in Emerson, in whom self-cultivation amounts to developing complete trust in one's intuition, to the degree of making light of the teachings of past saints and savants and being deaf to the criticism of one's peers. Instead of seeing humans as dissolvable specks in the universe, he contends that "a true man ... is *the center of things*. Where he is, there is nature" ("Self-Reliance", 147), while noting "the poverty of nature and fortune beside our native riches" (154). Because nothing is grander than the self-reliant mind, which holds its own compass, solitude for Emerson does not entail actual mountain retreat: "Think alone, and all places are friendly and sacred. The poets who have lived in cities have been hermits still. Inspiration makes solitude anywhere. " ("Literary Ethics", 105)

The restive independence Emerson champions differs from Tao Qian's pragmatic self-sufficiency. Urging individuals to harken to their own callings without dreading public censure or hankering after popular acclaim, he famously exhorts: "Hitch your wagon to the star. " He uses this sidereal axiom twice (once with a different possessive) in *Society and Solitude*: "Now that is the wisdom of a man, in every instance of his labor, to hitch his wagon to a star, and see his chore done by the gods themselves. " And again: "Hitch your wagon to a star. Let us not fag in paltry works which serve our pot and bag alone. ... Work rather for those interests which the divinities honor and promote. " (*Society and Solitude*, 25, 27) Deployed in the first instance to describe human ingenuity in harnessing the forces of the elements and in the second to inspire humankind to harbor high principles, in common usage the phrase is often used as an exhortation to pursue lofty enterprises and to have faith in

---

① Davis's wording also provides an uncanny parallel to Emerson's oft-quoted (and Confucian-sounding) exaltation: "He who would gather immortal palms must not be hindered by the name of goodness, but must explore if it be goodness. " ("Self-Reliance", 141) Both Tao Qian and Emerson yearn for an authentic core of being rather than a hollow reputation.

one's unlimited potential.

Although both Tao Qian and Emerson view knowing oneself and knowing nature as inextricably intertwined, the grand entelechy signaled by Emerson's starry metaphor differs from Tao Qian's low-key (if epicurean) pursuit. In lieu of the boundless confidence of the American lecturer, who proclaims, "Speak your latent conviction, and it shall be the universal sense" and "Trust thyself: every heart vibrates to that iron string" ("Self-Reliance", 138, 139), Tao Qian describes himself as "spare of speech [闲静少言]", writing merely "to please himself and show his bent [著文章自娱,颇示己志]" ("Life", Sun 73).

Relationship between Self and Society

The starkest difference between the two pastoral enthusiasts is their relationship to the world of affairs. Tao Qian, after his stints as civil servant, abstained completely from bureaucracy and ensconced himself in rural backwater. He even changed his name from Tao Yuanming to Tao Qian—Qian meaning "hiding" or "submerging"—signifying his resolve to escape from the public eye and to avoid the tarnishing effects of official life.

Christy surmises that Emerson was nudged by his friends to do the same (possibly to go somewhere akin to the Peach Blossoms Spring): "[Amos Bronson] Alcott might have begged him to enter the ill-fated Fruitlands venture. Thoreau was considering Walden." (126) Fruitlands and Brook Farm were two of the most well-known Utopian communities of the mid-1840s. Emerson might be reluctant to join because of his distaste for group venture, for these were ultimately voluntary enterprises that imagined the reform of the world to be possible in advance of the reforms of individuals. But Christy, who infers Confucian leanings in Emerson from the journal of 1843, suspects he stayed put out of a Confucian sense of duty, aligning himself with the Chinese sage, "with Alcott and Thoreau as Chang Tsoo [长沮] and Kee Neih [桀溺]":

Chang Tsoo and Kee Neih retired from the state to the fields on account of misrule, and showed their displeasure at Confucius who remained in the world. Confucius sighed and said, "I cannot associate with birds and beasts. If I follow not man, whom shall I follow?"[长沮、桀溺耦而耕。孔子过之,使子路问津焉……夫子怃然曰:"鸟兽不可与同群,吾非斯人之徒与而谁与! 天下有道,丘不与易也。"](*Journals* VI: 403; quoted in Christy 126)

Notwithstanding his insistence on resolute intellectual freedom and his reproof of a controlling political organ ("the State must follow, and not lead the character and progress of the citizen"), Emerson remains scrupulously mindful of his "Confucian" duty to the state by continuing to be a public spokesman after resigning as Unitarian minister.

In his opinion, a true thinker must not retreat from an imperfect world but must assay to usher in a brave new world:

Let us affront and reprimand the smooth mediocrity and squalid contentment of the times, and hurl in the face of custom, and trade, and office, the fact which is the upshot of all history, that there is a great responsible Thinker and Actor working wherever a man works. ... Every true man is a cause, a country, and an age. ... A man Caesar is born, and for ages after we have a Roman Empire. Christ is born, and millions of minds so grow and cleave to his genius. ... An institution is the lengthened shadow of one man ... and all history resolves itself very easily into the biography of a few stout and earnest persons. ("Self-Reliance", 147–148)

Instead of retiring from society, Emerson implores us to "affront and reprimand", to remove obstacles to progress, to affirm that outstanding individuals such as Caesar and Christ could advance civilizations, that every human has the potential to become a vanguard. Drawing a sharp distinction between geniuses and social institutions, he's all for the one, and none for the other. Instead of succumbing to institutional constraints, a genuine leader can overhaul the institution.

The obligations of a seminal mind through everyday action are expounded in "The American Scholar":

There goes in the world a notion that the scholar should be a recluse, a valetudinarian—as unfit for any handiwork or public labor as a penknife for an axe. ... Action is with the scholar subordinate, but it is essential. Without it he is not yet man. Without it thought can never ripen into truth. ... Inaction is cowardice, but there can be no scholar without the heroic mind. The preamble of thought, the transition through which it passes from the unconscious to the conscious, is action. Only so much do I know, as I have lived. Instantly we know whose words are loaded with life, and whose not. ("The American Scholar", 59)

Thinking and active living, according to Emerson, must go hand in hand. The office of this scholar of action "is to cheer, to raise, and to guide men by showing them facts amidst appearances" (62). He must figure things out for himself and forego the "pleasure of treading the old road, accepting the fashions, the education, and the religion of society", he must bear the cross of being contrary, endure poverty and solitude, and "the state of virtual hostility in which he seems to stand to society, and especially to educated society" (63). He can only take as consolation the awareness that he is the repository of wisdom for others, exercising the highest human functions: "He is the world's eye. He is the world's heart. " (63) The American scholar, in short, must act as the social conscience and communicate the noblest thoughts and sentiments to the public.

Emerson himself never retracts from his self-appointed mission as the world's eye and heart, as the seer and conscience of his age; he continues to bring his considerable talents to bear on flashpoint events of his time. Much as he craves solitude, he maintains that "the reason why an ingenious soul shuns society, is to the end of finding society. It repudiates the false, out of love of the true" ("Literary Ethics", 105). Much as he "begrudged acting as a public man", he spoke out against three major political issues during his prime: the expulsion of the Cherokees from Georgia, the war against Mexico, and slavery (Bode xvi; see also Sandra Harbert Petrulionis and Louis Menand). The entry on Emerson in *The Imperial Dictionary of Universal Biography* provides a cogent assessment: "It is no slight sign of the greatness of the thinker, that he can leave the amenities of the city and the quietudes of the forest to stand upon the anti-slavery platform. The subordination of the pursuit of a thought to the love of a duty thus manifested, may be accepted as the crowning lesson in the life and works of Emerson. " (Part 4: 245)

Nature, Spirit, and Writing

Having discussed the points of convergence and divergence in these two men of letters, I now turn to their metaphysics and aesthetics, which are alike informed by their regard for nature. Despite a spiritual strain that often accompanies their compositions, and the respective Taoist and biblical allusions therein, neither of them devotes much thought, if at all, to life after death. Their works, presented in limpid and unadorned verse and prose free of abstruse references, seem natural growths from the soil of old China and New England. Instead of citing precedents and bowing to hoary authority, they appeal to firsthand experience and intuition. In both we find a tonic blend of piety and irreverence.

The Chinese poet openly embraces the beliefs of Tao as moral and eternal, but he steers clear of Zhuang Zi's mysticism and occult folk practices associated with Taoism (such as the search for elixir via alchemy). Take, for example, "Substance, Shadow, and Spirit" 《形影神》: "Appearing by chance/[man] comes into this world,/And suddenly is gone never to return ... . I have no art/to soar and be transfigured ... . I cannot tell you how to preserve life,/And have always been inept/in the art of guarding it [适见在世中，奄去靡归期。我无腾化术，必尔不复疑]." (Acker 45-45；Xu 16-18) Tao Qian clearly does not place much credence in an afterlife: "To be in the celestial city is not what I expect [帝乡不可期]." ("Retracing My Way Home", Sun 66-67) He is content to bookend life with birth and death: "To be born in the morning possessed of Love and Faith/And die at evening, what more could one desire [朝与仁义生，夕死复何求]?" ("Six Songs of Poor Scholars", Acker，130) The elegy below is a variation on the same theme of human finitude：

> Where there is life there also must be death 有生必有死……
> Success or failure he will not know again 得失不复知，
> Questions of right or wrong mean nothing to him now 是非安能觉！
> In a thousand autumns—after ten thousand years 千秋万岁后，
> Who will know whether he had glory or disgrace 谁知荣与辱?
> The only pity is while he was in the world 但恨在世时，
> Of drinking wine he never got enough 饮酒不得足。
> ("Three Songs Written in Imitation of Ancient Bearers' Songs" [拟挽歌辞三首（其一），Acker 101-102；Xu 132]

The sentiment is replicated in "Written on the Ninth Day of the Ninth Month of the Year I-yu"(《己酉岁九月九日》)："From ancient times/there was none but had to die,/Remembering this scorches my very heart. /What is there I can do to assuage this mood? /Only enjoy myself drinking my unstrained wine. /I do not know about a thousand years,/Rather let me make this morning last forever [从古皆有没，念之中心焦。何以称我情? 浊酒且自陶。千载非所知，聊以永今朝]." ("Written on the Ninth

Month of the Year I-yu", Acker 121–122; Xu 58) Though the thought of eventual nothingness sometimes gives rise to melancholy, the poet uses this unpleasant fact to counsel against transient glory and prompt his readers to make the most of their numbered days.

His recurrent advice is to drink before it is too late. The poet definitely practices what he preaches, as borne out by one of his several poems entitled "Drinking"(《饮酒》):

> I set up my cottage in the world of men 结庐在人境，
> Away from the hubbub of horses and carriages 而无车马喧。
> Being asked how it could be thus，I reply 问君何能尔，
> My heart stays apart, so secluded must be the spot 心远地自偏。
> In plucking chrysanthemums beneath the east hedge 采菊东篱下，
> I vacantly see the southern mountains afar 悠然见南山；
> The mountain aura hovereth fair morn and eve 山气日夕佳，
> The birds fly from and back to their nests early and late 飞鸟相与还。
> There is the pith of truth in all this sight 此中有真意，
> When I am about to say how，I forget my words 欲辩已忘言。(Sun 76–77)

The poem is deceptively simple. While the first two quatrains use concrete imagery and everyday language to answer a simple question and evoke a rustic scene, the last two lines bring the self-analysis to a philosophical (but not at all didactic) close. The enigmatic couplet invites at least two interpretations. In light of the title, the poet may be too inebriated to find words to flesh out his insights. Or the insights may be too deep for articulation, like those referenced in *The Book of Tao*: "The Tao that can be expressed in words/Is not the true and eternal Tao [道可道，非常道]." (Gu 3) The "pith of truth" gleaned by the Chinese poet from his nature-watch perchance surpasses language; his epiphany—possibly precipitated by alcohol—must be intuited rather than verbalized.

"Drinking"is emblematic of Tao Qian's disarming and resonant style, which modulates lithely from a descriptive to a philosophical register. He has indicated in "Life" that he does not chase after fancy diction or obscure references, that he "takes delight in books, but is not enmeshed in mere words [好读书,不求甚解]" (Sun 72-73). On account of his verbal transparency the bard was "slighted by his era's critics and only fully appreciated by later generations of readers" (Stuewe 2071). Unlike his contemporaries, who flaunt their learning by observing rigid conventions, citing literary authorities, and using esoteric references, Tao Qian writes directly, using down-to-earth expressions and vignettes from country life. In the words of David Hinton, "Tao was the first writer to make poetry of his natural voice and immediate experience, thereby creating the personal lyricism which all major Chinese poets inherited and made their own. " (5) He was keenly admired by Tang poets such as Meng Haoran (孟浩然) and Wang Wei (王维) on account of "the freshness of his images, his homespun but Heaven-aspiring morality, and his steadfast love of rural life" (Stuewe 2073).

The overlapping contours of rustic vista and moral high ground in Tao Qian anticipates Emerson's claim that "particular natural facts are symbols of particular spiritual facts" (*Nature*, 19). Indeed, Emerson's ideas about the "Over-soul" or "the eternal One" are almost indistinguishable from Lao Zi's and Tao Qian's delineations of the eternal Tao. Although the one-time pastor refers frequently to God in his work, his idea of divinity is much closer to the Taoist universal spirit than to the Judeo-Christian God:

Spirit ... suggests the absolute. It is a perpetual effect. Of that ineffable essence which we call Spirit, he that thinks most, will say least. We can foresee God in the coarse ... but when we try to define and describe himself, both language and thought desert us, and we are as helpless as fools and savages. That essence refuses to be recorded in propositions, when man has worshipped him intellectually, the noblest ministry of nature is to stand as the apparition of God. It is the organ through which the universal spirit speaks to the individual, and strives to lead back the individual to it. (*Nature*, 41)

Here and elsewhere Emerson's cogitations about the universal spirit sound exactly the same as the Taoist paradox about ineffable truth: "the highest truth on [Intuition] remains unsaid; probably cannot be said; for all that we say is the far-off remembering of the intuition" ("Self-Reliance", 152); "My words do not carry its august sense; they fall short and cold" ("The Over-Soul", 211). The transcendentalist's assumptions coincide with Lao Zi's philosophy regarding the interconnection of everything; accessibility of the Spirit to all; alignment of the divine and the human (through self-cultivation); manifestation of the comic or transcendentalist ethos in immanent action.

Like Tao Qian, Emerson is loath to dwell on afterlife: "Men ask concerning the immortality of the soul, the employments of heaven ... and so forth ... These questions which we lust to ask about the future ... God has no answer for them [!]... It is not in an arbitrary 'decree of God', but in the nature of man, that a veil shuts down on the facts of to-morrow ... By this veil which curtains events it instructs the children of men to live in to-day." ("The Over-Soul", 219–220; my exclamation mark). A Confucius saying readily comes to mind: "If we don't know life, how can we know death [未知生, 焉知死?]?" (*Analects*, Xian Jin 先进: 11) Emerson, speaking putatively on behalf of God, likewise dismisses interests in posthumous affairs as "low curiosity" and urges his readers to channel their energy into the here and now: "work and live, work and live." (220)

Stylistically, Emerson also mirrors Tao Qian's poetic immediacy, using figurative language spontaneously to imbue abstract ideas with welcome clarity. There are even uncanny echoes in "Self-Reliance" of Tao Qian's "Drinking". The Chinese poet does not miss stately conveyances, preferring natural resources. The "pith of truth" for him is embedded in the profuse mountain air that is available throughout the day, in the birds that go out with sunrise and return at sunset. Emerson, too, prefers living in sync with nature to modern conveniences:

> The civilized man has built a coach, but has lost the use of his feet. He is supported on crutches, but lacks so much support of muscle. He has a fine Geneva watch, but he fails of the skill to tell the hour by the sun ... and it may be a question whether machinery does not encumber; whether we have not lost by refinement some energy, by a Christianity, entrenched in establishments and forms, some vigor of wild virtue. ("Self-Reliance", 162)

Had Emerson been Tao Qian's coeval, probably he too would have chosen a secluded spot "away from the hubbub of horses and carriages", learning to tell time, build muscles, cultivate wide virtue, and decipher truth from an invigorating vicinity.

Emerson envisions not only a moral symbiosis between humankind and nature, but also a homological relation between microcosm and macrocosm, between the inmost and the outmost, so that an unadulterated individual can readily cull moral lessons from the external world:

> The visible creation is the terminus or the circumference of the invisible world. A life in harmony with Nature, the love of truth and virtue, will purge the eyes to understand her text. By degrees we may come to know the primitive sense of the permanent objects of nature, so that the world shall be to us an open book, and every form significant of its hidden life and final cause. (*Nature*, 25)

This passage can easily pass for a Taoist gloss, and nature rubs off as much on Emerson's style it does on Tao Qian's. Convinced that "every appearance in nature corresponds to some state of the mind, and that state of the mind can only be described by presenting that natural appearance as its picture" (*Nature*, 20), Emerson is no less felicitous at drawing inspirations from surrounding landscape. In addition to the tropes of the sun, rain, stars, blade of grass, blowing rose, and worm introduced earlier, he has forged piquant conceits in lines such as "the world globes itself in a drop of dew ... God reappears with all his parts in every moss and cobweb" ("Compensation", 171).

Like the Chinese poet, Emerson flouts the authority of the ancients and the foreign influence of his contemporaries, recommending instead an original relationship with the cosmos:

> Why should not we have a poetry and philosophy of insight and not of tradition, and a religion by revelation to us, and not the history of [our predecessors]? Embosomed for a season in nature, whose floods of life stream around and through us, and invite us by the powers they supply ... why should we grope among the dry bones of the past, or put the living generation into masquerade out of its faded wardrobe? The sun shines today also. There is more wool and flax in the fields. There are new lands, new men, new thoughts. Let us demand our own works and laws and worship. (*Nature*, 7)

This passage, in which Emerson bemoans how veneration for past theories has sapped the creativity of his generation, is also a rhetorical tour de force. He obeys his own precept by seldom citing other authorities to support his observations, confronting us instead with spectacular evidence from the teeming fields. After posing a series of probing questions, he directs the reader's eye to the plenitude of the New World with three crisp sentences before ending with a simple exhortation, rendered all the more persuasive by the preceding imagery yoking classical antiquity to the macabre and coupling personal intuition with cornucopia. Through such graphic imagery the American scholar drives home the point that books by our forefathers are no match for nature in providing individuals with the raw material for philosophy and poetry. Each person must learn to "detect and watch that gleam of light which flashes across his mind from within, more than the lustre of the firmament of bards and sages" ("Self-Reliance", 139). He mentions other worthies of the past only to further bear out his point: "The highest merit we ascribe to Moses, Plato and Milton is that they set at naught books and traditions, and spoke not what men, but what *they* thought." (138–139) These men are great precisely because they put little stock in their predecessors and contemporaries.

Emerson rivals Tao Qian in articulating his thoughts briskly and winsomely. "Self-Reliance" concludes thus:

> A political victory, a rise of rents, the recovery of your sick, or the return of your absent friend ... raises your spirit, and you think good days are preparing for you. Do not believe it. Nothing can bring you peace but yourself. Nothing can bring you peace but the triumph of principles. (164)

These sentences cut a fetching arc. Emerson starts by taking the reader (addressed intimately in the second person) for a seductive rhetorical spin, via a lengthy sentence full of promising scenarios, till he is stopped in his track by the summary enjoinder: "Do not believe it." He then ends with two anaphoric sentences, pounding his message home. The periodical structure, turn of thought, and teasing suspense are of Tao Qian's vintage, at once playful and soulful, proffering instruction and diversion in equal measure. The metaphysical observations and stylistic maneuvers of these two masters seem part and parcel of their resolute individuality and their enchantment with nature.

Conclusion

Tao Qian and Emerson speak to us afresh in this materialist age riddled with social pressures and ecological concerns. Though separated by millennia and a vast ocean, the two transpacific pillars might be considered kindred spirits with singular affinities: propensity for rustic living and seclusion; disdain for establishment, gilded acquisition, and servile conformity; predilection for self-cultivation and recourse to nature for intellectual and moral guidance; adherence to a spirituality that pertains to the here and now; preference for a plain style not laden with erudite allusions or external authorities. Because of their disparate notions of selfhood, however, the two envisage the relationship between self and nature and between self and society dissimilarly. Although both thinkers strive to be true to themselves, Tao Qian perceives the self as a relatively insignificant "shadow" subsumed by natural landscape ("Vast and majestic, mountains embrace your shadow"); Emerson, for his part, adverts to the salience of a unique human intelligence in radiating divine wisdom and illuminating a higher ethic. Tao Qian can find solitude only in the countryside; Emerson holds that where "a true man is ... there is nature". Instead of retreating from the public world, he continues to denounce benighted practices and unjust policies. Still, these two aficionados of solitude share a profound belief in the intercourse of mindscape and landscape. They see the visible world as a living text awaiting to be apprehended by a soul attuned to its lessons, whether during a moment of heightened (if occasionally tipsy) reverie or in a flash of intuition.

Works Cited

[1] Acker, William trans. , *T'ao the Hermit: Sixty Poems by T'ao Ch'ien* (365-427). London: Thames and Hudson, 1952.

[2] Birch, Cyril ed. , *Anthology of Chinese Literature*, Vol. 1: *From Early Times to*

the Fourteenth Century. New York: Grove Press, 1965.

[3] Bode, Carl, "Introduction". In *The Portable Emerson*. Ix-xxxii.

[4] Bode, Carl and Malcolm Cowley, eds., *The Portable Emerson*. New York: Penguin, 1979.

[5] Cady, Lyman V., "Thoreau's Quotations from the Confucian Books in *Walden*". *American Literature* 33.1 (1961): 20-32.

[6] Carpenter, Frederic Ives, *Emerson and Asia*. Cambridge: Harvard UP, 1930.

[7] Chen, David T. Y., "Thoreau and Taoism". In C. D. Narasimhaiah, ed., *Asian Response to American Literature*. New York: Barnes and Noble, 1972. 406-416.

[8] Christy, Arthur, *The Orient In American Transcendentalism: A Study Of Emerson, Thoreau, And Alcott*. New York: Columbia UP, 1932.

[9] Collie, David, trans., Analects, IV.14. In *The Chinese Classical Work Commonly Called the Four Books*. Malacca: Mission P, 1828.

[10] Davis, A. R. ed., *Tao Yüan-ming: His Works and Their Meaning*. 2 vols. Cambridge: Cambridge University Press, 1983.

[11] Dimock, Wai Chee, *Through Other Continents: American Literature across Deep Time*. Princeton: Princeton University Press, 2006.

[12] Emerson, Ralph Waldo, *Journals of Ralph Waldo Emerson*, ed., Ralph Waldo Emerson and Waldo Emerson Forbes. Boston: Houghton Mifflin, 1909. VI.

[13] —. "Nature" (1844). *Collected Essays: Complete Original Second Series*. Rockville, Maryland: ARC Manor, 2007. 103-117.

[14] —. "Literary Ethics". *Essays and Lectures: Nature: Addresses and Lectures/ Essays: First and Second Series/Representative Men/English Traits/The Conduct of Life*. New York: Library of America, 1983. 95-112.

[15] —. "Politics" (1844). *Ralph Waldo Emerson: Selected Essays, Lectures, and Poems*. New York: Random House, 2006. 253-266.

[16] —. *Society and Solitude: Twelve Chapters*. 1862; Ann Arbor: University of Michigan, 2008.

[17] —"Emerson". *The Imperial Dictionary of Universal Biography: A Series of Distinguished Memoirs of Distinguished Men, of All Ages and All Nations*, Part 4. London: William Mackenzie. 1857. 244-245.

[18] Gu Zhengkun 辜正坤, "Lao Zi and His Philosophical System: An Introduction". Gu Zhengkun, trans. & annotated, *The Book of Tao and Teh*. 27-58.

[19] Gu Zhengkun, trans. & annotated, *The Book of Tao and Teh*. 北京:中国出版集团, 2013.

[20] Gura, Philip F. , *American Transcendentalism*：*A History*. New York：Hill & Wang，2008.

[21] Hinton, David，"Introduction". *The Selected Poems of T'ao Ch'ien*. Trans. David Hinton. Port Townsend, WA：Copper Canyon Press，1993. 5-14.

[22] Kerouac, Jack, "Running Through（Chinese Poem Song）". Web. ＜http://archive. neopoet. com/node/1075＞（Accessed 7 Sept 2013）.

[23] Levenson, Joseph R. , and Franz Schurmann, *China*：*An Interpretive History*：*From the Beginnings to the Fall of Han*. Berkeley：U of California P，1971.

[24] Marx, Leo, "Pastoralism in America". In Sacvan Bercovitch and Myra Jehlen, ed. , *Ideology and Classic American Literature*. New York：Cambridge UP，1986. 36-69.

[25] Menand, Louis, *The Metaphysical Club*：*A Story of Ideas in America*. New York：Farrar, Straus and Giroux，2002.

[26] Obeidat, Marvan, "Ralph Waldo Emerson and the Muslim Orient"，*The Muslim World* 78. 2（1988）：132-45.

[27] Packer, Barbara L. , *Transcendentalists*. Athens, GA：University of Georgia Press，2007.

[28] Pauthier, G. , trans. *Les Livressacrés de L'Orient*. 1841；H. HerluisonLibraire-Editeur，1875. Web. http://gallica. bnf. fr/ark：/12148/bpt6k5860150t ＞. 20 Jan 2014.

[29] Petrulionis, Sandra Harbert, *To Set This World Right*：*The Antislavery Movement in Thoreau's Concord*. Ithaca：Cornell University Press，2006.

[30] Richardson, Robert D. , Jr. , *Emerson*：*The Mind on Fire*. Berkeley：University of California Press，1996.

[31] Stuewe, Paul, "T'ao Ch'ien". *Great Lives from History*：*Ancient and Medieval Series*：5. Ed. Frank Magill. Pasadena, CA：Salem Press，1988. 2070-2074.

[32] Sun Dayu 孙大雨 ed. & trans. ，《古诗文英译集》*An Anthology of Ancient Chinese Poetry*. Shanghai：Shanghai Foreign Language Education Press，1995.

[33] Xiao Tong 萧统，"Tao Yuan Ming's Biography"《陶渊明传》. In Xu Wei 徐巍 ed. ，《陶渊明诗选》*Selected Poetry of Tao Yuanming*. Hong Kong：Joint Publishing Co. ，1982. 1-6.

[34] Xu Wei 徐巍，ed. ，《陶渊明诗选》*Selected Poetry of Tao Yuanming*. Hong Kong：Joint Publishing Co. ，1982.

陶渊明与爱默生的诗文比较^①

陈学芬

商丘师范学院文学院

关于陶渊明与梭罗的比较研究很多,如《中美浪漫主义精神的异同比较——论爱默生、梭罗和惠特曼对当代中国文人的影响》《论陶渊明和梭罗的诗学走向》《论陶渊明和梭罗的诗学走向》等。关于陶渊明与爱默生的比较研究则很少,或者根本就没有。这两人既生活在不同的大洋彼岸,也生活在不同的年代:一个生活在中国魏晋时期,约 365—427 年;另一个生活在美国,1803—1882 年,似乎没什么可比较的。但细读两人的诗文,探究二人的思想,这两位处于中西不同时空,沐浴着不同文化的作家对自然、政治、人生等的态度及其文风有很多相似点,更有差异,很值得比较研究。

两位作家都写了大量的田园诗,歌咏大自然,抒发人生意趣,在他们各自的时代,成为田园诗的先锋。他们都远离官场,但始终没有忘怀政治。他们都追求诗意的人生,精神的超越。两人的文风也有相似之处,都很平实。陶渊明的文风清新自然,爱默生的文风也很简洁。陶诗甚至以口语入诗,但又不失诗味,如"今日天气佳,清吹与鸣弹"(《诸人共游周家墓柏下一首》)。

但是两人的文学只是表面相似,差异是更主要的。对于自然,陶渊明的诗文显示人与自然的融合,人是自然的友人;而爱默生则主张人是自然的主人,自然为人服务。对于政治,陶渊明弃官归隐;爱默生则积极地通过演讲、写作来参与时政。对于人与人生,陶渊明认为人是渺小的,人生是虚幻的,本来即空无实性,最后当复归于空无;爱默生则认为人具有神性,人神合一,甚至人就是上帝。

本文对两人表现出来的相似的文学现象加以比较,试图发掘相似类型表象下深层次的文化差异。"跨文明语境下类型学研究的重心已由相似性

---

① 本文系作者主持的河南省教育厅人文社会科学规划项目"自我与他者:华裔美国文学中的中美形象"(项目批准号:2014-GH-785)的阶段性成果。

转移到了差异性之上。"(曹顺庆：87)

一、自然

不同时代、不同文化环境中的作家创作有时会出现"隐性的遥契"。对自然、农村的热爱和歌咏是他们诗歌的一大共同点。他们都喜欢居住在大自然中，远离喧嚣的都市。陶渊明归隐田园，爱默生在游历欧洲后定居在他出生的村落，一直到死。他们留下了一系列歌咏自然的作品。

如陶渊明的《桃花源记》中的美丽的世外桃源——桃花源；《饮酒·其五》中的"采菊东篱下，悠然见南山。山气日夕佳，飞鸟相与还"。《归园田居》系列诗篇中有关农业劳作、农村风光的田园生活描绘。《归去来兮辞并序》讲述了陶渊明的为官及去职原因。他是因为家贫，种田不能自给才外出做官的，但他的本性喜欢任其自然，勉强不得，即"质性自然，非矫厉所得"。不愿心为形役，去意已决，只待等上一年，就离开官场。不久，妹妹亡故，便去职奔丧了。他不爱富贵，不渴望升仙，只喜欢田园风光，宁愿田间劳作，享受家人团聚的天伦之乐。"富贵非吾愿，帝乡不可期。怀良辰以孤往，或植杖而耘耔。"陶渊明被称为隐逸诗人、自然诗人或者田园诗人。

关于陶渊明与自然，历代学者多有研究。梁启超认为陶渊明持"自然"人生观，他的文艺只是"自然"的体现。鲁枢元认为"陶渊明是中国传统自然主义文学精神的代表"，有着"散淡放旷、委任运化的自然精神"，这种任真率性、放旷冲澹、任化委运、清贫高洁、孑世独立的自然精神滋养着中国的文学和文化，"期待陶渊明的精神遗传能够对自然生态惨遭破坏、社会发展严重失衡的当前人类生活产生微妙的影响"(鲁枢元)。鲁迅认为陶渊明的诗文风格既有"悠然见南山"的"静穆"，也有"精卫衔微木，将以填沧海，刑天舞干戚，猛志固常在"的"金刚怒目"，所以陶渊明才伟大。

爱默生也喜欢田园生活，他一生的大部分时间都居住在乡村，有自己的土地。他在散文《田园生活的乐趣》中对农民大加赞扬：农民光荣，因为农民是神圣的劳动者，农业劳动是富有创造性的。他在诗《再见》中告别"傲慢的世界"，"要回家了"，"孤独地藏匿在那青山怀里"，这里有小树林，绿色的拱门，漫长的白昼，画眉鸟，安定地居住于森林之家，在松树下漫步，嘲笑高傲的狂妄。这与陶渊明的《归去来兮辞》有很大的相似性，都是告别喧嚣的外界，回归宁静的田园。他认为乡村生活优于城市生活："这些事实可能说明：

对有能量的大脑而言,乡村生活优于人为的密封的城市生活。(爱默生:17)"爱默生的诗《杜鹃花》中,海风、沙地、小溪、鸟儿、紫色的花瓣,组成一个美的世界。作为美国超验主义的倡导者,他主张回归自然,接受它的影响,在精神上成为完人。

但他们的差异也是明显的,如对自然的态度方面。两人都亲近自然,但陶渊明的诗中展现的是人与自然融为一体的景象;而爱默生虽然也主张人与自然的和谐,但更强调人是自然的主人,自然界的一切都服务于人类。

陶渊明诗中的自然是美好的,人生活在自然中是悠闲、惬意的。如"采菊东篱下,悠然见南山。山气日夕佳,飞鸟相与还"(《饮酒·其五》);"鸟哢欢新节,泠风送馀善。寒竹被荒蹊,地为罕人远。是以植杖翁,悠然不复返"(《癸卯岁始春怀古田舍二首》)。

陶渊明的人与自然交融的诗篇受中国道家思想的影响,强调人诗意地生活在大自然中,与大自然融为一体。当时的中国还处于农耕文明时期,人与自然本来就密切相关。中国的古文化也一直有推崇自然、热爱自然的悠久传统。再加上陶渊明本人的性格特点,"少无适俗韵,性本爱丘山","久在樊笼里,复得返自然",所有这一切都促成了陶渊明的诗中人与自然交融的景象。

爱默生也极力推崇自然,提出要珍视大自然的资源。但在他看来,自然与人不是平等的,人是自然的主人,自然为人服务。在爱默生的著名散文《自然》一文中,他指出:"当我们远离上帝时,也同样地远离了自然。""只要自然学家没有注意到人和自然之间那种美妙的和谐,科学就不够人道;人作为世界的主人,不是因为他是最柔顺的居民,而是因为他是世界的头脑和心脏,事无巨细,他都能从中发现自己的影子。"(爱默生:39-40)"野兽、火、水、石子、玉米都服务于人类。这田野曾经是他的地板,他的工场,他的操场,他的花园,他的卧床。"(爱默生:6)"自然完全是中介的,它生来就是提供服务的。它顺从地接受人的主宰,就像是救世主乘坐的那头驴子。它把它的一切王国呈献给人,让人将其塑造成有益的世界。""人接二连三地产生战无不胜的想法:征服所有的一切,直至世界最终变成一个实现了的意志——成为人类的复制品。"(爱默生:23)"人对自然的统治——这现在人们做梦也不敢想的事,最终是一定会实现的。"(爱默生:45)他的这种对人与自然的关系的态度常常受到生态学者的批判:"从当今生态思想的角度来看,爱默生的自然观之主导倾向是以人类为中心的,是非生态的。"(王诺:156)他对自然的态度还停留在认识自然、利用自然和征服自然的层面。

爱默生的这种思想是与西方社会普遍的基督教信仰有关，也与美国当时发达的资本主义经济有关。《圣经·创世纪》中神造人，让人管理地上、空中和海里的一切活物。在神眼里，人的地位明显地要高于其他生物。爱默生生活的年代，经济发达，创造了前所未有的物质文明，而人类行为所造成的危害尚不明显，或者尚没有被世人意识到，所以还没有产生生态思想。

二、政治

两人都反抗政治压力，充满独立精神。陶渊明不肯为五斗米折腰，弃官归隐，远离污浊的政治氛围，回到大自然中修身养性，保持人格的独立。爱默生也辞去圣职，到欧洲各国游历。他努力试着不加入任何公开的政治运动或团体，并常迫切地要独立自主，反映了他的个人主义立场。他甚至坚持不要拥护者，要成为一个只靠自己的人。但两人生活在现实中，都无法完全无视政治的存在。

陶渊明把官场视为束缚他自由天性的樊笼，不肯为五斗米折腰，决意远离官场，放弃仕途，躬耕田园，清贫自守，享受自然之美，天伦之乐。"久在樊笼里，复得返自然。""弱子戏我侧，学语未成音。此事真复乐，聊用忘华簪。遥遥望白云，怀古一何深！"（《和郭主簿二首》）古时有学而优则仕的传统，似乎只有出仕才能兼济天下，才能有所成就。但陶渊明并不这样认为。他肯定隐居的意义，栖居田园有很多娱乐，不出仕未必就没有成就。"栖迟固多娱，淹留岂无成？"（《九日闲居一首》）但他对政治并没有完全忘怀。从他的一些关心时局和表达政治理想的诗篇中可以看出。他的乌托邦主义理想体现在他的《桃花源记》一文，这里没有战乱，没有纷争，人们不与外界来往，生活过得富足而快乐，"黄发垂髫，并怡然自乐"。民风质朴，他们盛情款待闯入者——渔人，虽然并不希望外面的人知道这块世外桃源。但受到热情款待的渔人一旦离开，就处处做标记，告诉太守，带人来找这世外桃源，然而却再也找不到了。甚至高尚之士也无法找到。这桃花源其实是想象中的彼岸世界，是超然于现实世界的大同社会，是作者不满现实社会而虚构的理想社会。

爱默生更是没有忘记政治，他甚至写了一篇著名的散文《政治》。在这篇文章中，他对政治提出了很多自己的真知灼见，如"政府的作用越小越好，法律和纪律给政府的权力也是越小越好。而与政府对权力滥用相反的则是个性的影响和个体的成长"(爱默生:116)。他极力推崇"个性",认为所有的事物都在导向个性,这是自然的终极目的,甚至说国家的存在是为了培养出智者,个性的产生使国家毫无存在的必要。智者即国家。

虽然都反抗强权政治,渴望独立,但他们的反抗形式不一样。陶渊明是出世的,而爱默生是入世的。这从他们的称呼上就可见一斑。陶渊明被称为隐士,是中国陶逸文化的代表;而爱默生是确立美国文化精神的代表人物,被美国总统林肯称为"美国的孔子""美国文明之父"。孔子是入世的,爱默生也从来不忘他的社会责任。譬如爱默生曾担任牧师一职,传经布道,后来离职;但他一生都喜欢演讲,是个演说家,以自己的思想去影响其他人。而陶渊明似乎更喜欢独处,而不是面对众人。爱默生除了创作诗歌外,还有论文、散文、个人语录,留下很多脍炙人口的格言警句。如大家很熟悉的,但鲜有人知道是来自爱默生的语录:"爱美之心,人皆有之。"

两人有着不同的哲学思想。陶渊明接近老庄的思想,有逃避现实,乐天安命的消极思想;爱默生则是超验主义哲学的代表人物。陶渊明的隐逸有清静无为,只顾自身心灵宁静而远离污浊官场,逃避社会担当的嫌疑;而爱默生是积极介入社会的,挑战社会的行动主义者。

陶渊明开启了中国的隐逸文化,多少人效仿他做隐士,在大自然中陶冶情操,不求闻达,但求精神上的超脱,主张清静无为,逃避社会;而爱默生则是行动主义者,挑战社会,他的超验主义主张热爱自然,尊崇个性,号召行动和创造,反对权威和教条。

三、人生

在关于人和人生的看法方面,两人都认为天地万物中,"人之独灵",人是最灵智的;都主张心灵的自由,个性解放;都更注重精神愉悦而不是物质享受;都厌倦了世俗的趋炎奉迎和为生计而奔波,不愿意与污浊的世俗同流合污,而回归田园,洁身自好,保持个性自由,不受挤压,在自然中陶冶性情,体味人生乐趣。但也有很大的差别:陶渊明不相信永生、来世、得道升仙,注重今生、现世的享乐,"得酒莫苟辞",今朝有酒今朝醉;而爱默生相信永恒、来世、上帝,认为人具有神性,人神合一。

陶渊明认为人生是短暂的,虚幻的。人生就像闪电一样飘忽而过,不能长久。"人生复能几,倏如流电惊。"(《饮酒二十首》之一)人生如同一场幻化,本来即空无实性,最后当复归于空无。"人生似幻化,终当归空无。"(《归园田居》五首之四)战乱、疾疫、灾荒导致寻阳一带农村凋敝,人世的变迁,人生的无常,益发坚定了陶渊明的隐居的决心。但陶渊明对于人生也有独到而积极的看法,人生在世没有根蒂,漂泊如路上的尘土。他深深体味人生之艰,视世人如兄弟,而不只是同胞兄弟才相亲相爱,遇到高兴的事就应当作乐,有酒就邀请邻居共享,珍惜年华,留下"及时当勉励,岁月不待人"的名句。试看《杂诗·人生无根蒂》:

> 人生无根蒂,飘如陌上尘。
> 分散逐风转,此已非常身。
> 落地为兄弟,何必骨肉亲!
> 得欢当作乐,斗酒聚比邻。
> 盛年不重来,一日难再晨。
> 及时当勉励,岁月不待人。

在陶渊明的一生中,诗、酒、田园非常重要,他在很多诗中都写到酒与田园。而菊对于他来说,也有特别的意义。由于他,菊几乎成了高洁人格的象征。"酒能祛百虑,菊为制颓龄。"(《九日闲居一首》)"采菊东篱下,悠然见南山。"(《饮酒》二十首之一)"三径就荒,松菊犹存。"(《归去来兮辞》)菊成了他的品格的象征。饮酒是他重要的娱乐方式、生存方式。"漉我新熟酒,只鸡招近局。"(《归园田居》五首中之五)"提壶接宾侣,引满更献酬。未知从今去,当复如此不。中觞纵遥情,忘彼千载忧。且极今朝乐,明日非所求。"(《游斜川一首》)"清歌散新声,绿酒开芳颜。"(《诸人共游周家墓柏下一首》)"春秫作美酒,酒熟吾自斟。"(《和郭主簿二首》)此外还有《饮酒》二十首、《止酒》一首、《述酒》一首。而田园是他的诗意的栖息地。"开荒南野际,守拙归园田。方宅十余亩,草屋八九间。榆柳荫后园,桃李罗堂前。暧暧远人村,依依墟里烟。狗吠深巷中,鸡鸣桑树颠。户庭无尘杂,虚室有余闲。久在樊笼里,复得返自然。"(《归园田居》五首之一)他的诗中还多次出现归鸟意象,这也是他逃离污浊社会,归隐田园的象征。

陶渊明一生贫寒,但安贫乐道。不愿出仕,只愿归隐田园,遇上天灾人祸,庄稼歉收,温饱都成了问题。"弱冠逢世阻,始室丧其偏。炎火屡焚如,螟蜮恣中田。风雨纵横至,收敛不盈廛。夏日长抱饥,寒夜无被眠。造夕思鸡鸣,及晨愿乌迁。在己何怨天,离忧凄目前。吁嗟身后名,于我若浮烟。慷慨独悲歌,钟期信为贤。"(《怨诗楚调示庞主簿邓治中》)他还写有《乞食》:"饥来驱我去,不知竟何之。行行至斯里,叩门拙言辞。主人解余意,遗赠岂虚来。"

他对于人生的态度是"委运",即顺从天运,顺从自然变化之理。"甚念伤吾生,正宜委运去。纵浪大化中,不喜亦不惧。应尽便须尽,无复独多虑。"(《形影神》中《神释》一首)听任天运。放浪于大化之中,对生死不喜也不惧。生命该结束便结束,对于死亡不要多虑。

而爱默生认为人是自然的主人,人人具有神性,人神合一。"在灵魂的每项行为中,都蕴含着人与神微妙的结合。最朴素的人会因为他对上帝的真诚膜拜,而使自己成为上帝;但这种更高级,更普遍的力量,虽说本来是与人合为一体的。"(爱默生:185)他还说:"人可以在一粒原子,或一瞬之间窥见整个宇宙。这样的话,人就不会再编织零落破碎的生活,而是生活在一种神圣的统一之中。"(爱默生:188)他甚至说:"世界微不足道,人就是一切;你就是自然之法,虽然你还不知道树液是如何上升的。"(爱默生:223)爱默生认为人可以凭借智慧拯救灵魂,他甚至说:"如果一个人在内心深处是公正的,那么他在一定意义上也就是上帝;上帝的稳重,上帝的永恒性,上帝的威严和正义都进入到了这个人的人格中。"(爱默生 2:148)人能凭直觉认识真理,因此在一定程度上,人就是上帝。

他推崇个人主义,提倡个性解放,相信个人的无限潜能,每个个体都蕴含着神性,个性就是一个人的全部价值所在。他还倡导自立说,即人对上帝、对社会的独立。他提倡自力更生,依靠自己,"人的地位、神圣是可以靠自己的力量支持,不需要天赋和外部的力量"(爱默生 2:130)。"爱默生作为清教自由派的革新者,他的目的是要将人从神权束缚和徒具其表的仪式崇拜中解放出来,当他找到早已将人的地位提升到与天神平齐的儒家学说,自然欣然引以为同道。"(杨靖)

爱默生继承和改造了基督教对人的神性诉求,发展了理性与神性相结合的近代自然理性思想。爱默生自然理性的第一要务是重新强调个人的神性,这个神性与其说来自上帝,不如说是强调人的灵魂自身的神圣性,每个人不仅有本能与欲望,有理性意志,还有获取一切知识的能力。

爱默生并没有否认和怀疑上帝的存在,只是"上帝在我心中",上帝具有属人的维度,上帝作为一种美德标准与价值映现于人,为人服务。他主张创新,提升人的地位。每个人不需要各种中介便可以同上帝直接对话,接受上帝的真理。通过直觉,人能够和上帝直接交流。由于对美国宗教的世俗化做出的贡献,他被誉为"美国宗教的先知"。当时的美国是个典型的宗教国家,宗教是美国文化的重要组成部分。

物我两忘是陶渊明所追求的人生境地,"不觉知有我,安知物为贵"(《饮酒》二十首之一)。而人神合一,也是爱默生所追求的人生境界。

四、差异探因

两人诗文品格的相似是中西文学之间共通的规律使然,也是爱默生接受中国文化影响的结果;而差异的很大一部分原因在于两人生活的时空差距以及两人的历史文化传统、宗教信仰对个人思想的影响。爱默生文学思想的发展与其宗教革新思想联系紧密。

陶渊明生活在中国古代魏晋时期,约365—427年。当时的官场黑暗,等级制度森严,战争频繁,农民生活困苦。那时的中国还处于农耕文明时期,陶渊明作为一个没落的贵族,不求闻达于诸侯,只求获得内心的安宁。他的生活理想是一边躬耕田园,一边吟诗赏花,在乱世之中过着诗酒人生。

而爱默生生活在1803—1882年,此时的美国正处于资本主义的上升期,科技发达,人似乎有能力主宰天地万物,很容易滋生人是自然的主宰这样的思想。美国在经济上的优越性,决定了需要建立自己独特的精神文化,以摆脱欧洲大陆的影响。爱默生在《美国的学者》一文中对学者给予了高度评价与企望:"我们相信,对人类潜能的信心是属于美国学者的。我们洗耳恭听欧洲的阳春白雪已为时过久。"(爱默生:223)爱默生对美国文学与文化影响重大,被认为"有了爱默生,美国文学才真正诞生",他"标志着美国文化和美国精神的独立"。

有人认为,陶渊明的哲学思想属于儒家,如罗宗强的《玄学与魏晋士人心态》、魏正申的《陶渊明探稿》、徐声扬的《徐论陈词集》;也有人认为他的创作中有佛教思想,如丁永忠的《陶诗佛音辨》。在我看来,陶渊明既受儒家思想影响,更受道家思想影响,儒道兼而有之。在他归隐田园之后,"顺其自然,委任运化"的道家思想就占了上风,注重个性自由、逍遥自在、远离官场是非、超脱于世,注重养生。魏晋时期盛行玄学,士人爱谈玄论道。陶渊明身处其中,也难免受时代风气的影响,他的诗中也有一定的玄学思想。

陶渊明是个朴素的唯物主义者,认为人"有生必有死","死去何所道?托体同山阿"(《拟挽歌辞》三首)。死亡是必然的,死后人体复归于大地。而形灭名亦灭,从他的关于"形影神"的系列诗中可见一斑。"身没名亦尽,念之五情热。"(《影答形》)草木荣枯得以恒久,而人死不能复生。"草木得常理,霜露荣悴之。谓人最灵智,独复不如兹。适见在世中,奄去靡归期。"(《形赠影》)他并不相信死后,不虑来生,不期待来生极乐世界。他对传统的天道、鬼神提出质疑:"天道幽且远,鬼神茫昧然。"天理幽隐难明而且邈远难求,鬼神之事亦茫然幽暗而不可知。他认为人有生必有死,能够长生不老的神仙并不存在,只有忘物忘天,任真自得,顺乎自然,才能真正超脱。这在《连雨独饮》中表现得最为明显:"运生会归尽,终古谓之然。世间有松乔,于今定何间?故老赠余酒,乃言饮得仙。试酌百情远,重觞忽忘天。天岂去此哉,任真无所先。"人的生命运行不已,一定会终结,自古以来都是这样。被人认为升仙了的松乔,于今究竟在哪里呢?由于不知道死后如何,他更注重今世,注重当下的精神愉悦。"死去何所知?称心固为好。"(《饮酒》二十首之一)

而爱默生是个有着坚定的宗教信仰,一直抨击教会缺陷的唯心主义者。他信仰上帝:"那种向我表明上帝就在我心中的宗教,使我心灵上的力量顿然增长;那种对我说上帝是我之外的宗教给予我的,则使我痛苦不堪。"(爱默生2:156)他认为:"历史上的基督教义已经蜕变为一种祸害,使我们传达宗教情感的所有尝试和企图都归于失败。"(爱默生2:154-155)他主张要敢于不经过任何中介或遮挡地爱上帝。上帝在他的文章中无数次出现,他甚至说:"世界和人的身体一样,都起源于精神。世界是上帝的一个比较遥远和低级的化身,是上帝在潜意识中的一个投影。"(爱默生:39)他的超验主义是唯心主义,他认为世界不是多方面的力量的产物,而是一个人的意志、思想的产物。他强调人与上帝间的直接交流和人性中的神性,具有强烈的批判精神。社会目标是建立一个道德完满、真正民主自由的社会。尽管带有乌托邦的理想色彩,超验主义仍然是美国人的精神独立宣言。

关于爱默生思想和中国思想特别是儒道思想的对比研究,学界一直在进行。爱默生思想与中国儒家、道家思想有相似的一面,如"道"与"超灵"及"天人合一"的自然观,对待物质财富的态度等。他常常引用孔子的话来论证自己的观点,譬如,在《社会运行的目标》一文中就两次提到孔子的话,"孔子提出人要'慎独'","中国古代的孔子承认利益合理性,但也对它做了一定的限制"(爱默生2:186)等,由此可见孔子对他的影响。儒家安贫乐道的人生态度,与超验主义重精神、轻物质的主张不谋而合。他的思想与中国儒道思想更有差异,他是有选择地吸收中国儒道思想。他与孔子思想的相似之处有人本思想和入世的态度,但与孔子的孝悌、克己复礼的伦理观不同,他是主张个人主义的。他与老子的思想有相通之处,如"天人合一"的宇宙观、天人感应和直觉意识的认知方法等,但在"出世""入世"方面有很大的差别。爱默生对于以儒家思想为代表的中国文化的接受具有较强的选择性和功利性,以适应他所处的美国时代。

刘晓枫在《拯救与逍遥——中西方诗人对世界的不同态度》中指出中国文化和西方文化"一个最为根本的素质差异就是逍遥与拯救。……这就是'乐感文化'与'爱感文化'的对立,超脱与宗教的对立"(刘小枫:31)。陶渊明与爱默生的思想的差异也可以用逍遥与拯救来概括,陶渊明逍遥于田园,过着诗酒人生;爱默生的拯救有别于以往的上帝的拯救,更注重人的自我拯救、人的神性及人与上帝的直接交流。

引用文献

[1] 曹顺庆主编:《比较文学概论》,中国人民大学出版社,2011年。

[2] 鲁枢元:"中国传统自然主义文学精神的消亡——从陶渊明之死谈起",《苏州大学学报(哲学社会科学版)》,2012年第1期。

[3] 爱默生:《爱默生散文选》,姚暨荣译,百花文艺出版社,2009年。

[4] 王诺:《欧美生态文学》,北京大学出版社,2011年。

[5] 爱默生:《爱默生文集·不朽的声音》,张世飞等译,当代世界出版社,2002年。

[6] 杨靖:"爱默生与中国文化",《南京师范大学学报(社会科学版)》,2012年第3期。

[7] 刘小枫:《拯救与逍遥——中西方诗人对世界的不同态度》,上海人民出版社,1988年。

论赛珍珠跨文化写作的对话性

姚君伟

南京师范大学

　　站在 21 世纪的今天,回眸新时期以来中国赛珍珠研究走过的历程,我们欣喜地看到,中国学者通过对她的中国题材作品的研究,已经对其跨文化写作有了一个比较准确的把握;同时,也已经将研究的触角延伸到她的非小说领域,并开始对她翻译的《水浒传》展开研究。新版《辞海》和《中国大百科全书·外国文学》均对赛珍珠词条做了修订,充分肯定了赛珍珠作为一个美国作家对中国题材的开发和写作的成就。不妨说,我们现在有条件,也应该对赛珍珠的跨文化写作做整体观照了。全面考察赛珍珠的跨文化写作后,我们认为,它们具有对话性、前瞻性和矛盾性等特征。本文拟就赛珍珠跨文化写作中所包含的对话性特征做一探讨。

　　在赛珍珠写作之前,大多数西方人对中国、中国人和中国文化还相当陌生,印刻在他们心目中的大约还是类似于傅满洲等扭曲的中国人形象,以及一些道听途说、充满想象和夸张的说法,中国人都是神秘而不可理喻的,中国是神秘的国度、万恶之薮。中国人"总是拖发辫(不消说女的是缠小脚),挂鼻涕,佝偻其形,卑污其貌,所做之事,总离不了窃盗、强奸、暗杀、毒谋等让人毛骨悚然的举动。于是历年来,中国人就铸成了一种不良的印象,深深印入西方人的脑海里,随时会引起厌恶和仇恨"(庄心在:82)。赛珍珠厌恶所有把中国人描写成古怪和粗野之人的作品,她要与西方人进行对话,通过她的跨文化写作,真实客观地塑造中国人的形象,并消除西方人对中国和中国人所抱有的偏见,让他们从根本上认识到中国人不是什么不可思议、难以理喻的异教徒,而是也有着自己的喜怒哀乐、在他们长期形成的文化环境里生活、有着共通人性的人类成员。

　　赛珍珠的对话内容丰富,方式多样。赛珍珠首先是个小说家,她最主要的对话方式是通过文学创作来体现的,其作品的对话性最充分地体现在她的小说中。而在她的跨文化写作中,《东风·西风》及《大地》三部曲,尤其是代表作三部曲首部《大地》,最能体现她在跨文化领域里的对话性。

在《大地》整个的情节安排和形象描绘中,赛珍珠没有去虚构什么不可思议、难以理喻的"中国异教徒",而是为读者成功地讲述了一个普通而勤劳的中国农民的家庭故事。《大地》大致以安徽和南京为背景,叙述一个叫王龙的普通农民,为获得土地这个幸福的命根子而不辞辛劳,终于发家致富,从农民成为地主的故事。

在《大地》中,赛珍珠抓住了中国农民与土地之间须臾不可离的关系,成功地描写了中国农民的命运和性格特征。土地是中国封建社会的支柱之一。长期以来,它对中国农民的生存具有一种非常特殊的意义,文学作品中所写的"日出而作,日落而息"的农民形象,与其说是一种艺术创造,毋宁说是中国农民生活的真实写照。王龙和阿兰勤劳善良,他们有着朴素的农本思想和执着的土地意识。在王龙眼里,土地是一家人的命根子。即使是在旱灾危及生命的时候,王龙还硬是坚持不变卖土地,宁可背井离乡,在南方城市靠卖苦力和乞讨为生。在城里,王龙对土地的思念时时涌上心头,抢到一笔意外之财后,他赶紧带家人回到家乡,买进一块块好田,终于做起地主来。王龙年事已高时,依然要回到田头去察看和劳动。他一辈子把自己的全部精力都集中在土地上。王龙对土地的热爱,在他变成地主之后,仍然有增无减。小说写到他与小妾荷花吵架后,突然提出要去田间干活:"这样干活,纯粹是为了其中的乐趣,因为这并不是他非干不可的事。他累了,就躺在土地上睡一觉。土壤的养分渗透到他的肌肤里,使他的创伤得到愈合。"(赛珍珠:189)王龙对土地的挚爱于此可见一斑。

王龙不是个完美的人物,却是可信的。这一形象的成功刻画,有赖于作者对王龙性格上的多层次与追求上的矛盾性的开掘。无疑,王龙有着深沉的土地意识,土地是他的核心关切;同时,他也有着强烈的子嗣意识。乍看起来,王龙是个头脑简单的乡巴佬,其实他是个充满生命力的、正常而真实的人物。"尽管他始终被对土地强烈的热爱所支配,然而,他首先是人,是一个具有幻想、感情、怪癖和反复无常、自相矛盾的心态的人。"(多伊尔:29)也就是说,王龙是一个性格复杂的人物。赛珍珠塑造王龙等中国农民形象时,是把他们作为正常的人类成员来写的;不仅如此,中国农民在赛珍珠眼里,其实还是有着很高生存智慧的人物。

除了通过塑造普通而又典型的中国人形象外,赛珍珠还在《大地》等作品中,提倡在异质文化相处的过程里采取一种跨文化态度。赛珍珠生活和写作的年代,文化人类学已有不少深入的研究,尽管文化人类学家当时尚未提出过"跨文化态度"这一表述。所谓"跨文化态度",其基本要素一是不带偏见地思考;二是分享他者的经验,进入他者的象征世界;三是一种文化需要通过其他文化来理解自己(陈力川:65)。笔者认为,这样的态度体现了一种他者的智慧:"当我意识到他者的相异性,将他者视为异于我的人,当我完全接受其相异之处的时候,我表现出的是一种他者的智慧。"(苏盖:51)也就是说,我们在进行跨文化对话和写作时,应当承认他者具有相异性。赛珍珠的写作不仅塑造了完全正常、明白事理的中国人形象,而且还在倡导一种跨文化态度和他者的智慧。

面对中国文化现象,赛珍珠对它们形成和发展的历史语境加以认真考察,力争首先对它们存在的缘由及相对的合理性做一番深入细致的研究,然后再把它们呈现在西方人面前。在对中国文化价值的评判上,赛珍珠非常谨慎,她希望尽量避免做出任何草率武断的评判,因为她本人目睹了太多人对他者文化做出过太多鲁莽而草率的价值判断。为此,她本人长期观察、体验和研究中美文化,在小说和其他作品里,为西方读者提供巴赫金所说的统觉背景①,并与其人物塑造有机地融合在一起,《大地》三部曲及《东风·西风》《闺阁》中关于中国文化的铺陈都是显例,如后来为辛亥革命所废除的缠脚。稍稍了解这一陋习的人,都清楚地知道所谓的小脚之美是建立在被缠脚人的极端痛苦的基础上的,俗话说:小脚一双,眼泪一缸。更为悲惨的是,实施者往往还是自己的母亲,足见这是何其残酷的事情。可是,赛珍珠在宿州和中国妇女聊天得知,那时候,缠脚的出发点是为了将来给女儿找到一个好婆家。赛珍珠在小说里,直接间接地为西方读者提供了这样的统觉背景,包括像缠脚这一习俗的由来及其得以流传下来的心理因素,从而让西方人明白它存在的现实因素,以及背后隐藏着的民族审美心理,包括为了美所付出的代价。这里面有赛珍珠潜在的对话性和对话对象。在《我的中国世界》里,她曾提及人类为了美,有时几乎要失去理智,中国人缠脚,西方人束胸,都是以痛苦为代价的。她这样讲,绝非在肯定人类的某些愚蠢做法,而是说这些做法恐怕均有其一定的历史合理性,尽管同时也有其历史局限性。

---

① 董小英:《再登巴比塔:巴赫金与对话理论》"第二章:对话性的先决条件",北京三联书店,1994年。赛珍珠为使她的跨文化对话更为有效,在文本里提供了大量的中国文化元素,即统觉背景。

赛珍珠向来提倡异质文化之间应当和平共处、多元共存。作为文化的一个重要层面,宗教也是如此。我们不该以某一宗教为标准来要求其他民族都必须信仰这个宗教。在《大地》里,我们读到,王龙逃难到南方城市,靠拉黄包车度日。有一次,一个瘦高个洋人给了他一张画:"他看见纸上有一个人像,白白的皮肤,吊在一个木制的十字架上。这人没穿衣服,只是在生殖器周围盖了一片布,从整个画面看他已经死了,因为他的头从肩上垂下,两眼紧闭,嘴唇上长着胡子。"(赛珍珠:111)这张基督受难图王龙根本就不明就里。他把图拿回家,他老父亲也看不懂,说肯定是坏人才被这样吊着的;他的两个儿子既兴奋又害怕。这张画后来被阿兰纳了鞋底。从这里不难看出赛珍珠关于传教及其失败的看法。

赛珍珠不仅在小说里通过人物形象的塑造,间接地否定了西方传教事业,在非小说作品中,她也一再倡导宗教对话。她看到,在中国,儒释道三教并存。有时,人们还同时信奉这三种宗教,虽然严格说来,儒教也许更多地被视为一种哲学、一种道德指南,或者一种生活方式。"欧洲意义上的宗教是教导人们做一个善良的(个)人,儒教则更进一步,教导人们去做一个善良的公民。"(辜鸿铭:28)儒教认为,宗教是一个讲究秩序的道德律,是一种高标准的行为方式,赛珍珠对作为一种理想的行为方式的儒教有准确的理解。她认为儒教也许是人脑能够设计出来的最为完备的个人行为方式,它并非建立在上帝的神圣意旨下,而是思考处于家与国、君与臣、富人与穷人共存的环境中,一个人应当有怎样的行为举止。她认识到,儒教是一种世俗宗教。

然而,大多数西方传教士不了解中国宗教的这一性质,也不知道中国有一套稳固的、为中国人所遵循的道德体系。出于无知,他们来到中国,把基督教强加在中国人头上,并扬言基督教的神是唯一的神,而且基督教高于中国的宗教。赛珍珠本人也目睹过大多数传教士在宗教方面表现出来的专横态度,为此她感到焦虑。她父母当年出于自愿,漂洋过海,来中国传教。赛珍珠当然也受到基督教博爱精神的深刻影响,但她认为,父母的传教生涯在很大程度上是失败的,她母亲最后更是沦为传教事业的牺牲品。

在《战斗的天使》中,赛珍珠写到父亲安德鲁在中国的失败的传教生涯,因为他也许从来就未能使哪个中国人真正皈依基督教。在《放逐》中,赛珍珠的母亲可谓一个被上帝、祖国、丈夫放逐的女人。在这两部传记以外,1932年,赛珍珠还在一个非常正式的场合,发表了题为"海外传教有必要吗?"的长篇演讲,观点鲜明地否定了海外传教活动。赛珍珠批评美国传教士是一群"心胸狭隘、缺乏同情心、傲慢无礼、愚昧无知"之辈。她说:

> 我见过教会里很有名望的正统传教士——这种措辞太糟糕——他们对本可拯救的灵魂毫不怜悯;对外族的文明一概鄙夷不屑;相互之间刻薄尖酸;在感情细腻、文质彬彬的民族面前显得粗俗愚钝。凡此种种,无不让我的心羞愧得流血。(康:168)

赛珍珠的演讲立即引起了一场轩然大波。人们对她的观点褒贬不一,有人支持赛珍珠,也有人写信到传教董事会,强烈要求惩罚她。这些不同的反应实际上反映出对传教活动的必要性和传教性质的争论。越来越多的人反对传教,并对它进行了严厉的批评。不少批评意见在理论上依据了当时刚刚提出的人类学观点,即传教活动无异于摧毁异域文化。赛珍珠在演讲中接受了新的人类学观念。她从自己对中国历史和社会现实的观察中,清楚地看到传教活动的蛮横无理,明白把基督教强加给另一种文化必然会损害它。就基督教在中国而言,赛珍珠不禁要问,中国人有中国人自己的宗教,凭什么非要接受你的基督教? 她要求传教董事会和传教士们做出回答。

赛珍珠进行对话的方式除了文学的,还有学术的。相对而言,学术性的对话更直接。她的学术性对话特别体现在她的一千多篇演讲中,"海外传教有必要吗?"即其一。这些演讲后以《我所知道的中国》为题结集出版。集子收录了她从 20 世纪 30 年代到 70 年代的非小说作品,包括演讲。"中国的疆土和人民"这篇演讲稿引人注目的是,她在谈论中国现代民主的时候,体现出了一种对话意识和他者智慧。她说:"等到中国现代民主得到发展的时候,它将以自己的形式出现,而不是等同于美国民主,不过,在它自己的形式中,这一民主将提供给所有民族都渴望得到的生活、自由以及对幸福的追求必不可少的机会。"(Buck:4)赛珍珠这样的思考是理性的,因为尽管民主是人所渴望的,但对于中国人来说,盲目地模仿他人,一如"全盘西化"那样,实际上是并无出路的,反而只会对本民族的文化发展造成危害。她在结束演讲之前,对中国人充满信心:"……他们有太多的常识,他们不孱弱,他们不颓败。扎根在土地上的中国人是强大的、富有活力的、讲究实际的。他们是不可战胜的。只有没有头脑的人才会对他们视而不见,只有愚蠢无知的人才会蔑视他们。"(Buck:9)这差不多是赛珍珠对中国人看法的一个概括。

这篇演讲发表于中美两国关系史上"冷战"时期开始前的 1948 年,赛珍珠对中国人做出如此肯定的评价,需要很大的勇气。

《我所知道的中国》中,有一些文章和演讲特别值得关注,因为它们集中讨论的是在对异质文化做出估价的时候,必须反对偏见和无知,提倡对话交流和相互宽容。在"中国与西方"中,赛珍珠追溯了西方影响中国的复杂模式。她认为,在政治、宗教、文学和美学方面,西方对中国的影响是明显的。尤其重要的是,赛珍珠提醒说,美国人对于中国缺乏了解,这对美国非常不利,事实上,对美国的未来是危险的。她抱怨说:"除了一点古瓷器、一把彩绘扇子,以及在炉栏边走过的表情庄重的、年迈的清朝官吏以外,西方人很少知道、更不关心拥有四亿人口的国家。这个国家的人民与在这个星球上生活着的其他人比起来,在人性表现上,没有什么大的区别。"(Buck:16)

在这篇演讲中,赛珍珠呼吁她的听众不带成见,克服偏见,来了解中国和中国人的事情。她再次倡导四海之内皆兄弟的理念。她建议,中国人和美国人都暂且忘掉国家和种族的概念,而只记住我们都是生活在地球这个我们共同的家园里的人类成员。她的这一建议的精髓在于提倡文化的多元共存。西方人恐怕难以从外人的角度来看待事物,但是,设身处地地考虑问题无疑是富有建设性的,对不同国家和不同文化均有益处。

西方人有自己的价值体系,也有自己的优势,而中国也同样有自己一整套的价值观念,也有着很高的艺术和哲学成就。只要双方建立起一种联系,只要中西方消除相互的偏见,文化之间的和平共处就绝非一种虚幻得不能实现的东西。毕竟,中国人和西方人之间的差别并非真如有些人所以为的那么大。但是,大多数人偏好差异,他们坚信中西方很不相同。赛珍珠在"东方与西方——我们真的不同吗?"中对这一心态做过精彩的分析:

> 我们喜欢相信我们不同,因为我们喜欢听到陌生奇怪的事情,因为我们听到其他人没有我们拥有的东西,或者他们不知道如何做我们所做的事情时,我们就会产生一种优越感;我们喜欢这种感觉。无论是东方人,还是西方人,在他们问及对方的情况时,假如有人回答说"哦,他们跟我们非常像——哪儿的人都是差不多的",他们都是一脸的不相信,一脸的失望。某种浪漫的、虚构的东西没有了,而我们可是全都喜欢浪漫的、虚构的东西的。在这一点上,我们又是何等相似!(Buck:58)

　　听上去,赛珍珠此处带有讽刺的口吻,可她接下来指出我们总是把对方当恶棍,而我们自己则与他们根本不同。发人深省的是,我们许多人发现要容忍异质文化中所存在的不同民风习俗,简直是一件办不到的事情,然而,差异又是必要的,它们能增强我们的优越感。赛珍珠目光犀利,她看到"美国流行小说和电影中的恶棍坏蛋全是狡猾的、心地阴暗的、来自东方国家的……而中国小说或电影里的恶棍则是身材高大的蓝眼睛高鼻子,一头红卷毛,是英国身材、英国表情",她发现"魔鬼总是对方那个家伙"(Buck:59),因为她在东西方两个世界里生活过,目睹过许多这类相互妖魔化的现象。

　　赛珍珠推崇天下一家的理念,她理解当时相互之间基本上一无所知的两个世界:一个是她父母所代表的美国长老会世界,另一个是以中国为代表的东方世界。赛珍珠成功地避免了卷入东西方文化孰优孰劣的争论之中。她坚持认为,每一种文化都是独特的,每一种文化都有其长处,当然也有其短处,因此它们应和平共处、互相学习。为了东西方双方的利益,她尽毕生的努力,在两个世界之间铺路架桥,帮助中国以外的人们了解中国和中国人。《大地》和她的许多作品都以中国人和中国文化为创作题材。在这些作品里,她以充满爱心和同情之笔,开辟了一片几乎无人耕耘过的天地,从根本上改变了西方人对中国人的态度,她也因此很自然地成为向西方阐释中国人本质和生存的开创性人物。

　　也许正因为如此,1938年,在赛珍珠发表诺贝尔奖受奖演说前,斯德哥尔摩天文台台长伯蒂尔·林布莱德对赛珍珠给予了如下的好评:

　　　　赛珍珠女士,你在你的具有高超艺术质量的文学作品中,促进了西方世界对于人类的一个伟大而重要的组成部分——中国人民的了解和重视。你通过你的作品使我们看到了人民大众中的个人。你给我们展示了家族的兴衰以及作为这些家族基础的土地。在这方面你教会我们认识那些思想感情的品性,正是它们把我们芸芸众生在这个地球上联系到一起,你给了我们西方人某种中国心。随着技术发明的发展,地球上的各国人民相互吸引得更加接近,地球表面缩小了,以致东方和西方不再被几乎难以逾越的距离分隔开来,另一方面,部分地由于这一现象的自然结果,民族特性的差异以及雄心互相冲突,形成了危险的间断,这时地球上的各国人民作为跨越地域和边界的个体,学会互相了解是极为重要的。
(赛珍珠:1082)

　　的确如此。自 13 世纪的马可·波罗以来,历史上尚未有哪个西方作家像赛珍珠这样在跨文化写作上对这么多人产生过这么大的影响。当下,不同国家的有识之士大都认识到,异质文化交流从根本上讲是难以避免的。不过,等意识到异质文化之间的交流绝对必要时,世人已经付出了十分沉重的代价。这时,他们才惊讶地发现,把生活在我们这个星球不同角落的人们隔开的绝不是空间上的距离,而是不同的文化。不同文化之间的人们是展开对话,达成相互理解,还是维持互相误解的状况,不同的选择,就会产生不同的结果。正是在这个时候,我们联想起当年曾经通过多种途径进行跨文化对话的赛珍珠(姚君伟:183-191)。赛珍珠的作品发表在过去,并产生过巨大的影响,可以说,它们将继续在当下和未来产生积极的影响,而从根本上讲,这一影响得以产生和延续,是与她将她的跨文化写作当作她与西方读者进行对话的媒介密切相关的。

引用文献

[1] Buck, Pearl, *China As I See It*. New York: The John Day Company, 1970.

[2] Conn, Peter, *Pearl S. Buck: A Cultural Biography*. UK: Cambridge University Press, 1996.

[3] 陈力川:"何为'跨文化态度'?"《跨文化对话》,第 24 辑。

[4] 保罗·多伊尔:《赛珍珠》,张晓胜等译,春风文艺出版社,1991 年。

[5] 辜鸿铭:《中国人的精神》,黄兴涛等译,海南出版社,1996 年。

[6] 彼德·康:《赛珍珠传》,刘海平等译,漓江出版社,1998 年。

[7] 赛珍珠:《大地三部曲》,王逢振等译,漓江出版社,1988 年。

[8] 赛珍珠:《我的中国世界》,尚营林等译,湖南文艺出版社,1991 年。

[9] 米歇尔·苏盖:"他者的智慧:在需要共同管理的世界中尊重文化差异",沈珂译,《跨文化对话》,第 24 辑。

[10] 庄心在:"布克夫人及其作品",《矛盾月刊》,1933 年第 1 期。

[11] 姚君伟:《姚君伟文学选论》,复旦大学出版社,2007 年。

乡村生态的审美性书写
——中西文学比照下的赛珍珠农村题材小说

魏 兰

南京师范大学

　　小说,作为一种借人的故事来表现文化冲突的文学样式,它对两种或多种文化的把控、对历史与空间的处理,往往会强化特殊空间的内在张力。尤其在中国,由于中西方文化对立、中国内部新旧两种文化的交织、城市与乡村的差异,使得以异质文化冲突为背景的乡土小说呈现出复杂的面貌,并具有超越国家范畴的世界意义,而这与一位美国作家——赛珍珠的中国乡土书写有着不可分割的关系。

一、同"题材"异"表现"的文学观照

　　美国作家赛珍珠的介入提供了一种文学范本,使中国现代乡土小说多了一份同"题材"而异"表现"的观照。"中西作家创作的相似性体现心灵节律的共振"(张春蕾:46)——不管激发中西作家们创作的是忧思后的激愤,还是将心比心后的从容和悲悯,当不同文化背景的作家们将笔触指向共同的被关注对象——农民和中国农村时,目光便不可避免地有了许多重叠和交汇。当然,不同的文学表现也是不可避免的,相较之下,赛氏独特的中国小说创作具有明显的比较性质和对话性特征,其对话性和差异性更能显现中西作家的创作个性。因此,有必要对赛氏小说和中国现代作家的"乡土小说"进行系统的比较,以期在求同存异的层面探究差异之缘由以及各自的文本表现,进而促进中西方读者对赛珍珠小说的认知和中西文本的对话。

　　翻开中国现代乡土作家的乡土小说,农民群像一一展现,如鲁迅《故乡》中的闰土、许钦文《石宕》中的穷苦石匠、台静农《蚯蚓们》中的李小用、鲁彦《阿长贼骨头》中的阿长等,无疑,这些形象均给读者留下了深刻的印象。然

而,即使零距离审视这些艺术形象,读者都难以形成欣赏的"场景感",即所有这些形象赖以依托的农村生活实景——春种与秋收、农闲与农忙、农事与生存、天灾与人祸等所有原生态画图,往往会淹没在作者或作品主人公的焦虑思索或自视透辟的抒情话语背后。

再看赛珍珠的小说。其中国农村题材作品《大地三部曲》《母亲》《龙子》和《同胞》等,虽然出现于中国现代乡土小说创作的第一个高峰时期,但明显缺失鲁迅倡导的乡土小说的文化批判力度,而呈现着近乎废名、沈从文作品般对人性隐秘加以探求的印记,其唯美笔触紧贴大地,铺展着对农民生活情态的朴实勾画。可以说,赛珍珠为中国现代文学史提供了另一种意蕴的乡土小说,因作家"生活在别处"而呈现出异样的魅力。

不同于京派作家对知识分子的情有独钟,赛珍珠分外关注农民的生活细节和性格心理,因此她对中国乡景和农民生活画卷均给予更为独特的描写。唯"他乡客"的局外感和"故乡人"的亲近感得以合二为一,方使赛珍珠的乡村书写与中国作家的乡土有着截然迥异的艺术呈现。作为一种另类,赛珍珠的小说颠覆了我们既有的乡村小说阅读体验:一股清新的乡村微风,携带着泥土气息扑面而来。其实,泥土气息素为乡土小说独有,只是,因为赛珍珠的创作更多依靠"田野调查"之后的素材采撷,而非依靠回忆重组,故而其艺术化、审美化的乡村生态实录,无形中增添了几分真实度和可信度。这样,作家方能完成"理性与抒情之间的适当平衡"(周俐玲:64),从而使其成为"中国叙述的方法支点,亦成为她的中国题材小说在叙述方式上的一种鲜明的个人风格"(周俐玲:64)。

二、中国人"生态"写意之回眸

所谓"生态",原指生物在一定的自然环境下生存和发展的真实状态。"乡村生态"即"乡村人"——"农民"在"农村"这一特定地域中的自然生活状态,类似于费孝通提出的"乡村社区"。需要指明的是,文学作品对乡村生态的认知,往往是在时空交替、城乡对比中呈现的:城市喧嚣繁华,乡村静谧偏远;城市现代化色彩浓重,乡村传统性印记鲜明;城市中的知识分子思想混乱、社会分裂而人性异化,乡村中的农夫因游离喧嚣的政治活动外,更趋向固守生活的程式……于是,在城与乡、今与昔的比照中,悠久的农耕文化愈发彰显出回首前尘的魅力。

翻开中国文学史,对乡村生态的描述最早可追溯到《诗经》。《诗经·卫风·氓》中,采桑女在晴和的春日采桑,众女伴闲话家常,周遭宁静,令人沉醉;《豳风·七月》则以农民的口吻,叙述了一年各个季节耕耘劳作的场景和农民的喜乐辛劳,从"七月流火,九月授衣"开始,按月歌唱,其间耕种、砍柴、修房、渔猎、蚕桑等各色农事跃然纸上。然而,《诗经》之后很长一段时间,中国文学中的"乡村生态"似乎未得到进一步拓展,及至陶渊明的《归园田居》、孟浩然的《过故人庄》以及范成大的《四时田园杂兴》等诗作,美轮美奂的乡村画图才得以延续。客观说来,中国古代诗歌中的乡村生活图景美则美矣,令人追怀;然而,考虑到这些传统士大夫文人的创作心态和创作手法——他们多通过优美的"田园诗"或"悯农诗"来宣泄自己的情绪波动,因此其创作手法多以"虚拟性"为主导,其悲悯情怀较少贴近劳苦大众,而常回归对自身际遇的慨叹。于是,在诗化的古代乡村图景中,乡村生活和乡村人物的真实书写并不多见,似乎真如少年毛泽东的慨叹,中国古代传奇和小说中"没有耕种田地的乡下人。一切人物都是武士、官吏或学者,从未有过一个农民英雄"(斯诺:5)。

到了20世纪20年代,为了探求乡村社会的文化精神,中国乡土作家开始在农村题材作品中强化其象征意蕴。于是,乡村生活成为他们表达文化诉求的既定背景。这样的作品,因偏向于内在的精神诉求而自然缺失了对中国农民日常生活的具体展示。到了20世纪40年代,一些"解放区"的作家,诸如丁玲和赵树理等,开始在作品中触及乡村现实生态的具体展示。然而,由于特殊的战争背景,这些农村题材作家们的思想重心依然侧重于政治斗争和现实变革,对"时势"的关注大于对"人"的关注,对"社会问题"的关注大于对"生活本身"的思考。所以,那个时代小说对乡村生态的展现,既缺乏恢宏性、系统性,也缺乏写实性、精确度。延续到了五六十年代,单纯的乡景描写更因承担不了时代的重负(如阶级斗争等)而逐渐淡出叙事主流。

考察中国现代乡土小说农村原生态表现缺失的原因,除了时代因素、作家环境因素、创作理念因素和现实规范因素之外,还要考虑一些泛漫的文化因素。

首先,是特定的文化氛围,即"书斋"环境,将农村生活推向缥缈。作为一种独特的文学现象,中国乡土小说往往产生于城市而非凋敝的乡间。虽说多数乡土作家早年有过农村生活的体验且熟悉农民,而当他们将"乡愁"倾泻笔端时,"回忆性"的书写已丧失了不少的乡土况味。加之受到文化批判的影响,大多数作家已减却了为乡亲写乡亲、为乡土写乡土的热望。自然,应该有的"工笔画"简化为印象派的"写意画"。

其次,认同隔膜又让农民形象在获得"符号"确认后,失去了鲜活性。虽然中国农耕社会的本质决定了农民在中国社会基层的巨大作用,但乡村、农民和中国传统文化之间却时有隔膜。尤其在现代中国社会由农村向城市转型的过程中,乡村和农民并没有被充分关注。某些极端化的思维甚至还将乡村视为阻碍现代文明进程的绊脚石,并将顽固、愚昧的精神特征强加于农民。在这一倾向意识的诱导下,乡土作家营造的乡村生态世界,必然是一个有所缺失的空间。对于这种状况,鲁迅早有警戒:"叫人整年的悲愤、劳作的英雄们,一定是自己毫不知道悲愤、劳作的人物。在实际上,悲愤者和劳作者,是时时需要休息和高兴的。"(鲁迅:440)

三、摆脱历史负累后的真实

遭遇认同隔膜后的中国农村何去何从?而隐没于茫茫人寰的中国农民何时才能得到清晰的文本再现?在这种历史的传承中,出现了一个不受传承束缚的外来者赛珍珠。在将赛珍珠与中国现代乡土作家做出横向比较之际,我们发现了赛珍珠的幸运——她的"书斋"就在中国农村,所以便于近距离写生。她对中国农民的认识,基本从"零"起步,随着交往渐深而终于能触摸其灵魂。或者说,因为她没有历史的负累,一无"成见",所以才一无"偏见"。

从这一基点审视,在赛珍珠笔下,亘古、循环而静谧的中国乡村得以独特再现。加之她具有跨文化的创作高度,因此,在摆脱了政治图解的局限之后,赛珍珠将目光投向乡村人的命运以及生活本身,并给乡村的生态世界以真实、客观而又复杂的展现。独立写作,且日积月累,让赛珍珠获得了对中国乡村疏离而富有审美性的剖析,这显然是中国乡土作家"只缘身在此山中"所难以企及的。于是,在赛珍珠的文本世界中,经由作家切实的生活感受,辅之以质朴的语言,"乡土小说里的日常生活得到了改造:日常生活诸因素变成了举足轻重的事件,并且获得了情节的意义"(巴赫金:429)。尤为难得的是,与习惯于从外在立场看待乡村、寓含审视和俯视姿态的旧的文学立场不同,赛珍珠对中国乡村生活的深层理解和对中国农民的人道关切,还折射出一种对人、对事、对物的"平等"心态——"中国农民在赛珍珠眼里,其实还是有着很高生存智慧的人物"(姚君伟:96)。这与其倡导的"文化宽容、文化交往中的谦卑,也即差异共存和相互尊重的文化精神"(姚君伟2:112)是吻合的。具体到农民形象的塑造上,农民的主体气质和农村生活的主流情态,都得以在文本里充分呈现,这与某些中国乡土小说将乡村和农民作为简单的"待拯救对象"自然迥然有异。于是,超越了"创作论"的范畴,从"作家论"的层面探究,赛氏作品一直积累着、蕴涵着她对乡村生活的尊重,对乡村人的尊重。倘若做些形而上的把握,其作品则体现了一种现代的人文关切和博大的人道情怀。

作为一种文学范畴,乡土小说中的乡村原生态生活应该具有多重意蕴。一般而言,乡村原生态的内涵应该包括:优美的自然风光、恬淡的民风民俗、鲜活的农民形象、可以印证的乡野故事以及对社会现实的广泛揭示等。这些内涵,首先是真实的,其次是审美的,此外又足以给读者以精神启迪。从这些侧面审视赛珍珠的中国农村题材小说,读者一定会渐渐生成"百科全书"式的印象。

具体到文学文本的评估,我们仍然想借中国作家为参照,以便从中西文学对比中发现中国现代乡土作家的作品与赛氏作品的巨大反差。

四、"时空经纬"中的乡村写实

由于受进化论影响,中国现代作家倾向于把时间划分为"现在"和"过去",以此来强化"新"与"旧"的冲突;空间上也习惯对举性地罗列"城市"与"乡村",以此来隐喻"现代"与"传统"的对立。同样,赛珍珠的小说也将故事安置在时间的变迁里,但她此举不是为了突显"旧"与"新"的冲突,而是为了表现时间的恒久流淌——时过境迁,只造成人物身体的长大,却不会让人们感悟时间流逝带来的伤感。或者说,时间在赛珍珠的小说里是无所作为、无始无终的,它仅仅作为永恒的背景映衬着小说中无边的自然和无尽的人事——从过去到现在,从现在到将来,都是一瞬间。于是,在人的生与死之间,日月轮回,四季更替。显然,就小说而言,时间介入人物活动的方式已大为改观,人物的成长和生活历练每每退出作家哀叹的视野,反而呈现出寓言式的、富有审美功能的生命形式。

在赛珍珠的农民世界里,现代化的痕迹时而出现,时而又依稀难寻。虽然有足够的提示表明:她小说里"永恒"世界的背景是辛亥革命后的中国,然而，在《大地三部曲》里，读者每每感受不到恢宏广阔的中国社会历史背景对故事人物的威压。小说的故事叙述平缓无波，偶尔有些关键词出现，诸如"日军""入侵""革命党人"等，似乎只是提醒读者这确实是发生在中国土地上的故事。或许，赛珍珠作品的普世意义就呈现在作家疏离而客观的创作角度及或浪漫化、寓言式的"乡土中国"的展现中。诚如费孝通对乡土中国的政治态度的看法："一个在乡土社会里种田的老农所遇着的只是四季的转换，而不是时代变更。一年一度，周而复始。"（费孝通：51）细细品来，赛珍珠笔下影响农民生活的主要因素也似乎不是历史变迁、社会变革，而是屡屡更迭的水灾、旱灾、蝗虫灾等无法预料的自然灾害。因此，故事的广阔社会背景屡屡被遮掩，反而腾出无尽的空间营造那亘古久远的时空氛围，并使其恣意延展和变幻，最终与无垠的土地相融合——在那里，时间无始无终，生命绵绵无期，乡村静谧，河水安流，永恒的土地匍匐在人们脚下，和它的垦殖者——农民形成了一种绵延无尽的相依，进而体现了人与自然的合二为一。

具体加以分析，赛珍珠农村题材作品中的故事多以时间的流逝、季节的更替为表征，主导着曲折故事向前发展。

在《大地》开篇，春雨连绵，春风拂面，王龙即将结婚生子；转眼到了初夏，王龙夫妻在田里耕作，烈日直晒到他们身上，二人浑然不觉；待到初秋，温暖和煦的阳光洒满全身，阿兰就要分娩生育后代了；及至冬天，阿兰在地里干活，孩子则躺在地头边破旧的被里睡觉……

在《母亲》的故事里，作家则根本不出面加以解释，而是径直借母亲的话语陈述着乡村生活的节拍："田地从种庄稼开始，一直会变到收成的时期，田里的粮食成熟了，我们就会去收割，交了田租以后，就会是中秋，中秋过了，很快又要过年了……在我看来，所有的事都在变，我只是说，这些事儿已经足够我从早忙到晚的了。"（赛珍珠：15）实质上，这种"变化"仅是时间的推移，是远离了现代社会的、处于封闭圈中的物候"变化"。其后，岁月推移，母亲经历了先前决然没有想到的变化：好逸恶劳的丈夫出走、被地主家管家始乱终弃而打胎、女儿远嫁病死、小儿子参加革命被杀等种种苦难。当这些变化压迫母亲到几近崩溃之时，又一个事件发生了：始终未孕的长媳怀孕，母亲感到自己又充满了新生命。于是，一切创伤得到修复，生活又回到母亲早先认可的形态。时间轮回，岁月无情人暗换，母亲犹不能知觉。可见，虽然深入中国农村多年，赛珍珠毕竟看不到这种百年孤独式的静态生活方式是怎样窒息了乡村，窒息了生灵。这或许就是"隔膜"。隔着"民族"的文化差异,赛珍珠依然在唯美的想象中,继续着她"田园中国"的生死循环之梦。

同样,在《大地三部曲》中,王源在一个北风呼啸的冬日来到父亲家里,和一心期待儿子继承行伍生涯的父亲发生激烈冲突。随后,他愤而辗转来到祖父乡间的土屋,寻求精神上的庇护。身处原野,隆冬大寒,望着天边美丽的旭日,王源在不知不觉间竟忘了他的悲哀。在冬日阳光的照耀下,王源愈发喜欢穿着农民编织的草鞋,体验着脚踏在泥路上的那种坚实感。日子一天天过去,当王源来到城市,这种对"土地、原野和树木的始终不渝的爱"似乎才渐渐淡化。待到春天来临,在和煦的春风中,王源竟感到有点坐立不安,春风会使他想到那间土屋所在的小村庄。当夏天来临,王源因为参加革命活动被捕,在牢房里囚禁三天后被家人救出,直接远赴美国,一待就是六年。

六年后的又一个夏天,26岁的王源回国后,立刻找到了自己的生活和使命,即在祖国的大地上培育"硕大、金黄、等待时机萌发的麦种"。金秋时节,"金色的秋日变得悠长、温暖。王源已被卷进由迅速变换着的日、周和月组成的时间的轮回之中"(赛珍珠 2:898)。这样,始于祖父、断自父亲的土地之恋被延续下来,王源变得越发成熟,即使"迎着西面吹来的寒风,他的全身却很暖和"(赛珍珠 2:903)。在赛氏笔下,一个在四季更迭背景中渐行渐近的人物,跨越代沟,和大自然逐渐交融,连缀成一幅连环画。这"连环画"比"风景画"有着更深层的含义。

五、城乡对垒间的"乡土之恋"

不仅对"时间"的处理不同,赛珍珠和中国现代乡土作家对"城"与"乡"在作品中的体认也有差异。作为两种截然不同的文化载体,"城市"与"乡村"往往以对立之态,出现在20世纪30年代的乡土作家作品中。客观地说,乡土小说中的"土地",天然地与乡村生活相连,且富有精神上的慰藉作用。背离"乡村"即背离"土地",而进入"城市"、留恋"城市",则意味着向现代性的趋进及对美好传统的消解。作为西方文化的象征,"城市"还被安放在与"乡村"对应的另一个极点上,始终以"文化他者"的身份或隐或显地表露出批判、否定传统的意蕴。可以说,现代乡土作家大都因袭了鲁迅乡土小说价值论上的"反城市化"情绪,且在各自的文本中有所扩展。他们趋同的体验是:当作家将故乡远远抛在记忆的身后、身处繁华的城市时,自己却无法完全从最初的乡土状态中摆脱出来,故而还是以原先"乡下人"的视野来规范其"都市创作"。

自然,对故乡的精神追怀,融入带有异己感的城市体验,一起涌上心头并诉诸笔墨。芦焚带着空空的心,为寻觅失去的乐园而执着撒下泥土的气息,沈从文则干脆终生以"乡下人"自居,在充满着浓郁湘西气息的边地营造了自己的"理想国"。二者均以相似的文学梦幻,表示着对乡村的怀念,并借助文学创作维护着自身情感的完整。基于这一点,他们不约而同地展开了对城市,即乡村对立面的尖锐描述。如沈从文的《八骏图》尖锐讽刺了徒有其名的某城市著名学府的八位教授,揭示其生命冲动和外在言行之间的尖锐矛盾;《凤子》则抒发了城市人要礼节不要真实、要常识不要智慧的人性沦落。总之,中国的现代乡土作家经历着情感与理性的双重失望,他们面临的文化两难也正抉择未定。

不容回避的是,"城"与"乡"也屡屡出现在赛珍珠的小说文本中,且俨然形成文本对照。与乡土作家作品中的"城市"具有的现代性内涵不同,赛珍珠笔下的城市分作两类:其一是城墙围起来的区域,类似于小镇,在生活形态和情感意识上与乡村并无本质区别;其二为现代意义的"都会",如《大地三部曲》中王龙逃荒而至的东南沿海城市,再如南京或王源伯父居住的十里洋场——上海。不管赛珍珠在作品中具体指涉的是"城市"品类中的前者还是后者,作家均在人与土地的关系描述中流露出贬"城"颂"乡"的价值取向。

不同于中国乡土作家现代性视阈下凋敝而苍黄的农村图景,赛珍珠笔下的农村总是充满生机和宁静:延展的农田,青青的竹林,构成流水无尽的自然之美,又蕴含着生命自由伸展、生生不息的韵味;农民生活其间,依礼而行,幼有孝,长有爱,邻有义,自然景观和仁义礼俗的社会画面相得益彰。可以说,因为异于中国的乡土作家,赛珍珠才为中国农村保留了它最后的夕阳丽景。"农村里的生活才是中国底真实而原来的生活。这种生活欣幸地尚未沾染上驳杂的摩登习气而能保持她纯洁健全的天真。"(赛珍珠 3:156)有此对照,每每读到书中的城市意象,读者便会立刻感受到字里行间蕴藏的属于作家个性化的情感印记,如《龙子》中的林郊只要能不进城,就绝不会迈入城门一步,并说他在城里呼吸时感到不顺畅;而林嫂更是不常进城,还说城里人身上都有股臭味。

如作品人物一样,作家似乎也经历着"颂乡贬城"的心理历程,却又难得地进行着二者的融通。甚至可以推想,书中人物王源和詹姆斯兄妹几乎就是赛珍珠的文本化身;王源对中国乡村和城市的态度进一步拓展到对中西文化的双重体认,这仿如赛珍珠的心声;詹姆斯兄妹从异国回归他乡,从繁华的纽约回归穷乡僻壤的梁庄,其抉择也类似赛珍珠的抉择。虽然与中国现代乡土作家一样,赛珍珠怀着深深的乡土眷恋,并在城乡对照的文本中,宣泄着自己的苦闷和彷徨。但不同的是,中国乡土作家的彷徨毕竟有其接纳之所,而异乡人赛珍珠却只能在城乡对立、中西文化对立的狭隘空间,将无尽的文化思考寄寓于辽阔的高天厚土。因此,中国农村、中国土地,对于后者有了别样的意义。

总括之,在中西文学比较的层面,赛珍珠可谓中国乡村生态审美性书写的先行者和实践者。起码在赛珍珠生活的时代,她的创作在一定程度上弥补了中国乡土作家作品中乡村原生态意蕴不足的缺陷,并独具特色地以外部观照的文学形态,给中国作家以美学启迪。今后这一关注或将被纳入中国现当代文学研究的视野,并在中西文学研究者的通力协作下,展现出更为多姿多彩的风貌。

引用文献

[1] 赛珍珠:《母亲》,万绮年原译,夏尚澄编译,东方出版中心,2010 年。

[2] 赛珍珠:《大地三部曲》,王逢振等译,漓江出版社,1998 年。

[3] 赛珍珠:《我的中国世界》,尚营林等译,湖南文艺出版社,1991 年。

[4] 巴赫金:《巴赫金全集》第三卷,李兆林等译,河北教育出版社,1998 年。

[5] 费孝通:《乡土中国生育制度》,北京大学出版社,1998 年。

[6] 鲁迅:《鲁迅全集》第五卷,人民文学出版社,1981 年。

[7] 斯诺:《毛泽东自传》,国际文化出版公司,2009 年。

[8] 姚君伟:"论赛珍珠跨文化写作的对话性",《外语研究》,2011 年第 4 期。

[9] 姚君伟:《姚君伟文学选论》,复旦大学出版社,2007 年。

[10] 张春蕾:"鲁迅与赛珍珠笔下的中国农民形象",《江苏大学学报(社会科学版)》,2013 年第 3 期。

[11] 周俐玲:"从《大地》《母亲》看赛珍珠中国题材小说中的'现实感'",《江苏大学学报(社会科学版)》,2011 年第 6 期。

朗费罗《人生颂》在中国的接受研究①

柳士军

信阳师范学院

钱锺书先生在"汉译第一首英语诗《人生颂》及有关二三事"中提出：西洋的大诗人很多,第一个介绍到中国来的偏偏是朗费罗。朗费罗的好诗或较好的诗也不少,第一首译为中文的偏偏是《人生颂》,那可算是文学交流史对文学教授和批评家们的小小嘲讽或挑衅了！历史上很多——现在就也不少——这种不很合理的事例,更确切地说,很不合学者们的理想和理论的事例。这些都显示休谟所指出的,"是这样"(is)和"应该怎样"(ought)两者老合不拢。钱锺书的结论至少有两个含义:《人生颂》未必是一首上乘诗歌;朗费罗不应该是第一个译介到中国的英语诗人。为了回答钱锺书的问题,钱念孙先生在"文学交流的盲目性和自觉性"中指出:"在不同民族文学开始接触时,多半互相不摸底细,常常是某个掌握两种语言的人,随便碰到一部作品翻译出来,这部作品也就在彼此文学互输中扮演先行者的角色了。就我国输入西方文学而言,如前面说的美国作家朗费罗的《人生颂》是第一首汉译英语诗。"(钱念孙:45-49)"拿到篮里便是菜"的思想是否能够解释《人生颂》在中国的散播与流传确实值得思考,无论是钱锺书还是钱念孙先生的结论都有可商榷之处。文学作品的流传不是在街道上偶然遇到别人丢失的一个物件,拾起来之后洋洋得意地鼓吹张扬开来。读者接受美学视域的研究发现朗费罗的这首诗歌确实满足了读者的期待视野,因为它具备了一部经典诗歌所具有的哲学情思、宗教情怀、美学情韵,绝不是"在当时可能只是一次无心之作,权当一个外国人在当时闭关锁国、沟通匮乏的清政府中尝了尝鲜"(孙莹:141-145)那么简单。

---

① 基金项目:2012 年度国家社会科学基金重点项目"'世界文学史新建构'的中国化阐释"(12AZD090);2013 年河南省教育厅人文社科项目(2013-GH-406)。

一、《人生颂》蕴涵的哲学情思

诗歌与哲学作为意识形态在本质上是相通的,都是人类的自我超越,都以语言作为交流媒体。尽管是两条不同的思维路线,精神导向是相通的。哲学情思强调的是哲理,是人生的感悟,不是体系的哲学思想。朗费罗的《人生颂》蕴涵的哲学情思是在诗歌创作活动中将生活的"真"理传递给他的读者,给予读者启迪和愉悦:"不要在哀伤的诗句里告诉我:'人生不过是一场幻梦!'灵魂睡着了,就等于死了,事物的真相与外表不同。"朗费罗用简单的词汇,以对话的方式告诉我们最基本的道理:灵魂的高贵远胜于躯体的存在。在判断事物的时候,不要被外表迷住双眼,要用智慧的眼睛将这个世界看个明明白白,真真切切。"文学研究者不必去思索像历史的哲学和文明最终成为一体之类的大问题,而应该把注意力转向尚未解决或尚未展开充分讨论的具体问题:思想在实际上是怎样进入文学的……只有当这些思想与文学作品的肌理真正交织在一起,成为其组织的'基本要素',质言之,只有当这些思想不再是通常意义和概念上的思想而成为象征甚至神话时,才会出现文学作品中的思想问题。"(韦勒克、沃伦:128)朗费罗诗歌思想问题就是关注人生、社会、命运,在诗歌真与美的规律中将自己的关于人生的感悟作为题材正是其哲理情思的突显。

诗歌与哲学是近邻,这一深刻的认识体现在尼采、叔本华、克尔凯郭尔的作品中,他们都在自己的哲学思想中赋予诗歌最高的地位。但是反对诗歌中蕴含哲学的诗人依然很多:朗费罗时代的爱伦·坡就反对诗歌表现哲学:"诗歌的终极目的是真理"是值得怀疑的;"调和诗歌的浓油和真理的清水"难以令人置信(韦勒克:188)。英国的济慈也反对诗歌中的哲学:"那种一望而知的旨在对我们发生作用的诗歌",声称"我们不愿被人强行灌输某种哲学"(韦勒克:257)。朗费罗《人生颂》坚持哲学入诗的探索是因为作为浪漫主义诗歌的创作者,有更多的精神导师在支持他:华兹华斯在《〈抒情歌谣集〉第二版序言》中声称"诗歌是一切知识的起源与终结——它像人的心灵一样不朽"。他提出诗歌是哲理的情思的闪现,而且"不是个别的和局部的真理,而是普遍的和有效的真理"(Wordsworth:81)柯勒律治认为诗歌天才在于"思想的深度和活力":"从未有哪个伟大的诗人,不是同时也是一个渊博的哲学家。因为诗歌就是人类的全部知识、思想、激情、情感、语言的花朵和芳香。"(Coleridge：171)雪莱的《为诗辩护》进一步肯定诗歌的哲学性：诗歌"既是知识的圆心又是它的圆周，它包含一切科学，一切科学也必须溯源到它"(雪莱：153)。

朗费罗创作时蹈袭英国诗歌的伟大传统，充满哲学情思的《人生颂》面世即获得读者的喜爱，具体的哲学思想如下：(1) 人生是真切的，人生是实在的，人生的归宿绝不是荒坟；(2) 我们命定的目标和道路是行动，超越今天，跨出新步；(3) 这颗心，勇敢坚强；(4) 人生如世界是一片辽阔的战场，做一个威武善战的英雄；(5) 行动吧——趁着活生生的现在；(6) 伟人的生平启示我们：我们能够生活得高尚；(7) 任何命运要敢于担当；(8) 不断地进取，不断地追求；(9) 要善于劳动，善于等待。从以上总结可以看出，对生命的哲学思考是朗费罗创作的根本动力，该诗蕴涵了朗费罗的人文情怀与充满理性的哲学思考。"朗费罗为他的世界带来了生的快乐和勇气。他的诗充满了一种乐观向上的精神。他生活在美国蓬勃向上的发展时代，坚忍不拔，知难勇进，成为他的诗作的主旋律……哲理性强，语言浅易轻灵而富有情韵，因而具有永恒魅力。"(常耀信：102)朗费罗诗歌具有鲜明的时代烙印，它再现了特定时代的特殊心理：生命意识。《人生颂》表现出来的执着的人生态度也能够给人哲理的启发，哲理情思渗透在字里行间。有学者认为："没有哲学意蕴和哲学情思的艺术形象的画图，只能是音乐中的口号、绘画中的招贴、舞蹈时的解说词、书法中的美术字、文学作品中的主题直白，不能称其为艺术。这便是我们呼吁艺术不要'席勒化'要'莎士比亚化'的初衷。"(朱广贤：248)正是朗费罗诗歌中的哲学情思蕴含的生命意识挽救了一个孩子的生命：钱锺书曾指出在朗费罗传记中记载了一个美国学生悲观厌世一心想自杀，读了《人生颂》后，就不再自寻短见，生意满腔；钱先生又指出传说歌德《少年维特的烦恼》导致了好多人自杀，不知道是否有批评家从这个角度去衡量两位诗人的优劣。而今思之，是朗费罗《人生颂》中的生命意识挽救了那位美国学生，歌德中的那位少年并没有意识到没有生命的爱情一切都是虚无，自杀本来就是荒谬的抉择。由此看来，《人生颂》在朗费罗生前译成汉语传到中国获得中国读者的重视，并非阴差阳错。

朗费罗在《人生颂》中对人生给予了尽可能的想象，如"也只如擎鼓，闷声播动着，一下又一下，向坟地送丧"。尽管我们每个人都要死亡，那就勇敢地面对就是了，乐观接受它，无所畏惧，保持人性的高贵。如"也许我们有一个弟兄航行在庄严的人生大海上，我们的事迹将会是鼓舞他们的榜样"。朗费罗积极的人生态度、奋发有为的进取精神和百折不挠的昂扬斗志塑造了一个朝气蓬勃、积极向上的青年人形象。朗费罗驾驭思想的野马纵横驰骋在千里的草原上,然后将读者带回现实中来,这是诗人生活的哲理所诉求的。《人生颂》里包含了 19 世纪美国人乐观务实的思想、崇尚荣誉与英雄行为的个人主义精神。惠蒂埃所说的"这九节简单的诗的价值超过了雪莱、济慈和华兹华斯的全部梦想",有些夸张了。但是,《人生颂》宣扬人的奋斗情思,却有普遍的持久的意义。从宏观的视野来思考,诗歌的乐观精神对美国人性格的塑造起到了推进作用。

"大哲学家与大诗人往往心灵相通,他们受同一种痛苦驱逼,寻求着同一个谜的谜底。庄子、柏拉图、卢梭、尼采的哲学著作放射着经久不散的诗的光辉……在西方文化史上,我们可以发现一些极富有诗人气质的大哲学家,也可以发现一些极富有哲人气质的大诗人,他们的存在似乎显示了诗与哲学一体的源远流长的传统。"(周国平:5)朗费罗告诉我们生活的魅力是永恒的,人生的哲学精神应该充满希望。"朗费罗诗歌的最大的虚构的失败在于它不能探索生活的黑暗面以及生活肮脏的一面。失败的原因部分在于他的性情。天生的严谨的性格往往是朗费罗与生活的身体和心灵的丑陋达成妥协,尽管这些丑陋的东西让他很痛苦。虽然他曾经有过神经沮丧的一段时间,但是他认为这些只是过渡现象,不可能使人的本性、命运发生理智问题。人生经历不能弥补的,信仰不能提供。"(Hirsch:21)我们认为这些观点都是对朗费罗的误读而产生的。不能探索人性的阴暗和丑陋,不书写人性的异化也许正是朗费罗所要回避的。当朗费罗在创作这首《人生颂》时,妻子去世不久,他仍在与忧郁症顽强搏斗。《人生颂》是美国理性主义、理想主义的产物,它塑造了朗费罗自己及美国人的人生哲学思想。"他还写过许多在任何时代、任何国家都可以传唱的歌谣和抒情诗,其中最著名的是《生命礼赞》,虽然描写的是一些平常生活中所发生的平常事,但作者却赋予了它深刻的思想和优美的旋律,因而生命礼赞成为了一部传世之作。"(梅西:337)朗费罗以隽永的诗的形式创造出美国人共同的文化遗产,并在这个过程中培育了一代诗歌读者。

二、《人生颂》萦绕的宗教情怀

我们在朗费罗的诗歌理论中重点讨论了朗费罗诗歌中的宗教诗学的建

构。这里我们仅仅讨论《人生颂》的宗教情怀。所谓宗教情怀,就是"在终极需要激发下所产生的一种超越世俗的、追寻精神境界的普泛情怀"(贺绍俊:23)。我们认为宗教情怀不是宗教的情怀,而是宗教般的情怀,"深沉的宗教情怀更多的是意味着对人性、人生、生命以及人类共享的精神价值理念怀有一种敬畏感、神圣感"(贺绍俊:32)。人生拥有宗教的情怀并不是要求我们做一个宗教徒,而是说我们要有宗教般的虔诚来生活下去。"此一自由不是任意专断,也不是随心所欲,而是终极必然……那远古显示给我们的暗示,正是神祇的语言。诗人的话语就是倾耳听得神祇的暗示,再把它们传达给自己的民众……神思存在就这样与神祇的足迹联系起来……诗人才能断定人是什么,人在何处安置自己的此在,才能诗意地栖居于这片大地。"(伍蠡甫、胡经之:586)海德格尔认为宗教是人类孤独灵魂的栖息地,它既容纳了我们的疲惫心灵,也塑造了我们的一代代文学艺术。那些处在宗教情怀之中的人,何尝不是处在审美境界中的高人雅士。

朗费罗《人生颂》的宗教情怀,从字面上看是引用了《圣经》的语句,如:你来自尘土,归于尘土(Dust thou art, to dust returnest)。结合原诗语境,朗费罗认为人的躯体迟早会腐化,而人的灵魂不会。天堂、地狱都是自己的选择,在离开人世的时候,一切都已判断。那些相信上帝的人非常热爱呵护自己的生命,不会选择死亡来逃避人世间的孤独,因为生命是上帝所赐予的。我们心中憧憬的天堂往往就是我们继续生存的理由。这让人想起西方人在葬礼上的祈祷:"无所不能的主耶稣基督,我们将这去世的姊妹的灵魂交托主,把她的身体葬在地里,叫土还是归土、灰还是归灰、尘还是归尘。我们靠主耶稣基督,确信圣徒必要荣耀复活,享受永生。愿主赐福与她、保全她。愿主面上的荣光普照她,赐恩典与她。愿主看顾她。赐平安与她,从现在直到永远。阿门!"在这里,我们感悟的是对生命的厚爱与坚守,不必计较得失,坦然面对生活。诗歌中"胸中有赤心,头上有上帝"(Heart within, and God o'erhead)这一诗行告诉读者生命回归本原,做事公正之意。借助圣经的语言,对诗歌的传播既是推动力,也是诗歌本身的要求,在朗费罗的时代是常用的一种创作方式。

《人生颂》的宗教情怀还是一种蕴含在字里行间的人性终极关怀,它是神圣的感觉,是一种宗教体验,"是个人觉得一定要对之做严肃的、庄重的反应,而不诅咒或嘲弄的这么一种原始的实在"(詹姆士:31-36)。与朗费罗同时代的叔本华在其学说中提出人的最大罪恶就是:他诞生了。不管人生是悲剧还是喜剧,朗费罗认为人生都是值得一活的,因为只要活着,我们就能够感知这个世界,这就是我们生存的意义。加缪说,世界、人、人的自由是荒谬的,荒谬的人追求着荒谬的自由。然而,活着就是对荒谬的反抗,生命的意义就存在于此。这是对生命的一种负责任的行为,是一种宗教般的情怀。这种情怀需要两个条件。第一,对生命的激情,这种激情是内在的。第二,对生命的敬畏,人永远是渺小的,知道自己的渺小,才知道敬畏。在生命面前,人的一生仅有一次,它有不可复制的美,因敬畏而更加热爱,因热爱而更加珍惜。《人生颂》蕴含的宗教情怀也正是如此:博爱、悲天悯人、终极关怀,一个国家,一个民族,乃至整个人类,倘无宗教情怀,是很难维系生存的。人类的灵魂已经受到无数次理论的震撼与打击:无论是哥白尼的日心说、达尔文的进化论,还是尼采的"上帝已经死亡",弗洛伊德的性力说都导致一切建立在尊严、高尚、向上基础上的哲学、道德观发出了断裂之声。无论是艺术家还是山野匹夫,一旦踏进宗教的大门,他们都将变得伟大、崇高、完全、神圣起来。"艺术与宗教一牵手,便生出了人类最崇高、最伟大、最神圣、最完全的艺术宗教情绪。宗教与艺术如孪生,紧紧携手于人类生命的母体。宗教期待着艺术的滋润,艺术更渴望宗教的营养。宗教从诞生之日起就打着与艺术同生共死的恋母情结。"(朱广贤:305)也许,艺术家只有怀有对艺术的朝圣情怀和使命才能获得高山仰止的名声吧。

三、《人生颂》流溢的美学情韵

所谓的美学情韵就是诗人在创作活动中美的因子的显现。《人生颂》的美学情韵是通过其乐感和修辞来表现的。英国批评家佩特在《文艺复兴论》中提出,一切艺术都以逼近音乐为旨归。克罗齐说:"一切艺术都是音乐。"(吕进:115-116)中国《毛诗序》中记载:"情动于中而形于言,言之不足故嗟叹之,嗟叹之不足故咏歌之,咏歌之不足,不知手之舞之,足之蹈之也。"由此观之,诗歌与音乐、舞蹈最初是三位一体的混合艺术。相对而言,诗歌与音乐最亲近。钱谷融先生说:"诗绝不是与音乐无关之物。任何不重视,甚或否定诗的音乐性的意见,都是错误的,都将不断地碰壁。"(钱谷融:40)那些只能靠嚎叫与呼喊的句子,我们可以称其为诗,但绝不可划为歌的范畴。我们认为诗歌一词所要具备的两个因素:既可吟诵,也可歌唱。朗费罗《人生颂》就是这些特色的典范。

朱光潜说过诗是具有音律的纯文学。韵是"诗歌中的一种语音上的回声,更确切地说,是一种音位上的匹配。尾韵是英语中最常见的一种押韵:两个单位(通常是两个单音节词)匹配原音音位(通常是重读音节),词尾的辅音音位都相同,只有起始音位不相同,……这种押韵形式往往出现在格律诗诗行的末尾,出现在诗行中间的则称为行间韵"(胡壮麟、刘世生:281)。由此可知,尾韵与行间韵是最为重要的韵律形式。《人生颂》用四步扬抑格写成,以两音为单位,两音中第一音强,第二音弱,韵律工整,全部呈"ABAB"型。每节四行,共九节,三十六行,诗句长短适中,无突兀变化。扬抑格体现诗人情感跳跃、愉悦、快速、深刻、勇敢。朗费罗主要运用的尾韵中,韵脚的单数行用阴韵,宽厚凝重,委婉平和;双数行用阳韵,音韵清灵,短促有力,如第一小节中一、三行的"numbers""slumbers",二、四行的"dream""seem"。头韵也在《人生颂》中得到了淋漓尽致的使用:第1行、第3行、第4行、第6行、第8行、第17行,头韵的运用使全诗节奏感强,音韵美与意境美达到了和谐。行间韵在诗的第15行"muffled drums",第22行"Let the dead past bury its dead",第25行"Lives of great men all remind us",第26行"We make our lives sublime",第32行"take heart again"等多次使用,使诗行之间意义相连,语气连贯,富有节奏感。

朗费罗除了利用韵律之外,还运用修辞增强诗歌美的情感。诗人在形象地感受与思考之余,表达诗情画意是不可或缺的技巧。朗费罗在此诗歌中运用的修辞主要有排比:在行文之中构成排比增强了气势和渲染力,增强节奏感、旋律美。如第5行"Life is real! Life is earnest";第9行"Not enjoyment,and not sorrow";其他如第17、18行,第19、20行,第35行。其次是比喻:古人所谓"状埋则理趣浑然,状事则事情昭然,状物则物态宛然"(陆九渊:《敝帚稿略(二)》)。这就是比喻的修辞作用。诗人在第4节中运用明喻:"And our hearts ... like muffled drums,are beating"。第5节中使用隐喻的手法把世界比作战场,把人生比作临时的营站,劝人们要在奋斗中做英雄好汉,打好人生这场仗。同时又用明喻告诫人们别像默默的牛羊任驱赶,不要在人生路上没有方向。典故是为证明某一意义引用有关事例,是圣贤的大文章、经书的通用规范。近代学者黄佩说:"考经传之文,引成事述故言者,不一而足,即以宣尼大圣,亲制《易传》《孝经》,甄采前言,旁征行事,降及百家,其风弥盛,词人有作,援古尤多。"(《文心雕龙札记》)。在诗歌的第2节,"Dust thou art,to dust returnest(你来自尘土,归于尘土)",具体地说,它出自《圣经创世纪》第三章。第4节中"And our hearts, though stout and brave? Still, like muffled drums, are beating? Funeral marches to the grave",与博蒙特的《幽默的中尉》中第3幕第5场的"Our lives are but our marches to the grave(人生不过是走向坟墓的进行曲)"相同。而在第3节中"Art is long, and time is fleeting(学艺需日久,时光飞如箭)"出自希腊希波克拉底的《格言集》第一章:"The life so short, the craft so long to learn(生命如此短促,学艺却如此久长)。"而且从修辞角度讲,本句格言还是个精妙的对偶,诗人通过鲜明的对比,告诫人们人生苦短,须珍惜光阴,多干实在的事情。这些典故的运用言简意赅,文约旨丰,增强了诗歌的语言艺术效果:精炼、形象、生动。

四、结语

英国诗人柯勒律治说:"Prose is words in their best order, poetry the best words in the best order(散文是词汇放在其最为恰当的位置,诗歌是将最为优美的词汇放在最为合适的地方)。"笔者认为朗费罗的诗歌除了符合柯勒律治这两个条件之外,还有以上我们讨论的宗教情怀、哲学情思、美学情韵。所有的艺术形式,几乎都是由第一要素的"哲学情思"的"道"之理,第二要素的"宗教情怀"的"学"之理,第三要素的"美学情韵"的"术"之理,这样一种客体、主体、载体三位一体的"情"与"理"的相互交融状态构成的。没有哲学的"真"理,就没有艺术的"美"理;没有艺术的"美"理,就没有宗教的"善"理;哲学的"真"理、宗教的"善"理、艺术的"美"理层递循环互为因果的三位一体关系,构成了艺术家之所以确定进行艺术创造活动的全部理由。(聂珍钊:254)。《人生颂》作为经典不仅是文学层面上的一种变化,更是关乎民族文化的一种变革。当然在此文中仅就《人生颂》这一具体的经典译本进行分析,尚属浅显。而真正从形而上的文化战略高度来探讨经典的译介与流变,还有待更深入、更系统的研究。

朗费罗的佳作令人昂扬感奋,强调人的进取精神和自我完善的潜能。他告诉我们,人生旅途犹如攀登高峰,重重险阻就在眼前;但人生值得去探索,只有不怕惊险,知难勇进,才能领悟它的神奇。(聂珍钊:254)朗费罗的诗歌对传统的关注、对大我的拥抱、对内外两面的重视等,貌似"以不变应万变",潜意识中却不失为一种持守、一种既向前又向后的追寻。我们期待朗费罗的回归如同期待文学的变化的趋势回转一样重要。

历史已化作过眼烟云,钱先生在 20 世纪 80 年代的论文观点没有获得及时的回应,也许是历史的缘故吧。《人生颂》是最早译介到中国的美国诗歌作品,获得很多学者的批评与研究,其经典性在于其对人生的思考。该诗歌在盛赞与批评中流传至今,给研究者提供了多维的阐释视角。1930 年,陈寅恪先生在对冯友兰《中国哲学史》(上册)的审查报告中,提出了"了解之同情"观念:"凡著中国古代哲学史者,其对于古人之学说,应具了解之同情,方可下笔。所谓"了解",即研究者"对其持论所以不得不如是之苦心孤诣,表一种之同情,始能批评其学说之是非得失,而无隔阂肤廓之论"。我们按照陈先生的思想指导阐释朗费罗《人生颂》,结果发现《人生颂》蕴含丰赡的哲学情思、博大的宗教情怀以及高雅的美学情韵,在中国的流布不是偶然而是必然的结果。荷尔德林说:"让诗人像燕子一样自由高飞吧。"那就让我们的思绪伴随诗人的翅膀一起翱翔在思维的天空中,追寻诗人智慧的倩影。

引用文献

[1] 钱念孙:"文学交流的盲目性和自觉性",《江汉论坛》,1988 年第 10 期。

[2] 孙莹:"从《人生礼赞》译本看经典之流变",《齐齐哈尔大学学报》(哲学社会科学版),2011 年第 8 期。

[3] 韦勒克、沃伦:《文学理论》,刘象愚等译,生活·读书·新知三联书店,1984 年。

[4] 韦勒克:《近代文学批评史·第三卷》,杨自伍译,上海译文出版社,1997 年。

[5] W. Wordsworth:"Preface to the Second Edition of *Lyrical Ballads*", W. J. B. Owen ed., *Wordsworth's Literary Criticism*. London:Routledge & Kegan Paul Ltd., 1974.

[6] S. T. Coleridge, *Biographia Literaria*. London:J. M. Dent, 1906.

[7] 雪莱:"为诗辩护",缪灵珠译,《十九世纪英国诗人论诗》,人民文学出版社,1984 年。

[8] 常耀信:《精编美国文学教程(中文版)》,南开大学出版社,2005 年。

[9] 朱广贤:《文艺创造三位一体论》,中国文联出版社,2007 年。

[10] 周国平:《诗人哲学家》,上海人民出版社,1998 年。

[11] Hirsch, Edward L., *Henry Wadsworth Longfellow*. Minneapolis:University of Minnesota Press, 1964.

[12] 约翰·阿尔伯特·梅西:《文学史纲》,孙青玥等译,陕西师范大学出版社,2006 年。

[13] 贺绍俊:"从宗教情怀看当代长篇小说的精神内涵",《文艺研究》,2004 年第 4 期。

[14] 伍蠡甫、胡经之编:《西方文艺理论名著选编》,北京大学出版社,1985 年。

［15］威廉·詹姆士:《宗教经验种种——人性之研究》,唐钺译,商务印书馆,2002 年。

［16］朱广贤:《文艺创造三位一体论》,中国文联出版社,2007 年。

［17］吕进:"论诗的文体可能",《吕进诗论选》,西南师范大学出版社。

［18］钱谷融:"谈戴望舒——《戴诗解读》序",《文艺理论研究》,1995 年第 3 期。

［19］胡壮麟、刘世生:《西方文体学词典》,清华大学出版社,2004 年。

［20］聂珍钊:《外国文学史》,华中师范大学出版社,2010 年。

华夏情结与诗学革命：
《华夏集》的跨文化阐释学①

张白玲

中国矿业大学

1909 年，诗人庞德（Ezra Pound）作为爱尔兰诗人 W. B. 叶芝（W. B. Yeats）的秘书，客居英国伦敦。闲暇时，两位醉心东方艺术文化的诗人时常游历大英博物馆，从中汲取知识的养分，探索诗歌和文学发展的途径。1913年底，庞德结识了美国艺术史家厄内斯特·费诺罗萨（Ernest Fenollosa）的遗孀玛丽·费诺罗萨，费诺罗萨先生于 1908 年逝世，留下了大量关于日本传统戏剧能剧（Noh play）的手札，庞德受其遗孀所托整理这些文稿。1915年 4 月，庞德将费氏手稿中的 15 首中文古典诗词翻译后结集出版，后又增补了 4 篇，《华夏集》（Cathay, 1915）由此诞生。

庞德的《华夏集》充盈着浓重的中国因素和华夏情结。据统计，《华夏集》主要以唐朝诗人李白的诗作为主，在 19 首中占了 12 首（庞德由于不识中文，将《侍从宜春苑，奉诏赋龙池柳色初青，听新莺百啭歌》一诗的标题误认为诗句，因而与《江上吟》合为一首，另包括《长干行》《天津三月时》《玉阶怨》《胡关饶风沙》《忆旧游寄谯郡元参军》《黄鹤楼送孟浩然之广陵》《送友人》《送友人入蜀》《登金陵凤凰台》《代马不思岳》等），其次是唐朝诗人王维的《送元二使安西》，卢照邻的《长安古意》，东晋诗人陶潜的《停云》和东晋诗人郭璞的《游仙诗》，《诗经·小雅》中的《采薇》，古乐府《陌上桑》和《青青河畔草》。如何解释这种华夏情结的源起，又如何在庞德的篇章中泛舟拾贝，对这种情结在文本中的流散做一种解释和梳理，这些都是中西学者在面对庞德时不得不思考的问题。

---

① 本文受中国矿业大学校级人才引进项目及外文学院院级教师培育项目资金支持。

一、等值性文学翻译理念及《华夏集》的翻译

保罗·利科尔(Paul Ricoeur)在马丁·海德格尔(Martin Heidegger)的讲座书籍《认同与差异》(*Identity and Difference*,1957)中,坚持一种"动态认同",即"在此中,一个文本既与其他文本在形式、类型和历史的关联契合中区分,又得到认同"(Ricoeur:183)。这种文本动态认同的观点与庞德文本翻译美学观和阐释观不谋而合。例如,庞德在论文中就论述到诗歌有三种特性,分别为声诗(melopoeia),引导词语意义/潮流的"音乐特性";形诗(phanopoeia),即在图像想象上投射的各种意象;理诗(logopoeia),它代表了词汇间的智力跳跃。其中声诗实际上不可能从一种语言转移/翻译到另一种语言,而且除了神圣际遇以外,一次只能翻译半行。另外,形诗几乎或完全能被完整翻译出来;而理诗不能翻译,但意志的态度可能由释义来传递。或言之,不能够"在地性"地翻译,而在确定原作者意图后,或许可能找到一个分支或等值(原载《艾兹拉·庞德的文学论文》,T. S. Eliot 编,1954,Pound:71)。国内学者在对庞德《华夏集》的研究中,主要侧重于对诗歌韵律和音节的考察。然而,这恰恰与庞德的翻译理念相左。庞德认为声诗不可能被翻译,而即使有着丰富意象的形诗翻译起来也十分困难;理诗可以找到意义的分支或等值。因而,对《华夏集》仅仅从音律或意象方面做纯粹的诗歌学探讨是不充分,至少是不完全的,《华夏集》的翻译更多应从诗歌的意义等值方面来考量。

庞德在其专著《罗曼史的精神》(*The Spirit of Romance*,1910)中集中论述了等值性文学翻译概念。他认为翻译和阐释学上的分支或等值在于"展现杰作、它们的原因和内在联系。对文学的研习本身即英雄崇拜"(Pound:7),进而,在对于诗歌的翻译处理中,庞德明确提出:

> 诗歌是某种启迪式的教学,它给予我们等值物,并非抽象的数字、三角价、空间等,而是人类情感的等值物;"古典"艺术的咒语或等值物启发平常之美,而"浪漫"艺术的魔力在于启发非常之美(14)。

这种可以启发平常之美的人类情感等值物,就《华夏集》而言,即一种华

夏情结。这里的华夏情结非封建时期大一统的中华文明元素,而是充满抗争,深具内敛的意气与义气,具有远古意味的华夏精神。庞德的诗篇中,所选的是李白、王维、陶渊明、卢照邻等为代表的闲云野鹤、孤舟蓑笠的诗作,而实则心猿意马、蓄势待发。我们先以庞德翻译的李白《忆旧游寄谯郡元参军》为例,其中诗人李白写道:

黄金白璧买歌笑,一醉累月**轻王侯**。
海内贤豪青云客,就中与君**心莫逆**。

问余**别恨**今多少,落花春暮争纷纷。
言亦不可尽,情亦不可及。
呼儿长跪缄此辞,寄君千里遥相忆。

庞德的翻译为:

Exile's Letter "recollecting former companionship"

From the Chinese of Li Po, usually considered the greatest poet of China: written by him while in exile about 760 A. D., to the Hereditary War-Councilor of Sho.

With **yellow gold and white jewels**
we paid for the songs and laughter,   5
   And we were drunk for month after month,
forgetting the kings and princes.
   Intelligent men came drifting in, from the sea
and from the west border,
   And with them, and with you especially,   10
there was nothing at cross-purpose;
   And they made nothing of sea-crossing
or of mountain-crossing,
   If only they could be of that fellowship.

What is **the use of talking!** And there is **no end of talking**—   80
There is **no end of things in the heart**.
I call in the boy,
Have him sit on his knees to write and seal this,
And I send it a thousand miles, thinking.
（吴其尧:114-19）

这首译诗既忠实原文,又做到了形象生动、感染人心。例如,以"yellow gold and white jewels"（黄金白璧）与"Intelligent men"（海内贤豪青云客）等做对比,写出了古代文人重义轻利的豪侠气概,展现出盛唐时文风之盛、文气之足。连用两个"there is no end",写出了真挚的离情。文末呼儿及遥相忆,"have him sit"及"thinking",形象而准确地写出了一位曾在歌舞升平的太平盛世花天酒地、豪气冲天,而今独自一人、没落孤独的贵族文人遗老形象。这首诗可说是杜甫经典七绝《江南逢李龟年》的绝妙扩写:

> 岐王宅里寻常见,崔九堂前几度闻。
> 正是江南好风景,落花时节又逢君。

人事的沧桑、世情的巨变让人潸然泪下,扼腕叹息,又留存着淡淡的余味和希望,准确地达到了庞德对华夏情结的把握和深度理解。

渭城曲

王　维

渭城朝雨浥轻尘,客舍青青柳色新。
劝君更尽一杯酒,西出阳关无故人。

Four Poems of Departure

Light rain is on the light dust.
The willows of the inn-yard
Will be going greener and greener,
But you, Sir, had better take wine ere your departure,
For you will have no friends about you

When you come to the gates of Go.

By Rihaku or Omakitsu

（Yip：211）

庞德的翻译作品中特别着重于整体情境和细节把握上做到有机的统一，其中，"light rain"与"light dust"以景物之轻反衬离情之决绝。末尾两句直呼出朋友的殷切之情与挂念之深，充分体现了庞德等值性文学翻译特点。

闺　怨

王昌龄

闺中少妇不知愁，春日凝妆上翠楼。

忽见陌头杨柳色，悔教夫婿觅封侯。

Complaint from a Lady's Chamber

In the chamber the lady knows no sadness.

Spring day, dressed up, she climbs a tower of jade.

She sees suddenly the willows' **green over** the fields

And **regrets having** sent her husband to search for

　　Ranking positions.

By Wang Ch'ang-ling (graduated A. D. 726)

韦利的版本：

In her boudoir, the young lady,—unacquainted

With grief.

Spring day,—best clothes, mounts shining tower.

Suddenly sees at the dyke's head, the changed

Colour of the willows.

Regrets she made her dear husband go to win a fief.

（Yip：129）

· 80 ·

相较亚瑟·韦利(Arthur Waley)的翻译,庞德的翻译更加文雅,贴合情境,充分体现了文学翻译中的情感等值性。总体而言,在庞德等值性文学翻译理念中,结合华夏情结的实际情况,创造出了具有诗歌语言能动性和灵动性,同时又具有丰富感情内涵的诗歌翻译文本,庞德所选的诗歌多为文人骚客的离散诗或闺怨诗,它们共同表达和体现了边缘人群对身份认同的焦虑和强烈诉求。

二、诗学的革命:《华夏集》与现代主义诗学突围

庞德等值性文学翻译急需一种合适的中外阐释学解释。这种翻译观点贴合了美国诗歌及文艺理论的发展实际,它既是"影响的焦虑"的产物,又构成对它的突围。通过唐诗的译介,庞德充分地展示了中诗之美,也为英语的发展打开了新局面,通过中西视域的化境与融合,充分实现诗意的革命。

翻译究竟应该遵循何种原则,翻译作品与原作品间有着何种互动关系,文学翻译在全球语境下有着什么作用,庞德的《华夏集》都提供给我们一种有益的文本实践和思考。总体而言,《华夏集》的翻译做到了贴合英美诗歌发展的实际,在20世纪20年代英美文学困顿时,提供了一剂强心针。在对文本的哲学阐释学中,一直以来,人们认为哲学阐释学坚持理解是一种"此在",理解者自身视域在与其他视域的融合中构成共时性与历时性的动态过程,即在视域融合中历史与现在、自我与他者形成对话与沟通的统一整体。或借用中国学者钱锺书的"化境"论观念进行阐释。"化境论"既是中国古典美学、哲学、诗学、译学传统的延续,又具有"过去的现在性"(the presentness of the past);既有自我本身特质,又与他者相融相通。"化境"论揭示翻译的本质:翻译是一种跨越时空的、他者与自我的对话与交流(于德英:23-4)。换言之,文学翻译是诗意跨越时空的旅行。然而,这种旅行并非漫无目的,天马行空,而是立足本土话语,兼顾话语的全球散播,文学翻译也并非对原文本逐字逐句机械式的生搬硬套,而是创造性、革命性地组织起自身的语言和情感结构。

庞德的《华夏集》开启了诗歌的现代主义文艺复兴,这是诗歌翻译和诗歌旅行出其不意的结果。在《存在与时间》中,海德格尔宣称:

作诗并不飞越和超出大地,以便离开大地,悬浮于大地之上。

> 毋宁说,作诗首先把人带向大地,使人归属于大地,从而使人进入
> 栖居之中。(海德格尔:468)

在诗歌的全球化审美经验中,另一位现象学家加达默尔认为:"从审美经验的诗性出发探寻超出科学方法论控制范围的对真理的经验,试图从人类有限的历史性存在方式中发现和贯通人类与世界的关系。"(加达默尔:3-4)换言之,诗歌必须在有限的篇幅内完满地组织起对世界的看法和与世界的关系,这种看法和关系又必须是充满情感和栖居式的。在跨文化领域,专家们认为包括诗歌在内的文化研究已逐步走向一种多元的文化概念,也即两者将最终认识到一个更为国际化的语境,同时也需要平衡本土与全球的话语(Bassnett & Lefevere:133)。

同时,在诗歌语言内部,长期以来还受着"影响的焦虑"这一恶果的困扰。美国著名评论家哈罗德·布鲁姆(Harold Bloom)认为"影响的焦虑"(the anxiety of influence)一直存在,因为通过通读前辈诗歌的历史,反常和随心所欲刻意修正的历史,没有它,现代诗歌不可能存在。而作家想要克服影响的焦虑,就必须借助心理学上的俄狄浦斯"杀父娶母"欲望:

1. 延续前人的作品,达到原本应达到的目标(clinamen);
2. 重新杜撰一段文字,使读者把作品看成新整体(tessera);
3. 与模式决裂(Kenosis);
4. 完全依赖自己可能拥有的想象残余(askesis);
5. 视点颠倒,使前人作品看上去反而出自自己的作品
(apophrades)。(于德英:102)

庞德的中文诗歌翻译,如果仅就英美文学圈考量,则是突显了 3 和 5,同时结合了 2 和 4。将中文诗歌翻译成英文,并且成为英美文学和文化中不可分割的一部分,这种想法代表着与英美传统诗歌和文学创作的决裂。同时,庞德等值性的文学翻译恰到好处地突显了英文诗歌本身的魅力和优势,使不懂中文的读者也毫无生涩之感。

庞德坚持认为必须在英美新诗之外的外国文学中找到"纯净的色彩",在此基础上才能创作出真正伟大的诗歌来(吴其尧:2),批评界对庞德包括《华夏集》的翻译给予了盛赞,认为"中国对包括意象派诗歌在内的新诗运动

产生的影响，就像希腊之于文艺复兴。上世纪（19世纪）我们重新发现了中世纪，而这个世纪我们在中国发现了希腊文化的魅力……毋庸置疑，只要我们对中国文化有深入的了解，就会发现中国诗歌中有纯净的颜色；诚然，这一美景已经通过翻译得以呈现”(3)。同时，中国或华夏作为一种意象，它的魅力也越发突显，批评者叶威廉这样说：

> 我们似乎已经失去了那个闪闪透亮的世界，在那个世界里，一个思想用明亮的边锋透入另一个思想，是一个各种气韵运行的世界……种种磁力成形，可见或隐隐欲现，如但丁的“天堂”，水里的玻璃，镜中的影像（原出自叶威廉《中国诗学》，p147-48）(55)。

而华夏情结，正是用这股勃发的气韵和明亮的边锋，照亮了英美诗歌和文学创作的未来。

三、多元诗学建构之路：《华夏集》与可控性历史这一现代性美梦

爱德华·赛义德（Edward Said）在《世界、文本和批评家》（*The World, the Text and the Critic*，1983）中称，理论的观点始终在旅行，超越自身局限：向外扩展，在某种意义上处于一种流亡的状态中（Said：451）。不同于这一观点，华夏情结探索诗歌语言的艺术之美，虽然也处于流动之中，但庞德认为这正是现代思想所需要的，在《诗章》中，庞德信誓旦旦地宣称：

> 悬置所有，这儿只能有一个“索迪诺”①！
> 但这样说吧，我想要，想要背负你整包
> 　　　的阴谋。
> 在你的巧合和颤抖中，说这件事
> 　　　是艺术形式。

---

① 索迪诺：Sordello，索迪洛·达戈伊托或索代尔·德戈伊特（或称为Sordell），是13世纪的伦巴第行吟诗人，出生于戈伊托市曼图亚省。他的名字出现在但丁、罗伯特·布朗宁和奥斯卡·王尔德的诗篇中。

> 你的索迪诺，整个现代世界
> 需要这样的思想。
>
> （Pound：1）

同时，现代思想需要一种完整性的维度，这不啻为一场边缘人的美梦，其宗旨在于通过可控性的历史建构多元的西方诗学道路。

通过华夏情结，文学际遇重化为谈吐上的超凡不俗、不落窠臼，而终成就现代文学史上的佳话与妙笔，逐浪于包括意象主义诗歌在内的现代主义文学之潮。费诺罗萨在《作为诗歌媒介的中国汉字》中称，在 20 世纪，欧洲人必须拥抱和承担起世界文化，以及"随之而来对国家和种族难以想象的种种责任"，而中国问题是其中最为关键的一部分，身为欧美人，"掌控它的唯一方式是以耐心和同情之心理解其中的精华，最令人期冀和最具人文因素的部分"（Fenollosa：7-8）。华夏情结缘何在世纪之交成为英美乃至欧美文学关注的焦点，关键原因在于华夏文化独特的纯真魅力，更在于英美和欧美人作为建构起来的资产阶级自身所遇到的身份认同危机。在《时间及其他者：人类学怎样塑造客体》（*Time and the Other：How Anthropology Makes Its Object*，1983），费边提及被欧洲启蒙运动利用的旅行图式：

> 对 18 世纪刚刚建构起的资产阶级来说，旅行是（至少潜在性地）每个人"哲学性"世俗化知识的源泉。宗教性的旅行曾通往宗教的中心，或通往需被拯救的灵魂；现在，世俗化的旅程从学识和权力的各个中心通往一个地方——此处人们发现除己无物（Fabian：6）。

在诗学的时空旅行中，人们更多关注的不再是旅行目的地的美与丑、真与假、善与恶，而是这种旅行对于旅游者的启发性意义和价值。这也正是华夏情结大有可为的地方。作为凝结着诗学之真、情感之善与人性之美的符号元素，华夏情结打开了多维的诗学建构道路：建构英美诗歌，英美新诗歌创作和诗人本身，结束资产阶级这一建构出来的阶级在世俗和神圣间的踟蹰徘徊以及建构英美读者的灵魂。

引用文献

[1] 海德格尔：《海德格尔选集》，孙周兴选编，三联书店，1996 年。

[2] 汉斯-格奥尔格·加达默尔:《真理与方法》,洪汉鼎译,上海译文出版社,2004 年。

[3] 吴其尧:《庞德与中国文化——兼论外国文学在中国文化现代化中的作用》,上海外语教育出版社,2006 年。

[4] Susan Bassnett & André Lefevere. *Constructing Cultures*：*Essays on Literary Translation*. Clevdon & London：Multilingual Matters Ltd. , 1998.

[5] Bernstein, Michael. *The Tale of the Tribe*：*Ezra Pound and the Modern Verse Epic*. Princeton：Princeton University Press, 1980.

[6] Fabian, Johannes. *Time and the Other*：*How Anthropology Makes Its Object*. New York：Columbia University Press, 1983.

[7] Fenollosa, Ernest. *The Chinese Written Character as a Medium for Poetry*, ed. Ezra Pound. New York：Arrow Editions, 1936.

[8] Gadamer, Hans-Georg. *Truth and Method*. Hong Handing Trans. Shanghai：Shanghai Translation Press, 2004.

[9] Heideger, Martin. *The Selected Works of Heideger*. Sun Zhongxing Ed. Shanghai.

[10] Pound, Ezra. *The Spirit of Romance*. London：Peter Owen, 1910 & 1952.

[11] Ricoeur, Paul. "The Text as Dynamic Identity". *Identity of the Literary Text*. Mario J. Valdes and Owen Miller, ed. Toronto：University of Toronto Press, 1985. 175-188.

[12] Said, Edward. "Traveling Theory Reconsidered", in *Reflections on Exile and Other Essays*. Cambridge, Mass：Harvard University Press, 2000.

[13] Wu Qiyao. *Ezra Pound and Chinese Culture*：*On the Function of Foreign Literature in the Modernity of Chinese Culture*. Shanghai：Shanghai Foreign Languages Education Press, 2006.

[14] Yip, Wai-lim. *Ezra Pound's Cathay*. Pinceton：Princeton University Press, 1969.

中西文化混合与中国文化的现代性演进
——跨国民族主义视角下容闳"西化"问题的再阐释

唐书哲

中国矿业大学

一、引言

  "跨国民族主义"一词最早由波尔恩(Randolph S. Bourne)于 1916 年在"超越民族国家的美国"("Trans-National America")一文中提出①。他在文中对当时的移民"熔炉"理论提出质疑,认为美国应当是一个由不同民族和文化组成的"超越民族国家的美国"(Bourne:86-97)。20 世纪 90 年代初,人类学家席勒(Schiller)等认为移民研究要摒弃传统的以民族和国家为中心的范式,从全球视角来研究族群和文化的跨国流动现象,并用"跨国民族主义"一词来描述"移民用于联结母国和移居国社会的社会关系过程"(Schiller:8)。1999 年,波特思(Alejandro Portes)对跨国民族主义的定义、特征和研究内容进行了界定,认为跨国民族主义是指有规律的、持续性的跨国社会联系。随后,政治学家费斯特(Thomas Faist)提出了跨国社会空间(transnational social space)和跨国社会网络(transnational social network)的概念,对跨国民族主义理论发展做出了重要贡献。丁月牙对现有的跨国民族主义文献进行综述,认为跨国民族主义可以定义为"由人们或者机构所建立和维持的跨越国界的网络,以及通过该网络而产生的各种互动和交换

---

  ① 国内学者大多将"transnationalism"译为"跨国主义",比如丁月牙刊发在《民族研究》2012 年第 3 期的文章"论跨国主义及其理论贡献",就将"transnationalism"译为"跨国主义"。2015 年 5 月在湖南科技大学召开的"文学与跨国研究"国际研讨会也将"transnationalism"译为"跨国主义"。尹晓煌、何成洲认为"transnationalism"应该翻译为"跨国民族主义",以显示其跨越民族国家的意思,见尹晓煌、何成洲主编:《全球化与跨国民族主义经典文论》,南京大学出版社,2014 年。

关系"(丁月牙:2)。从 20 世纪初至今,跨国民族主义理论经历了不断的发展和衍变。它虽然发轫于移民研究,但所提供的理论视角和研究方法超越了移民研究的范畴,被广泛应用于全球化和跨文化研究等领域。2004 年,时任美国研究协会(American Studies Association)主席的费希金(Shelley Fisher Fishkin)在其主席演讲中就呼吁美国研究的跨国转向,认为"美国一直是文化的跨国交叉口"(Fishkin:43),"跨国研究在美国研究中越来越重要"(Fishkin:22)。跨国民族主义作为一种新的批评理论已经开始广泛应用于社会学、文学和文化等领域的研究。比如,保罗·杰伊就提倡从跨国民族主义的角度来考察文学的生产,身份的建构和文化的混合①。在文化研究领域,跨国民族主义改变了传统研究中二元对立的理论框架和思维方式,对文化、身份、认同等概念进行了新的阐释。就文化而言,并不存在自足和纯洁的文化,所有文化都在与其他文化交流的过程中发生某种程度的变异,遭到某种程度的"污染",而且不同文化之间也并不存在非此即彼的取舍关系,而是可以对话、沟通和混合。从文化流动和混合的视角来审视容闳的"西化"问题会有新的发现。

容闳(Yung Wing)1828 年生于广东省香山县(今珠海市)南屏镇,1847年赴美留学,后考入耶鲁大学,1854 年毕业,成为中国留美大学毕业生第一人。毕业后,容闳曾在广州美国公使馆、上海海关等处任职,还曾下海经商,从事茶叶贸易。后来,他拜见曾国藩,入其幕府,赴美采购机器,并联合几位重臣促成清政府派遣幼童赴美留学,开创公派留学之先河。容闳晚年写有自传作品《西学东渐记》(*My Life in China and America*,又译《我在中国和美国的生活》)。在书中,作者回顾了自己求学美国、从事茶叶贸易、访问太平军、会见曾国藩、调查秘鲁虐待华工事件、参与戊戌政变等经历,具有较高的文学和史学价值。根据该书的记述,容闳作为跨国个体②,先后几次往返于中美之间,在中国和美国都生活过较长时间,有着一定的跨国和跨文化

---

① Paul Jay. *Global Matters*: *The Transnational Turn in Literary Studies*. Ithaca: Cornell University Press, 2010.

② 丁月牙认为跨国民族主义可以根据行为主体的制度层级分为个体的、社区的、地方和国家政府以及跨国公司的跨国民族主义。见丁月牙:"论跨国主义及其理论贡献",《民族研究》,2012 年第 3 期,第 3 页。波特斯将跨国民族主义分为以草根现象为主的底层跨国民族主义和以政府和跨国公司为行为主体的上层跨国民族主义。Alejandro Portes. "Conclusion: Theoretical Convergences and Empirical Evidence in the Study of Immigrant Transnationalism", *International Migration Review*, Vol. 37, 2003. 文中的跨国个体是指从事跨国活动或者拥有跨国实践的个体。

实践,母国文化和移居国文化都对其产生了影响。用跨国民族主义的文化观重新审视容闳的"西化"问题,可以发现容闳秉承的文化并非单纯的西方文化或中国文化,而是这两者的混合。再者,用跨国民族主义的文化观对容闳身上的文化混合现象进行阐释,对全球化背景下研究中国文化的现代性并探讨中国文化走出去的策略,建构一种多元文化和谐共存的世界文化格局具有重要意义。

二、跨国民族主义视域下的文化混合

1991 年,华裔美国作家和批评家赵健秀(Frank Chin)在《真真假假亚裔美国作家一起来吧!》一文中指责容闳的《西学东渐记》开创了美国华裔文学中的自传文学传统。赵健秀认为自传是基督教文学传统,容闳作为基督徒接受了基督教的伦理价值观,篡改和出卖中国文化,以迎合白人读者对中国的东方主义式想象(Ono:139-40),并据此称容闳、黄玉雪、刘裔昌、谭恩美和汤亭亭等作家是"伪"华裔作家。赵健秀的这篇文章引发了美国华裔文学史上关于中国文化的"真假之争",国内外学者对此多有论述①。赵健秀在这场论战中秉持的是一种本质主义的文化观,认为西方文化和中国文化非此即彼,不存在"越界"和混合的现象,汤亭亭把岳母刺字的故事挪到花木兰替父从军的故事里就是对中国文化的篡改,是"伪"中国文化。他对容闳等人的指责便是在本质主义的思维方式下展开的。本质主义作为一种僵化、独断的思维方式和知识生产方式,假定事物具有普遍的永恒本质,这个本质不因时空变化而变化。西方对中国的东方主义式想象和再现就是在这一本质主义的思维方式下进行的,认为中国是一个野蛮专政、蒙昧无知的国度。赵健秀以纠正西方对中国的刻板印象、恢复华人男性的阳刚之气为己任,其勇气诚然可嘉,但陷入了二元对立的思维方式,从中西文化非此即彼的角度来审视容闳和汤亭亭等对中国文化的利用,把问题简化为"真假"之争。

---

① 华裔学者张敬钰(King-kok Cheung)认为这场论争实际上是民族主义和女权主义之争,见 King-Kok Cheung. "Reviewing Asian American Literary Studies". *An Interethnic Companion to Asian American Literature*. Cambridge: Cambridge University Press, 1997, p.10-14。赵文书认为华裔作家对中国文化的利用不是以真实性为准绳,而是以美国价值尺度为标准,改编中国文化的目的在于"为华裔族群建构出既有别于主流社会又能与主流社会平等共处的华裔族性",见赵文书:"华裔美国的文学创新与中国的文化传统",《外国文学研究》,2003 年第 3 期,第 69-70 页。本文重点讨论赵健秀在论战中秉持的本质主义文化观。

　　事实上,这种基于东西对立的本质主义文化观遭到了后殖民批评家、解构主义批评家和跨国民族主义批评家的质疑和挑战。他们认为文化差异不是固定的,而是流动的,而且任何一种文化都存在不同程度的"越界"现象,不同的文化之间也会互相影响、彼此混合。赛义德指出,文化不是固定不变的,而是动态性的、复合性的,并对文化的纯正性提出质疑,认为世界上并不存在固有的纯正文化:"没有任何一种文化是孤立单纯的,所有的文化都是杂交性的,混成的,内部千差万别的。"(赛义德:293)霍米·巴巴认为坚持文化的纯正性是站不住脚的,因而他极力提倡一种"杂交的"文化策略:"当然国际文化的基础是对文化的杂交性的刻写和表达",国际化的一个"际"字"表达出一种'居中的空间'","通过探索这个第三度空间,我们有可能排除那种两极对立政治,又可能作为我们自己的他者而出现"(巴巴:366)。跨国民族主义理论家安东尼·阿皮亚(Anthony Appiah)认为文化的纯正性和混合性在传统意义上的区分并不存在,因为通常被视为纯洁的文化模式和实践实际上只是混合的产物(Appiah:107),所有的文化都会遭到不同程度的"污染"(contamination)。可见,所谓纯正自足、一成不变的文化是不存在的,而且中西文化的二元对立不是固定不变的,而是流动的。既然文化是流动和混合的,那么容闳身上的文化就不能理解为单纯的西方文化或是单纯的中国文化,而是这两者的混合。正如汤亭亭《女勇士》中花木兰的故事就是中国传统文化和西方女权主义传统混合的结果,这一文化混合使汤亭亭笔下的木兰故事成了既不同于中国文化又不同于西方文化的新的文化。在汤亭亭看来,"华裔美国人的突围之路就是要消解'他者'与'自我'的对立,要民族沟通、文化融合而不是种族对抗和文化冲突"(蒲若茜:153)。对于容闳的"西化"问题,学界倾向于认为容闳严重"西化",甚至是全盘"西化",并以他信仰基督教、接受西式教育、娶白人女子为妻、汉语严重退化等作为例证①,这种看法在跨国民族主义的理论背景下有待进一步讨论。讨论容闳身上的文化混合之前,有必要从容闳接受的蒙学教育和《西学东渐记》入手,探讨中国传统文化,尤其是儒家文化对他的影响。

---

　　① 对容闳"西化"问题的梳理,见尹晓煌:《美国华裔文学史》,徐颖果译,南开大学出版社,2006年,第68-77页。

三、儒家文化对容闳的影响

　　容闳赴美留学前就读于马礼逊学校。该校是一所教会学校,旨在宣扬基督教,培养懂英文、信基督、具有近代科学知识的亲美分子。1835 年,马礼逊学校在它的办学宗旨里规定:本教育会的宗旨将是在中国开办和资助学校,在这些学校里除教授中国少年读中文外,还要教授他们读写英文,并通过这个媒介,把西方世界的各种知识送到他们手里。这些学校要读《圣经》和有关基督教的书籍⋯⋯我们的后世将在不远的日子里,看到中国人不但为了商业、知识和政治的目的正在访问欧洲和美国,而且在抛弃了他们的反感、迷信和偶像后,同基督教国家的大众在一起,承认和崇拜上帝(刘圣宜、宋德华:66)。国内学者多强调马礼逊学校宣扬基督教、传播西方文化、培养亲美分子的一面,却忽视了该校对中文和国学知识的传授。事实上,马礼逊学校也开设《四书》《五经》及诗词、书法、作文等课程,并聘请儒家学者担任授课教师,并非只是讲授英语和西方文化①。容闳在马礼逊学校接受了系统的国学教育,不仅诵读儒家经典,学习诗词文章,而且还进行书法训练,接受了传统的儒学蒙学教育。范守义称他在加州大学伯克利分校访学的时候,在该校亚裔美国研究图书馆发现了容闳的一首诗②。该诗韵律整齐、对仗工整、以诗言志,表达了作者年事已高、壮志未酬的感慨,说明作者有着不错的国学基础。虽说中国传统的知识分子素有吟诗作对、以诗言志的传统,然而拿该诗和早期华人移民在天使岛移民站木屋上所刻写的诗歌相比,容闳的这首诗无论在用词、格律还是在技法上都比天使岛诗歌胜出许多③。显然,容闳也接受过系统的国学训练,有着不错的国学基础。在身份

---

　　① 容闳在马礼逊学校学习的课程共有五门:《四书》、《五经》、诗词、书法和作文,学习的方式为背诵、释义、赏析、临摹和作文,授课教师皆为华人儒师。见陈汉才:《容闳评传》,广州:广东高等教育出版社,2008 年,第 28 页。

　　② 该诗内容如下:"弥年不得意,新岁又如何。念昔同游者,而今有几多? 以闲为自在,将寿补蹉跎。春色无新故,幽居亦见过。"见范守义:"容闳:中国留美大学毕业生第一人",容闳:《我在中国和美国的生活》,山西教育出版社,2002 年,第 36 页。

　　③ 居留在天使岛的华人移民大都赴美从事苦力,并未受过太多教育,他们在天使岛移民站留下的诗作质量参差不齐,多数诗歌质量欠佳。见 Him Mark Lai, Genny Lim, and Judy Yung, eds. *Island*: *Poetry and History of Chinese Immigrants on Angel Island*: *1910—1940*. San Francisco: HOC DOI, 1980.

和文化认同上,容闳认同自己炎黄子孙的身份,认为自己的事业在于通过西式教育来推进中国的现代化进程,实现中华民族的复兴,而且儒家文化,尤其是纲常伦理观对他的影响也较为明显,这在《西学东渐记》中可以看出。

在耶鲁求学期间,容闳一直在思索自己的未来。三年级的时候,他立下了教育强国的志向:"我决定使中国的下一辈人享受与我同样的教育。如此,通过西方教育,中国将得以复兴,变成一个开明、富强的国家。此目的成为我一展雄心大志的引路明星,我尽一切智慧和精力奔向这个目标。"(容闳:26)容闳后来所从事的一系列活动,如赴美采购机器、赴秘鲁调查虐待华工事件、派遣幼童赴美等都证明了他对母国的认同和帮助。除此之外,容闳也受到儒家纲常伦理观的影响,重视孝道、权威和尊卑秩序。根据《西学东渐记》的记载,容闳在做出重大决定的时候首先要咨询他母亲的意见,并因为未能侍奉母亲而感到愧疚不已,表现出了对孝道的重视。从耶鲁毕业回国后,容闳见到了阔别十年的母亲,他在自传中写道:"我还向她保证,只要有我在,一定百般细心地照顾她,让她生活得舒适,必定使她一切心满意足。"(容闳:31-32)这种对孝道的重视是西方以个人主义为中心的价值观体系所没有的,陈独秀认为"西洋民族以个人为本位,东洋民族以家族为本位"(董小川:314)。容闳除了表示对孝道的重视外,也利用自己作为父亲的权威,不顾儿子的想法,将自己的意愿加在他们身上。在孙中山致电邀其回国参加民国建设的时候,容闳因年事已高加之身体不适终未成行,但是却嘱咐儿子务必回国协助国家建设,要他们"弃所营业,回助祖国"(郑云山:171)。可见容闳极为重视父母和子女间的等级关系,体现了儒家纲常观中父为子纲对他的影响。儒家的纲常伦理观在中国的政治和社会生活中也扮演着重要的角色,它强调尊卑有序,重视人与人之间的等级关系。在《西学东渐记》中,容闳一度强调人际关系的重要:"人事梦然,几乎不可能知道在我们的朋友和熟人中,谁能为我们提供一条正确的线索去打开命运之门。曾寄圃介绍我认识了李壬叔,李氏又把我引见给曾国藩。"(容闳:44-45)而容闳正是通过各种关系才得以从事丝茶贸易,凭借曾国藩、李鸿章等朝臣的力量才实现了自己西学东渐的理想,容闳对人际关系的认识和利用充分表明了他对中国传统文化的洞见和中国传统文化对他的影响。

四、容闳身上的中西文化混合及其意义

　　然而,容闳身上体现出的并不是纯粹的儒家文化,也不是纯粹的西方文化,而是这两者的混合。容闳重视儒家的孝道和人际关系,但是又表现出西方个人权利这一价值观对他的影响。在《西学东渐记》第八章"经商经验"中,容闳讲述了自己在上海从事丝茶生意期间,一位苏格兰人当众在他的发辫上扎了一串棉花球对他进行羞辱,容闳要求他把棉花球摘下来,苏格兰人不仅不同意,反而打了他一拳,容闳奋起还击,一拳把挑衅者打得鲜血直流。对于自己的行为,容闳这样解释道:"不管怎么说,总有一天教育会启发中国人,使他们明白什么是他们的权利,无论在任何时候,只要公权或个人权利受到侵犯,他们都将会有勇气来维护,这种情况很快就会到来。"(容闳:43)容闳的这种做法并不符合儒家文化中的仁爱思想。作为儒家思想学说的核心,它提倡爱人之心,强调人与人之间的和谐相处。容闳这里提到的"个人权利"是西方价值观的重要内容,而不是中国传统文化中的价值观,中国传统伦理的一个基本的价值取向是轻自我(邵龙宝:35-40)。可见,容闳在受到儒家文化纲常伦理观影响的同时,也受到了西方文化个人主义价值观的影响,重视人权和个人的尊严。从《西学东渐记》中还可以看出容闳身上的冒险精神。作者在书中讲述了自己访问太平军、赴芜湖贩茶、调查秘鲁虐待华工事件、参与戊戌变法等经历,表现出了强烈的冒险和探索精神。而这种冒险和探索精神也是中国传统文化所缺乏的。中国传统文化从根本上来说是一种农耕文化,带有较强的农业心态,自给自足,胆小怕事,缺乏冒险和探索精神。而西方文化从根本上来说则是一种海洋文明,强调冒险、进取和探索(林春晴:37)。容闳在受到儒家纲常伦理观的影响,通过各种人际关系来实现自己教育救国的理想的同时,又表现出强烈的冒险精神、个人主义色彩和对人权的重视。他所表现出的既不是纯粹的儒家文化,也不是纯粹的西方文化,而是这两者的混合,所以认为容闳完全"西化"是不准确和片面的。

　　在跨国民族主义的背景下,容闳身上所体现的文化混合现象为增进中国文化的现代性和中国文化走出去提供了重要的参考。首先,全球化的发展和中国经济实力的增强,为中国文化软实力的建设和中国文化走出去提供了契机,怎样建设文化强国,如何增强中国文化在世界范围内的影响力已

经成了学界当下的一个重要议题。跨国民族主义打破了传统的二元对立的思维模式,提倡用一种更加包容的态度来审视族群和文化之间的关系,主张不同族裔和文化之间的流动和混合,鼓励多元化的声音,为中国文化的革新和走出去提供了重要的契机和理论支撑。容闳作为早期的华人跨国个体,表现出了在两种文化之间跨国协商的能力,其身上中西文化的混合也挑战了传统的中西文化二元对立观点,表明不同的文化非但可以越界和混合,而且能在越界和混合的过程中获得新的生命力。容闳身上所体现出的正是这样一种文化协商和混合能力,它提醒我们不能静止地、绝对地看待中西文化之间的关系,不能将传统的二元对立观点固定化,而是要在这两者之间进行协商混合,以创造一种新的文化。

其次,跨国民族主义视知识反思性为现代性的重要特征之一。容闳对中国传统文化的再现可以让我们在全球化的背景下,对中国传统文化进行审视。作为穿行于东西文化之间的跨国个体,容闳以中国文化局内人和局外人的双重身份对中国传统文化的再现,有利于我们意识到中国传统文化的不足之处,进而对其加以改造,以增强其现代性。比如吴冰就提倡以一种自省的态度来阅读美国华裔文学,认为美国华裔作家能够从双重的身份来审视中国传统文化,让我们意识到中国传统文化的精华和糟粕,从而对中国文化进行改造,以增强其现代性(Wn:36)。需要指出的是,在跨国民族主义的视域下,我们也应该反思东方主义在推动中国现代性形成过程中的作用。比如王冬青对中西礼仪冲突中的磕头问题进行历史考察,指出以德·昆西为代表的英国人对磕头的批判和谴责,最终导致了磕头觐见礼的废除,表明了"英国对中国的想象转化成了对中国的控制和改造,东方学参与推动了中国现代性的形成"(王冬青:37)。容闳在《西学东渐记》中记述了复杂的人际关系对他西学东渐事业的阻碍,由于同僚的阻挠,他的幼童留学计划不得不宣告破产。这一中国文化中的糟粕面不利于个人才能的发挥,是需要摒弃的。

在全球化背景下,用跨国民族主义的理论来对容闳的"西化"问题进行再阐释,分析他身上所体现的文化混合现象,对思考中国文化的现代性、探讨中国文化走出去和增强中国文化在世界范围内的影响力,建构一种多元文化和谐共存的世界文化格局,具有重要的意义。

引用文献

[1] Bourne, Randolph S. "Trans-National America". *Atlantic Monthly*，116 (1916).

[2] Fishkin, Shelley. "Crossroads of Culture：The Transnational Turn in American Studies—Presidential Address to the American Studies Association，November 12，2004". *American Quarterly* 50 (2005).

[3] Appiah, Anthony. *Cosmopolitanism：Ethics in a World of Strangers*. New York：W. W. Norton，2006.

[4] Ono，Kent. *A Companion to Asian American Studies*. Malden：Blackwell Publishing，2005.

[5] Schiller, Glick, Linda Basch and Szanton Blanc. *Nations Unbound：Transnational Projects，Postcolonial Predicaments and Deterritorialized Nation-States*. Langhorne：Gordon and Breach，1994.

[6] Wu Bing. "Reading Chinese American Literature as 'Introspection Literature'". Huang Guiyou, Wu Bing, eds. *Global Perspective on Asian American Literature*. Beijing：Foreign Language Teaching and Research Press，2008，p. 32-45.

[7] 爱德华·赛义德：《文化与帝国主义》，王琨译，三联书店，2003 年。

[8] 丁月牙："论跨国主义及其理论贡献"，《民族研究》，2012 年第 3 期。

[9] 董小川：《儒家文化与美国基督教新文化》，商务印书馆，1999 年。

[10] 霍米·巴巴：《现身理论》，包亚明主编，《二十世纪西方美学经典文本》(第四卷)，复旦大学出版社，2000 年。

[11] 林春晴："土地与海洋的对话：中西方文化与人格差异之浅见"，《华东理工学院学报》(社会科学版)，2010 年第 1 期。

[12] 刘圣宜、宋德华：《岭南近代对外文化交流史》，广东人民出版社，1996 年。

[13] 蒲若茜：《族裔经验与文化想象》，中国社会科学出版社，2006 年。

[14] 容闳：《西学东渐记》，王蓁译，中国人民大学出版社，2011 年。

[15] 邵龙宝："中西方伦理价值观之比较"，《西南民族学院学报》(哲学社会科学版)，2000 年第 9 期。

[16] 王冬青："英帝国的教化：德·昆西论中国"，王守仁、何宁：《英国文学批评史论》(上卷)，上海外语教育出版社，2013 年。

[17] 郑云山：《中国近代名人小传》，浙江人民出版社，1983 年。

借华裔美国文学窗口助
中国传统文化"走出去"①

胡乃麟

山东大学

一、文学的视角:美国华裔形象的扭转与中国传统文化的传播

华人从踏上美国土地之日起就备受压迫和歧视。1882 年的《排华法案》使歧视华人、排斥华人合法化。为边缘华裔族群,美国的东方主义话语想象并臆断出一系列丑化华人的刻板形象,如邪恶的付满洲(Fu Manchu)博士和他的女儿龙女(Dragon Lady),华人形象被妖魔化;又如谦卑恭顺,对白人毕恭毕敬的陈查理(Charlie Chan)侦探、温柔体贴的华人妓女形象荷花(Lotus Blossom),华人形象是阉割的"他者"。正如许嘉璐先生指出的,两百多年来西方社会常以殖民者的心态看待中华文化,由此造成误解、偏见以及歧视,使中华文化"走出去"遇到巨大障碍(陈小愿)。

"二战"期间,中美结为盟友,美国转变对华外交政策,早期的华裔美国文学作品在美国政府的扶持下出现并逐渐被美国主流社会接纳。这一时期的代表作品,如《华女阿五》《父亲和光荣的后代》,一方面给美国读者呈现了勤劳、节俭、质朴、重视教育的华人形象,另一方面也塑造了美国白人主流社会乐于接受的少数族裔形象:美国文化的臣属和中国文化的反叛者(孙冬苗:92-93)。

20 世纪 60 年代后,随着汤亭亭、谭恩美、任碧莲、伍慧明等华裔美国作

---

① 本文为山东省国际科技合作项目"基于信息技术和国际合作的文化资源应用转化与传播模块研究"的阶段性成果。

家、作品的走红，华裔美国文学逐渐转折，进入繁荣阶段，成为美国文学的重要组成部分。《女勇士》《喜福会》《灶神之妻》《接骨师之女》《骨》等华裔美国文学作品中充满了对中国传统文化符号的描述，如有关关公、花木兰的民间传说，灶神、王母娘娘、嫦娥的中国神话，茶文化为代表的中国饮食文化，麻将、风水等中国风俗习惯以及忠孝悌义等儒家思想。华裔美国文学作品对中国传统文化的描述一方面引起了西方读者对东方古老国度的兴趣与关注，为中国传统文化的国际传播起到一定的推动作用；另一方面，为满足西方读者的猎奇心理，大部分华裔美国作品停留在对古老、愚昧、沉睡中的落后中国的描写上，这其中又含有作家个人对中国文化片面的、支离破碎的，甚至是完全相悖的误读，造成西方读者对中国文化的偏见，甚至歧视。

二、华裔美国文学窗口助力中国文化"走出去"

在西方，文学是文化传播最为有效的途径，文学教育是整个教育中不可缺少的部分。1960 年代以后，随着黑色幽默、达达主义、魔幻现实主义、荒诞派等后现代文学手法的穷尽，历史的垂青让中国文化和文学成为华裔美国作家取之不尽的创作源泉。美国华裔小说家和诗人从 60 年代开始崭露头角。他们从介绍中国文化、风土人情，尤其是以美国的唐人街为标志的华人社会风俗习惯为起始，逐渐在作品中反映中美文化、东西方文化冲突再至融合，他们从华裔美国人的独特视角观照中国传统文化和美国社会现实。华裔的声音伴随着华裔文学的壮大而更加响亮，华裔去边缘化指日可待。

随着中国国际影响力的日渐扩大，华裔美国人的威望不断提高，他们的民族自豪感也得以增加。华裔美国人自身也不断进取，在政界、商界、科教文卫、大众传播界均取得不菲成绩，甚至有充分的资料证明"在美国，美籍日本人和美籍华人掌握尖端科技的能力已超过了白人和黑人"(张子清)。华人再也不是以前被人鄙视的苦力了，华人在美国人心目中的威望大大提高。

近三十年来，中国经济的腾飞和国家实力的不断增强为中国传统文化的发展与对外传播提供了良好契机。负载了中国传统核心价值观的中国传统文化走出去势在必行。中国正以积极的姿态，以文化为载体，向世界宣传中国，介绍中国。中国在充分展示中国对外开放、爱好和平、文明进步的形象的同时，积极赢得外国对中国的了解、理解和尊重。

三、让世界倾听华人学者的声音

伴随着华裔美国文学的发展壮大,华裔美国文学批评也日渐高涨。赵汤之争是华裔美国文学论战的持久战,它伴随着华裔美国文学的发展历程,广泛并深远地影响了华裔美国文学的创作和批评。然而,作为美国人的赵健秀和汤亭亭,他们所着力体现的仍是美国文化,人们仍然把中国文化视作外来文化,对中国文化采取拿来主义的态度,吸纳其中有利于自身发展的因素(赵文书:69-75)。

事实上,为了让世界了解中国人真实的想法,我们更需要本土学者积极参与到世界批评的舞台中来,让世界了解中国的本土视角和独特的话语形式。暨南大学蒲若茜教授曾撰文"华裔美国文学研究的中国视野",拓荒性地考察了近20年来中国台湾、大陆华美文学研究的历史与现状,指出台湾学者的视角积极呼应着美国批评的动向,而大陆华美文学研究更重"文化中国"情结。她进一步指出大陆学者的"中国视角"诸如中华文化传统继承、中西文化冲突等。西方批评者通常认为汤亭亭对中国神话和文学经典的不当挪用是对中国传统文化的误读。而大陆学者卫景宜在其博士论文《西方语境中的中国故事》中分析汤亭亭的三部小说对中国神话和文学经典的挪用、改写和创新,是对西方霸权话语的抗争,肯定了作为美国少数族裔的华裔作家对中国文化资源的创造性挪用(蒲若茜:78-81)。中西两种截然相左的批评观点折射出中国学者独到的见解,反映出中国文化开放创新的精神实质。

目前,海外华人知识分子积极推动第三期"新儒学",弘扬儒家文化中积极进取的参与精神和人文主义思想,推进了中国文化的海外传播。新儒学是近代西方文明输入中国以后,在中西文明碰撞交融条件下产生的新的儒家学派。作为现代新儒学代表,杜维明将儒家文化置于世界思潮的背景中,关切传统文化与中国的现代化接轨,通过借鉴跨学科的研究方法,阐发了儒家思想的现代意义和儒家第三期发展的前景问题,勾画了当代新儒学理论的基本构架,在东亚和西方世界产生了相当的影响。

四、结语

美国华裔作家通过移民美国的父母和中国典籍,自然地继承了中国古老的文化传统,他们的作品不同程度地反映了中国文化在其身体、意识中的积淀。美国华裔文学作品为中国文化提供了在西方世界展示自我的舞台,为实现中国传统文化在世界范围的传播提供了窗口。借助这一舞台和窗口,中国文化也将走出国门,在与世界各国文化的互动交流中实现自身发展。同时,我们应该在着眼于世界文化发展前沿动态的同时,发扬民族文化的优秀传统,把握好当代文化与传统文化、民族文化与外来文化的关系。在历史与现实、东方与西方的文化交汇点上,礼敬并发扬中华民族优秀传统文化,汲取世界各民族文化之长,在内容和形式上积极创新,努力推动中华文化的持续发展。

引用文献

[1] 陈小愿:"许嘉璐:借香港窗口助中国优秀传统文化走出去",2014 年 10 月 29 日,中国新闻网,http://www.chinanews.com/ga/2014/10-29/6730514.shtml。

[2] 孙冬苗:"早期美国华裔文学作品中的'模范少数族裔'形象",《文学自由谈》,2012 年第 4 期。

[3] 张子清:"美国华裔文学总序",汤亭亭著:《女勇士》,李剑波、陆承毅译,漓江出版社,1998 年。

[4] 赵文书:"华裔美国的文学创新与中国的文化传统",《外国文学研究》,2003 年第 3 期。

[5] 蒲若茜:"华裔美国文学研究的中国视野",《江汉论坛》,2006 年第 3 期。

Oh, My God! In Dog We Trust!

吴凤娟　韩征顺

武汉纺织大学

Ⅰ. Introduction

While reading the article "Body Ritual among The Nacirema" from the book *Understanding and Managing Diversity* by Horace Miner, I felt amazed and fascinated by the content, customs and practices. Reading between the lines I found something humorous and hilarious, particularly, the artistic naming, the rich colorful cultural connotations and the big metaphor.

Ⅱ. The Artistic Naming

Consciously or unconsciously, intentionally or unintentionally, it seems to me that the author, in a very clever and intricate way, has hidden his true intention, and he has pulled the wool over people's eyes all over the world in a certain sort of specialized and scientific fashion. First of all, the writer named this clan initiated by Professor Linton (1936:326) as "Nacirema". Surprisingly enough, Nacirema is just American spelled backwards. So he is playing a prank on all of us. Secondly, the mythological cultural hero is rendered as Notgnihsaw, still a little weird, isn't it? It is the inverted version of Washington (George Washington). Thirdly, "latipso" is again sort of bizarre, isn't it? It is all but the word "hospital" with the omission of the letter "h". In English we can easily find this soundless letter in words like hour, honest, etc.

The author also specifically locates the position of this "North American group living in the territory between the Canadian Cree, the Yaqui and Tarahumatre of Mexico, and the Carib and Arawak of the Antilles" (also referred to informally as the Dutch Antille, located in the southern Caribbean Sea, just off the Venezuelan coasts, noted by the writer of this thesis) so on and so forth. Are these mere coincidences? I doubt it. It must have been designed and devised originally by the author, simply reversing the normal order of the average words to give us a brand-new and totally fresh thing.

Ⅲ. The Rich and Colorful Cultural Connotations

Now, we come to address the cultural issues. First, in the process of reading, we English learners often associate George Washington with his honesty of chopping down a cherry tree. This is quite normal, something we knew when we were middle schoolers. In this text, another great feat of strength—the throwing of a piece of wampum across the river Pa-To-Mac—may well suggest the symbol of a bullet-shot in the Civil War, as we all know that the river Pa-To-Mac signifies the dividing line between the North and the South. The spirit of truth is that the nation is unified and consolidated through the winning of the Civil War.

Furthermore, there are two systems to compare cultures in sociology: 1) Ethnocentrism, which means the practice of judging another culture by the standards of one's own culture (Macionis); 2) Cultural relativism, which refers to the practice of judging a culture by its own standards (Macionis). Since we are raised according to Chinese culture, it is easiest to use ethnocentrism, because it comes naturally to judge by our own standards. From studying "Body Rituals among The Nacirema", obviously, the Nacirema people have unusual and extreme customs. Using charms and magical potions without which no native believes he could live (Miller), they go to extremes to achieve the perfect outer appearance. On average, it is normal for pregnant women to be proud of their baby bumps in China, but in Nacirema society, it is frowned upon, and women dress to hide their condition (Miller).

Looking at these two cultures from a cultural relativism point-of-view, it is easy to see they are actually the same thing. When compared to each other, it is not difficult to see all of the similarities. In Nacirema, there are ritual fasts to make fat people thin (Miller), known as dieting. Also in Nacimera, there is a "holy-mouth-man", who has an impressive set of paraphernalia, consisting of a variety of augers, awls, probes, and prods (Miller), which actually symbolizes a dentist. Still there are other rites and rituals to make women's breasts larger. General dissatisfaction with breast shape is symbolized in the fact that the ideal form is virtually outside the range of human variation.

And even so, a few women afflicted with almost inhuman hypermammaries are idolized to such an extent that they make a very handsome living by means of simply going from village to village, permitting the natives to stare at them for a fee. What's more, intercourse is taboo as a topic, and scheduled as an act. Conception is actually infrequent. Female clients find their naked bodies subjected to the scrutiny, manipulation and prodding of the medicine men (the most powerful and specialized practitioners, whose assistance must be rewarded with substantial gifts). Finally, in the mouth-rites, the ritual consists of inserting a magic bundle of hog hairs into the mouth, along with some magic powder, and then moving the bundle in a highly formalized series of gestures. Isn't this the daily brushing of our teeth when we get up every morning?

Ⅳ. The Big Metaphor in My Eyes

So from the above analysis, we can easily see that Horace Miner, the author and scientist, is telling us a big big lie through his publication of this "Body Ritual Among the Nacirema". He actually devised and designed this article to deceive the general public through the medium of *American Anthropologist*, vol. 58, June 1956 of the American

Anthropological Association. He satirically suggests all Americans to be as barbarian as the natives, or even worse, to a certain degree. He states this fact right at the start: "The anthropologists has become so familiar with the diversity of ways in which different peoples behave in similar situations that he is not apt to be surprised by even the most exotic customs."

In fact, if all the logically possible combinations of behavior have not been found somewhere in the world, he is apt to suspect that they must be present in some yet undescribed tribe. We do suspect that is genuinely and truly describing the strange behavior of a certain native tribe, but it is in fact satirizing the American race as a whole: magic-ridden, sadist and masochistic, gift-focused, bizarre barbarians to the extreme, under the disguise of the authoritative academic periodical. He proves to be a master or genius to attack bitterly the political situation of the time and yet in the mildest form to be against the spectre of the McCarthy Era (1950—1954), in which many progressive people were persecuted groundlessly. The author's performance skills, which can be concluded to have reached the acme of the highest level of art, lie in the subtle equivalence between the similarities and dissimilarities.

Ⅴ. Conclusion

From the perspective of a civilized being, these ceremonies and magic medicine can by no means cure any disease but you can also perceive the civilized society behind the scene in my description. As a matter of fact, "medicine men" implies our doctors, "holy-mouth-men" refers to our dentists, "mouth-rite" signifies our habit of brushing our teeth; while "Latiso" symbolizes our hospital, "vestal maidens" to nurses, "guardians" to the management system, to name only a few. With this in mind, we cannot but ask ourselves this question: Who on earth are these Naciremas? My definite answer is: it is none but you and me and all our so-called "civilized beings".

Toward the end, this piece remarks, "Looking from far and above, from our high places of safety in developed civilization, it is easy to see all the crudity and irrelevance of magic. But without its power and guidance, early man could not have advanced to the high stages of civilization." (Miner 22) "Witches" seems to provide the base and impetus for our modern civilized life. However, reversely thinking, does modern life, based on the witches, and medicine in particular, really look brighter and better than the "primitives"? Barbarity and superstition may never seem so far from us. Here I conjure up the point of views from Jean-Jacques Rousseau's (1712—1778) *On Art and Science*: Science enslaves people, science corrupts people. Maybe science constitutes a new kind of superstition for us, it is our modern "witches". In the words of Rousseau, "Science is the root of enslavement." This may seem radical to a certain extent, but actually, it does sound not so unreasonable. In real life, science exists not only as a sort of new religion, but also as some sort of belief. We base our research on the basis of the authority. The side-effects of science upon society include:

1. It enslaves people. So we must strip off the "objective and holy" cloak of science: it sets us free from the theological enslavement, in the meanwhile, it also casts a new iron-basket for us. Science is filled to the brim with "terminology", these "terminologies" along with the "rituals" can make you believe that it is objective, or forever correct. Thus science is able to jump out of its historical identity, break away from its "sociability", as if from nowhere it becomes the "truth". These terminologies make you come to think science is holy, absolutely right, and able to reject its "optionality" to become the "power".

In consequence, the experts no longer possess moral concern, but only care about expertise and academics; officials no longer possess historical perspective and only care about his documents to be processed and his chance of rising up the ranks. Unfortunately, they both regard themselves as devoted or committed to their task; a perfectly justified, right and proper virtue. Unknowingly, they are enslaving other people, and at the same time, they are also enslaved by other people. Therefore, the terrible scenario offered by Weber materializes in front of our eyes: each and everyone is enslaved but each and everyone also holds that he/she is at the peak of human civilization.

2. Science corrupts people. Just as Rousseau put it, we squander too much time on the leisure that science affords us. In addition, diligence gets corrupted; we spent too much money on the luxury that science brings us, and so simplicity becomes corrupted, when we enjoy the various electronic products, bathing in the cool air of air-conditioner, and dealing with a desk job everyday, who can say with absolute certainty that those diligent and simple ancestors are not a bit as happy as we are today?

I can not help but appreciate Horace Miner for his joke of spelling the word "American" backwards as "Nacirema", to name it as a North American Native group. What he recounts here goes far beyond a mere simple story of a hair-raising, barbarian native group, thanks to their possessive belief in "superstition", and by means of "body ritual", madly pricking and prodding their naked bodies. With just a little streak of inspiration and change, merely an act of reversing the spelling order of a word, Horace Miner makes a miracle and reveals to us the story of our "civilized" society, taking great pride in the new superstitions of science and remaining self-complacent, high and haughty, above and beyond.

Works Cited

[1] Antilles, Netherlands-Wikipedia, the free Encyclopaedia.

[2] Harvey, Carol P., and M. June Allard. *Understanding and Managing Diversity*, 4th edition. Upper Saddle River: Pearson/Prentice Hall, 2009.

[3] Miner, Horace. "Body Ritual among the Nacirema". *American Anthropologist* 58 (1956): 503-507.

[4] Miller, H. Body Rituals among The Nacirema. Retrieved June 16, 2012. http://www.ohio.edu/people/thompsoc/Body.html. June 2, 2014.

[5] 韩征顺. *Process Versus Purpose*. Northwest University Press. 2005.

[6] 来安方. *An Introduction to Britain and America*. Zhengzhou: Henan People's Press. 2013.

浅论中西哲学中理性和情感的地位问题
——评梁漱溟《东西文化及其哲学》

罗媚媚

南京大学

作为"新儒家"早期代表人物之一的梁漱溟在《东西文化及其哲学》中借鉴叔本华的"生命意志论",以"意欲"作为文化讨论的切入点,根据中国、西方、印度对待意欲的不同态度,创造性地形成了对三方文化体系差异的理论理解,提出了著名的"世界文化三大路向说"和"世界文化三期重现说"。

《东西文化及其哲学》发表于1921年。自鸦片战争以降,在经历了外国列强船坚炮利的一系列打击之后,中国先后进行了洋务运动、辛亥革命、新文化运动等大事件,从器物到制度再到文化层次不断反思中国传统文化的命运和西方文化在中国的走向。在西潮涌动之际,梁漱溟却大胆地为中国传统儒家思想大唱赞歌,引发了知识界对中西文化的激烈论战。艾恺认为,这本书之所以会引发如此强烈反响是因为其适逢其时,在乱世中对世界的变动提出宏观历史性的解读,正如在动荡的1990年代福山提出的"历史终结论"和亨廷顿提出的"即将来临的文化冲突论"一样(艾恺:44)。正因为是宏观理论,所以他抹去了各个文化内部细小多样的分支,而选取最具代表性的主流文化进行讨论,将西方的理性主义、中国的儒家思想、印度的佛学思想置于世界性文化这一同等重要的地位进行横向比较,产生了重要的影响。

一、情感与理性——梁漱溟中西哲学观的基本构架

"文化"这一概念极难定义,据说现在定义多达几百种。梁漱溟认为,文化"不过是那一民族生活的样法罢了"(梁漱溟:35)。在梁生活的时代,全球化远未达到今天这样深远的程度,因此其将文化界定在民族范围之内而未将因为交融而产生的新文化包括在内是可以理解的。而他对生活的定义

是,"生活就是没尽的意欲(will)······和那不断地满足与不满足罢了"(梁漱溟:35)。他将生活看成我们处理欲望和环境——自然环境和社会环境——之间矛盾的动态过程。根据三大文化对待意欲的不同样法,梁分出了三大文化不同路向,即西方文化是以意欲向前要求为其根本精神的,中国文化是以意欲自为调和、持中为其根本精神的,而印度文化是以意欲反身向后要求为其根本精神的(梁漱溟:36,69)。换言之,西方人主张积极进取、发挥主观能动性的生活,中国人喜欢融洽和谐、随遇而安的生活,而印度人崇尚禁欲出世、坚忍超脱的生活。梁举了一个非常形象的例子来说明三大文化的差别,即遇到屋小漏雨这种情况的时候,西方人会想办法另换一个房间或者修建一座新居,中国人会说服自己怡然自得地待在现有的房间里或者在原有基础上进行修补,而印度人会将这个问题置之不理,取消住房要求(梁漱溟:67)。

这三方文化之所以呈现不同路向是因为各自看重的事物不同和运用的官能不同。他认为:"照我的意思人类文化有三步骤,人类两眼视线所集而致其研究者也有三层次:先着眼研究者在外界物质,其所用的是理智;次则着眼研究者在内界生命,其所用的是直觉;再其次则着眼研究者将在无生本体,其所用的是现量。初指古代的西洋及在近世之复兴,次指古代的中国及其将在最近未来之复兴,再次指古代的印度及其将在较远未来之复兴。"(梁漱溟:196-197)由此可见,梁认为中西文化其根本差异乃重理智和重直觉的差异。他断言道,"理智与直觉的消长乃西洋派与中国派之消长也"(梁漱溟:198)。

理智在唯实家那里又被称为"比量","也是我们心理方面去构成知识的一种作用",即"将种种感觉综合其所同、简别其所异,然后才能构成明了的概念"的能力(梁漱溟:88)。梁认为西方的理性是一种智能,因此更具体地说,重理智是西方文化的核心特点:"所有其人生哲学又自古迄今似乎都有一种特别派头。什么派头?一言以蔽之,就是尚理智:或主功利,便需理智计算,或主知识,便须理智经营;或主绝对又是严重的理性。"(梁漱溟:174)梁追溯了西方哲学发展脉络,认为大体上重要的哲学家和哲学流派都是以理智进行思考的:苏格拉底和柏拉图重知识,亚里士多德主张理性统御调节一切欲望,伊壁鸠鲁派选择安静的生活也是在计算利害之后,文艺复兴之后英国派主功利,大陆派主知识,德国派中具有影响力的也还是功利主义的(梁漱溟:174-176)。

梁认为中国哲学主体上是讲变化的形而上学,运用的是直觉/情感而非理智。梁虽然有些时候将直觉同感觉/感情严格区分开来,但大多数时候他是将两者等同起来的。在"孔子一任直觉"这一节当中,梁解释直觉就是"遇事他便当下随感而应"(梁漱溟:142),这个"感"就是指内心真挚的情感,一任直觉即让真挚的感情活动自如,生机盎然。在解释"仁"的概念时他说,"'仁'就是本能、情感、直觉","仁"与"不仁"的区别是:"一个是通身充满了真实情感,而理智少畅达的样子;一个是脸上嘴头露出了理智的慧巧伶俐,而情感不真实的样子。"(梁漱溟:145)在将中西方社会生活进行对比的时候他也说:"西洋人是要用理智的,中国人是要用直觉的——情感的。"(梁漱溟:171)由此可见,在解释中国文化哲学核心特点的时候直觉和情感是互通的①。李景林评论说:"我们要注意的是,梁漱溟此所言'直觉',非心理学的讲法,而完全是一种心性论的讲法——并且是宋儒那种本土化、宇宙论化了的心性论的讲法。"(李景林:10)赵德志谈到梁漱溟的直觉时说:"直觉不是一种认识方法而是一种生活态度。"(赵德志:46)这两位学者算是对梁的"直觉观"进行了一个澄清,修正了梁之前所说直觉是认识过程中的一个步骤的看法,肯定了"情感"是中国哲学核心特点这一观点。梁在其后期的著作中将"直觉"的概念换成了"理性",继而又换成了"人心","理性"和"人心"都是指"无所私的感情",可见感情是贯穿梁中国哲学文化观的主心骨,并且他提出"理性"的概念也是为了突显"人心之情意方面"。而这三种说法的前提都是"性善论",因此合乎真挚情感的行为就是好的、无私的、理性的。

将中国哲学重情感的特点突显出来除了阐明了梁的隐意之外,也吻合学者对中国哲学的定位。或者亦可说梁的观点为后来的哲学打下了铺垫。著名哲学家蒙培元认为中国哲学是情感哲学,有"情感儒学"一说,并且儒家哲学是情感和理性的统一,是一种情感理性。李景林认为:"儒家论人心,其核心的概念是'情'。"(李景林:9)这些学者进一步阐释了梁的思想中的隐性观点,合理地处理了儒家哲学中情感与理性的关系。下文还将具体解释这个问题。

二、中西哲学中情感和理性地位之比较

蒙培元提出哲学可以分为两大类,一种是知识型的,一种是境界型的。

---

① 梁对真情的看重可参考吴全兰:"试论梁漱溟对'真情'的推崇",《新疆大学学报》(社会科学版),2004年第1期。

知识型的哲学重视人的知识和思考能力,将人视为"知识的动物",并努力建立知识体系,用以认识和了解这个世界。境界型的哲学重视人的心灵的存在状态、存在方式而不是人的认识能力,力图使人的心灵存在达到一种境界(蒙培元:1-2)。这种境界更像是一种意境、情境,而不是具体之境,有可意会不可言说之感。西方的哲学主体上是属于知识型的,而中国哲学主体上是属于境界型的。西方哲学是情感和理智相分离的,中国哲学是情感和理智相统一的,西方哲学重理智,中国哲学重情感(蒙培元:13)。

梁在《东西文化及其哲学》中已为我们梳理了西方理性主义的发展脉络。蒙培元认为在西方哲学发展中,理性经历了从思辨理性到认知理性,进而到工具理性再到现代理性的转变过程(蒙培元:13-4)。伍志燕认为西方理性经历了从原初理性到启蒙理性,再到近代理性,再到非理性主义,最终走向合理性的发展过程。不管学者们对发展阶段如何命名,理性在西方哲学中占主导地位这一事实是显而易见的。在这一过程中,引人注目的是非理性主义。非理性主义又称人本主义,在 19 世纪中叶兴起,强调人的精神生活中非理性因素,例如本能、直觉、情感、意志、下意识等,有力地批判了传统理性。这个思潮看似非理性占据了主导地位,但其实仍然是在传统理性思维的框架下进行的,与传统理性相辅相成、互为表里。海德格尔说:"非理性主义只是理性主义之明显的弱点与完全的失败,因而自身就是这样的一个理性主义。非理性主义是从理性主义逃出的一条出路,这条路却不引向自由,而只更多地缠结到理性主义中去了,因为此时唤醒了一种意见,认为理性主义只消通过说不就被克服了,其实它现在只是更危险了,因为它被掩盖而不受干扰地唱它的戏了。"(海德格尔:178-179)更形象地说,"西方的非理性主义者通常是在研究理性的学问的极限处,才向神秘的非理性境界作一种最后的跳跃,他们不是东方的诗人,而是大学问家"(邓晓芒:48)。乃至60 年代末后现代主义的兴起,进一步解构传统理性主义,其使用的工具仍然是逻辑思辨和理性分析,并没有逃出理性主义的藩篱。

情感在西方哲学中一直被视为非理性的一个分支。情感要么被归入伦理学的范畴,要么被归入美学范畴(蒙培元:8)。但是在伦理学中,情感和道德的关系也发生了重要的变迁。胡军方为我们梳理了这一变迁。从西方伦理学的源头开始,古希腊时期,情感就被认为是心灵的干扰,需要受到理性的控制、引导,否则就会导向恶,因此情感被看成道德的随从。中世纪延续了这一对情感的负面看法,认为情绪是自然的、被动的、干扰灵魂和理性的。

这一时期,意志在伦理学中的作用被突显,爱成了最高的神性道德。到了近代,情感在伦理学中的地位上升,情感取代了理性和经验被认为是伦理学的基础。而且,情感的作用突破传统哲学的范围,开始向政治学、经济学、教育学等领域发展,极大地拓宽了情感的作用领域。到了现代,西方对情感的研究呈现多样化的趋势。例如,在情感主义伦理学者看来,伦理争论和道德差异的根源在于态度分歧,即每个人不同的偏好决定了不同的道德判断,情感是纯粹私人、主观的,因此没有普遍的价值衡量标准;现象学伦理学则认为对情感的研究应该从现象学的经验入手,而不是经验主义的经验;神经伦理学则利用现代高科技对情感的产生和作用机制做科学的分析和研究。在美学范畴里,审美现象和审美体验是跟情感联系在一起的。例如康德就认为,美是一种情感体验,是由情感,而不是由认知或者理性来说明甚至决定的。美是一种愉快的感受,愉快与否是审美的终极判断标准(康德:56)。

蒙培元通过研究中国哲学家的思想,总结出情感是中国哲学中一以贯之的因素这一现象,因此提出了中国哲学是情感哲学的观点。在中西哲学对于人的存在意义这个命题的元探求中,西方哲学认为人的价值是"天赋人权",人的意识是一种自然的存在,人具有先天不可剥夺的独特性,这一观点带来了西方人性的解放,个性的发展;而中国哲学则认为人的价值在于人是情感的动物,尤其是道德情感,是人类道德进化的重要结果,也是人类存在价值的重要标志,于是情感在中国哲学中被推到了至高无上的地位(蒙培元:19-20)①。"一般认为,道家哲学主张'无情',不是情感型而是理智型的,但是经过认真考察就会发现,道家所反对的,只是儒家的道德情感,绝不是一般地反对情感。老子反对'仁义',却主张'孝慈',他否定了情感中的道德内容,提倡纯粹自然的真实情感。庄子反对世俗之情,提倡超伦理的'自然'之情,亦即'无情之情'。儒家哲学是建立在道德情感之上的,孔子所提倡的'真情实感'就是以孝与仁为内容的,孟子则进而提出'四端'说,把四种道德情感作为人性的根源。这一思想成为儒家哲学的重要理论基础,这是不言而喻的。无论在两汉经验论盛行时期,还是魏晋玄学高涨时期,思想家们都是以'不忍之心'解释仁,也都是从道德情感出发的。宋明儒学,虽然完成了人学形而上学,但作为核心理论的心性之学,仍然以情感说明人的存在

---

① 这跟梁漱溟对于真情的推崇是一脉相承的。中国哲学对情感的看重还可以参考蒙培元:"人是情感的存在——儒家哲学再阐释",《社会科学战线》,2003年第2期。

方式哲学家如何看重情感的。"(蒙培元:46)

那么理性在中国哲学中地位如何呢？蒙培元认为,中国哲学是情感和理性的统一,可以说是一种情感理性,这大概就是梁漱溟后期所说的理性就是"无所私的感情"。"儒家所提倡的是具有普遍性的道德情感即理性情感,仁就是这种情感的最集中最完整的表述。……仁是以同情为基础的对于人与万物的普遍的生命关怀、尊重与爱,是人类最宝贵的情感,也是人类最重要的理性。"(蒙培元:21)中国哲学家对"仁"的阐释也大都遵循情理统一这一原则。"孔子将仁看作人的最高的德性,孟子将仁说成人的内在本性(道德理性),而将恻隐、不忍之心(情)说成仁的真实内容,他们都是从情理合一的意义上说仁的。后来的宋儒,则从性情、体用关系说明仁是情与理的统一。陆九渊将情性心才说成'一般物事',就是以情为理即情理。朱熹主张性体情用,情作为性的作用是实现性的,离了情,则无所谓性。程颐曾说过,仁是性(理),爱是情,从体用有别的角度说,不能以爱为仁。朱熹虽然也主张仁是性、爱是情之说,但他强调仁性只能通过爱之情而实现,离爱则无仁。爱之情既是人的作用,也是仁的实质内容。这也是情理之学。"(蒙培元:21)中国哲学中所讲的情感固然包括激情、情绪等,但它更为看重的是高级情感,即合情合理、公共无私的情感理性。我们对父母长辈的孝心,对兄弟姐妹之爱,对他人的同情之心都是这样一种情感理性,这也是将我们与动物区别开来的重要标准。儒家提倡孝悌礼乐也是为了作用于我们这样的情感理性。这种情感的普遍性不是从经验上去说的,也不是统计学意义上的一致,而是先验的,它的来源是哲学中经常讲的"天",即天人合一的。感情和理性是完美统一、同时发出的,而不是在感情冲动之后,理性再进行纠正补救,理性不是外在于情感,而是无形中对情感的提升和完善。这大概就是梁漱溟所说"无所为而为"的含义吧。

中国哲学也讲"知"。西方哲学的知识论是排斥情感的,但是中国哲学知情也是统一的,如我们所熟知的"仁者乐山,智者乐水""乐天知命"等。儒家所说的"知"并不是西方的科学认识,而是受制于情感理性的价值判断(蒙培元:23)。"'知''智'乃情之发用自身的一种自觉和智照作用,在这个意义上的'知''智',儒家又常常称为'明'。"(李景林:9)"情"决定并包含"知",而不是反过来。

但是,需要指出的是,中国哲学中并不是完全没有出现过西方逻辑思辨的认知理性派别。墨子哲学即功利主义,"功"和"利"乃墨家哲学根本之意思,在一点上它与儒学的思维是背道而驰的。墨家在认识论、逻辑学方面成就显著,承认感觉经验在认识中的作用,也肯定理性在认识中的作用。另外,春秋战国时期的名家(也称辩者)是中国哲学史上为数不多的以辩论而闻名的流派,他们重视概念的讨论、分析和比较,并主张在概念的基础上认识世界,有"合同异""离坚白""白马非马"等辩论。虽然名家在中国历史上名声不太好,有诡辩之嫌,但其中的确蕴含了中国抽象理论思维能力的萌芽,值得我们重视。如冯友兰所说,"中国哲学史中只有纯理论的兴趣之说极少,若此再不讲,则中国哲学更觉畸形"(冯友兰:218)。

由此,我们可以更明确地指出中西哲学中理性和情感的差异。西方的理性"强调对象性、客观性、普遍性或逻辑上的一义性、可证明性。由于它和心灵的知性或智性联系在一起,因此向形式化、逻辑化、分析化、智能化方向发展,统而言之曰智性或心智"。中国的理性则"强调非对象性、内在性、特殊性、应然性或时间上的目的性。它和心灵的情感需要、情感态度相联系,因此向本质化、综合化、艺术性、实践化方向发展"(蒙培元 2:8)。因此,梁漱溟在后期提出儒家文化是"理性"的这一概念用以区分西方"理智"的概念是有一定道理的。情感的地位却恰好相反。西方认为情感是主观的、私人的、具体的,而中国却提倡情感的客观性,共通性、普遍性。由于西方认为"人是理性的动物",因此对待情感的态度也是理性化的,如用科技手段去分析情感的生成机制,由于中国认为"人是情感的动物",因此对待理性的态度也是情感化的,如知情合一、情理合一,并且思考也是直觉性的、体验性的,绝不是西方那种纯粹理性的思考。造成两者差异的根源可能在于"性恶说"和"性善说"。西方认为人生来是罪恶的,情感是不好的,因此大力发挥理性的力量去控制和引导情感;中国相信人生来是善良的,上天赋予我们的情感是理性的、合理的、善良的,因此我们不需要去算计和计较,只要小心维护情感的真实自然,不让它在后天的世界中消失殆尽就可以了。

三、全球化语境下世界未来文化方向之预测

梁在预测世界未来文化发展方向时,认为东西文化是不能融合的,是互相替代的关系,西方文化穷途末路之时,将是中国文化大显身手之际。这个观点得到了一些学者的认同,他们认为 21 世纪将是儒家文化的世纪(艾恺)。而我对这个问题的看法是,它们不是相互替代的关系,而是一定会走

向融合。

首先,这两种文明是互补的,应该取长补短,达到更好的状态。根据上文的分析,中西哲学的核心差异在于理智和情感的地位不同,西方哲学中理智的发展较为充分,中国哲学中情感的发展较为成熟,西方哲学带来了塞恩斯和德谟克拉西两大异彩的文化,使得物质文明发达、人性伸展、社会性发达,中国哲学则带来了人心的满足快乐、人际关系、人与自然关系、人与自我关系的和谐融洽。理智和情感是人不可或缺的重要精神要素,两者的平衡才更有利于人和社会的全面发展。西方在发展智能的时候,应该努力提升心灵的境界,中国在关注心灵的同时,应该努力发展智能的潜力。梁认为等到世界的物质文明发展到一定高度时,中国的心性哲学将全面取代西方的理性主义。且不说物质文明的发展是不是有一个终点,科学理性的精神是无论如何也不能丢掉的。

其次,不是只有儒家的情感哲学才能拯救西方理性主义的弊病,西方哲学也在不断修正自身的发展。就像马克思曾经说过资本主义矛盾百出、必将灭亡,但是,一百多年过去了,资本主义不但没有衰弱,反而显示出历久弥坚的势头。究其原因,也是因为资本主义在不断地自我反思和自我修正。西方理性主义发展到极致的时候出现了非理性主义,后来又出现了后现代主义,旨在解构理性主义和非理性主义,虽然这些不同的主义仍然是在逻辑思辨的基础上发展起来的,没有生成完全背离西方传统理性的类似中国情理哲学的流派,但是反映了西方哲学强大的内省能力和自我修正能力。这也体现于情感在西方哲学中地位的变迁。古希腊和中世纪,情感被视为激情、非理性因素而被贬低,到了近代,对情感的看法越来越正面化,情感的地位大幅度提升,对情感的研究也倾注了极大的热情,情感的作用被广泛扩展到不同领域。当代西方哲学开始转向合理性,这是在反思传统理性和非理性的基础上形成的一种新理性,它不仅包括对世界的批判,也包括对理性自身的批判。它要求人们动用一切智慧和资源,充分理性地衡量相关因素,而做出最佳最合理的决定。"由理性向合理性的转换也标示着哲学研究从'是'到'应当'的变换。'是'是对世界的本原的哲学追问,是对象性思维的提问方式;而'应当'是对世界、人以及人的行为应该怎样的哲学反思,是一种反思性的提问方式。"(伍志燕:53)这表明研究人和人的关系以及社会生活实践成了当代哲学的核心命题。当代西方哲学对合理性的看重也许不失为解救西方理性主义弊端的一剂良药。

　　再次,从实际情况来看,东西方文化的确在融合。日本这个传统的东方国家早在明治维新之后就主动实行西方化,不得不说是东西文化融合的一个绝佳例子。除此之外,缅甸、越南、印度等亚洲国家由于西方列强的入侵,被迫接受了西方文化的植入,但不能说这些国家都全盘西化,没有保留任何本土文化的特点。再反观西方,东方文化越来越受到欢迎,无论是美食服饰,还是文学艺术。随着全球化的深入发展,伴随着一国商品在世界各国销售这一现象的,还有观念、思想、文化在全世界的传播,造成了不同文化之间的碰撞、交融。虽然在这个过程中,强势文化对弱势文化造成了一定程度的冲击,但是全球化并不意味着西化,本土文化在与入侵文化抗衡的时候也会焕发出新的生机,就如汤林森(Tomlinson)所说,"身份远非被全球化蹂躏的那朵脆弱的花儿,相反应被看作可以与资本主义全球化的向心力相抗衡的本土文化不断上升的活力"(Tomlinson:161)。梁的观点其实将文化看成孤立隔绝的实体,过于强调文化差异和文化边界的绝对性而未认识到文化之间的可渗透性和可杂交性。其实西方文化和中国文化都是多元文化杂糅而形成的。全球化理论家阿皮亚(Appiah)指出,"文化纯正性是一个自相矛盾的词语"(Appiah:113),因为所谓的原生文化都是"污染"的结果,"试图找到一些原始的纯正文化就像剥洋葱"(Appiah:107)。全球文化融合是一种现实的存在,也是一种必然的趋势,我们应该对此保持开放的态度,支持并鼓励其发展。

引用文献

[1] Appiah, Kwame Anthony. *Cosmopolitanism: Ethics in a World of Strangers*. New York: W. W. Norton, 2006.

[2] Tomlinson, John. "Globalization and Cultural Analysis". *Globalization Theory: Approaches and Controversies*. Eds. David Held and Anthony McGrew. Oxford: Polity, 2007.

[3] 艾恺:"二十一世纪的世界文化会演化至儒家化的文化吗?重新阐释梁漱溟的《东西文化及其哲学》",《读书》,1996 第 1 期。

[4] 邓晓芒:"西方哲学史中的理性主义和非理性主义",《现代哲学》,2011 年第 3 期。

[5] 冯友兰:《中国哲学史(上)》,生活·读书·新知三联书店,2008 年。

[6] 海德格尔:《形而上学导论》,商务印书馆,1996 年。

[7] 胡军方:"西方伦理学中情感与道德关系的历史变迁",《国外社会科学》,2015 年第 2 期。

［8］康德:《判断力批判(卷 1)》,宗白华译,商务印书馆,1964 年。

［9］梁漱溟:《东西文化及其哲学》,商务印书馆,2010 年。

［10］李景林:"直觉与理性——梁漱溟对儒家理性概念的新诠",《人文杂志》,2005 年第 2 期。

［11］蒙培元:《情感与理性》,中国人民大学出版社,2009 年。

［12］蒙培元:"从心灵问题看中西哲学的区别",《学术月刊》,1994 年第 10 期。

［13］蒙培元:"中国哲学中的情感理性",《哲学动态》,2008 年第 3 期。

［14］蒙培元:"论中国传统的情感哲学",《哲学研究》,1994 年第 1 期。

［15］蒙培元:"人是情感的存在——儒家哲学再阐释",《社会科学战线》,2003 年第 2 期。

［16］吴全兰:"试论梁漱溟对'真情'的推崇",《新疆大学学报》(社会科学版),2004 年第 1 期。

［17］伍志燕:"从'理性'到'合理性'——兼论西方哲学的发展脉络及转向",《前沿》,2012 年第 1 期。

［18］赵德志:《现代新儒家与西方哲学》,辽宁大学出版社,1994 年。

巴特勒与表演性理论^①

何成洲

南京大学

20世纪50年代,英国语言哲学家J.L.奥斯汀从行为的角度研究语言,发现并阐释了"施事"(performative)行为,开创了言语行为理论。美国哲学家约翰·塞尔(John Searle)在奥斯汀的基础上进一步完善了该理论,解构主义大师德里达对语言学领域的"施事"行为理论加以批评和解构,并引发前者针锋相对的辩论。这一持续二十年的学术争论相继卷入一大批不同阵营的学者,使得"表演性"(performativity)^②概念成为一个充满活力的关键词。不过,真正使得"表演性"成为人文社会科学"流行话语"的,是美国哲学家和当代杰出思想家朱迪斯·巴特勒和她的性别研究。巴特勒与表演性理论的关系可以简单表述为:一方面,表演性是巴特勒的思想资源,是她的性别研究以及后来文化、政治批评的理论基础。巴特勒尤其借鉴了德里达从语言和文化的视角对于"表演性"的重新解读和理论阐释。另一方面,巴特勒第一次以性别、身体为基础建构了一种新的表演性理论体系,丰富和提升了表演性理论的内涵,扩大了表演性理论的影响。也许,我们可以说,没有表演性理论就没有巴特勒的性别研究,而没有巴特勒也就没有表演性理论的今天。

时至今日,"表演性"已经被广泛应用在语言、文学、文化、表演、政治和法律等不同学科的研究中。德国著名学者艾利卡·费舍尔-李希特曾在《表演性的美学》一书中这样说:"当'表演性'这个术语已经在它原来的语言哲学学科失去影响的时候——言语行为理论曾经宣扬这个观念'言说就是行为'——它在20世纪90年代的文化研究和批评理论中迎来了自己的全盛

---

① 本文曾刊登于《外国文学评论》,2010年第3期。

② 英文单词"performative"和"performativity"在不同的学科和语境下的意义差别很大,在中文里面有多种多样的译法。鉴于本文主要讨论"performativity"理论在文化研究中的应用,而将它翻译成"表演性"。至于"performative"在早期语言学里的运用,则将它翻译成"施事"(顾曰国)。

期。"(Fischer-Lichte：267)① 可以想见的是，这一概念的内涵已经远远超出奥斯汀原来使用时的语义范畴，而且不同学科的学者在使用的时候也会赋予它不同的含义，因而往往有不同的解释。本文围绕美国批评家巴特勒对表演性的阐释，尤其是她在性别理论中对于表演性的"挪用"，分析构成文化研究中表演性理论的主要思想，探讨它对于当下开展学术批评的意义。在分析巴特勒表演性理论之前，有必要了解一下表演性理论的形成，尤其是奥斯汀、德里达的有关理论和批评观点。

一、奥斯汀、德里达与言语行为

1955 年英国牛津大学语言学家 J. L. 奥斯汀应邀在哈佛大学做关于语言和行为的系列讲座（一共 12 讲），据说当时听众的反应极其冷淡。等到 1960 年奥斯汀去世以后，人们将他当年的讲座手稿整理出版，书名叫作《如何以言行事》（*How to Do Things with Words*，1962）。在随后的几十年中，这本书在人文学科逐渐流行开来，引发学术界的广泛讨论，直接启发了 20 世纪后半期不同领域内的理论创新。

奥斯汀在他的研究中首先质疑当时英美语言哲学界的传统语言观，也就是：语言的使用从本质上讲是陈叙的（Constative），目的是生产非对即错的描写或者记述。在批评这种陈叙性语言规则的同时，奥斯汀指出，我们的言语表达可以是"施事的"（performative），因为它们能够改变现状，这与传统的语言认知有很大的不同。传统语言学认为"语言行为反映这个世界"，但是奥斯汀的言语行为理论认为它"有能力改变世界"——不仅仅是产生后果，比如劝说你的讲话对象，让他们感到开心，或者令他们震惊；而是说，有些言语表达本身就是行动。奥斯汀书中经常为后来人引用的一个例子是，在结婚仪式上，新郎和新娘在回答证婚人问"你是否愿意娶她为你的妻子"或者"你是否愿意接受这个人为你的丈夫"时，说"我愿意"。另一个例子是，在新船命名的典礼上，有嘉宾宣布"将这艘船命名为伊丽莎白女王号"。在奥斯汀看来，这里讲话本身就是执行一个动作。"通过这些例子，我们可以清楚地看到，讲一句话（当然在合适的情形下）并不是描述我在话语中交代的行为，或者声明我在行动；讲这一句话本身就是行动。"（Austin：6）

---

① 该书原来的德文标题是"Ästhetik des Performativen"。

在区分和界定了言语的施事行为之后，奥斯汀随后指出，施事行为能否生效取决于恰当的情境。如果所有的条件都满足了，一个施事行为可以说是"适切的"（"felicitous"或者"happy"）。关于在什么情况下会产生"不适切的施事行为"（infelicitous performative），奥斯汀具体提到了戏剧和文学的语言。他解释说，"比如，如果一个施事的话语由舞台上的演员所说，或者出现在一首诗中，又或者包含在独白里，那么它有可能是空洞或者无效的"（Austin：21-22）。奥斯汀强调指出，言语行为理论不包括这些"不严肃的施事行为"（non-serious performative）。奥斯汀的一些学术继承者们往往将这一点看作他整个理论的基石。另外有些人感兴趣的是怎样把奥斯汀有关表演性的分析运用于文学语言的批评。其中，奥斯汀的学生、美国语言哲学家约翰·塞尔，更是在奥斯汀的基础上对文学语言的"不严肃性"加以了系统论述。塞尔将非直接、修辞性的和不严肃的语言使用归入"寄生性话语"（parasitic discourse）的范畴，同时认为文学语言总体上属于"寄生性"和"派生性"。他的文学语言理论的出发点是，认为与日常语言相比照，文学语言的本质是"反常的"。这是因为文学作品里的语言是没法与事实进行对照以检验是否属实，而且也不需要如此。

与塞尔全盘接受并发挥奥斯汀关于文学语言的"寄生性"相反，德里达以他标志性的解构策略对奥斯汀的观点加以批判性解读。同塞尔一样，德里达的批评也是从奥斯汀关于文学语言的"寄生性"入手。所谓文学语言的"寄生性"，就是说，戏剧和文学作品中的施事行为一定是模仿日常生活中"严肃"的话语行为，是从现实中派生出去的。德里达认为，这种说法里面不可避免地含有一种价值判断，那就是，"寄生性"的东西是没有价值的，是必须依附于"主体"才能存在的。换句话说，它的生命是"主体"所赋予的。在一定意义上讲，文学语言的这种"次要"和"从属"地位意味着，文学作品的话语是对现实中原有话语的"引用"（quotations or citations）。关于这一点，德里达又重新回到奥斯汀的有关论述，尤其是他曾经强调"严肃的"话语施事行为在本质上是"可重复的"（iterable）。也就是说，所谓的"严肃性"话语必然是对现存的书面语言的"引用"。德里达说："一个施事的话语如果不是重复一个'编码'的或者说可引用的话语能成功实现其功能吗？换句话说，如果我们在会议开幕式上的致辞、新船下水仪式上的发言或者婚礼上证词不符合已有的规范，或者说，不能被看作一个完美的'引用'，那么能产生应有的效果吗？"（Derrida：18）既然日常生活中施事的言语本身就是某种"引用",那么就很难区分什么是本原的,什么是派生的。德里达试图用奥斯汀的"矛"戳他的"盾",揭示奥斯汀言语施事行为"二分法"(严肃性 vs 非严肃性)背后的教条主义逻辑。

德里达进一步认为,可重复性是语言的本质特征,无论口语还是书面语,日常语言还是文学语言;任何语言单位要想实现其交流的功能,就必须是可重复的。但是,语言单位的可重复性绝不简单地意味着"同一性";恰恰相反,可重复性的前提条件是它们是差异的。这是因为,当一个语言单位或者符号再次出现时,它一定处在不同的结构或者语境中。也就是说,一个再次出现的语言符号是不可能等同于自己的。这类似于通常所说的:一个人不可能两次踏进同一条河流。因此,差异性是"绝对的"。这里的关键问题在于,语言符号必须存在于一定的语言和社会语境当中,而且它还能够"脱语境化"和"再语境化"。这就是德里达强调的语境的"开放性"和语意的"重新意指"。

德里达后来继续对"可重复性"问题加以深入探究,从而揭示出其中的另一种矛盾性。就言语行为而言,可重复性是生成性的,赋予言语特定的意义,实现语言的交流功能。与此同时,可重复性意味着言语行为必须遵循语言的传统规则,只有满足条件的言语行为才能生效。换句话说,可重复性既是言语行为生效的条件,也是它失效的缘由。可以见得,这个概念包含着矛盾的、同时又是相互依存的对立面。德里达关于"引用"和"可重复性"的论述在解构奥斯汀言语行为理论的同时,为表演性理论的发展奠定基础,是认识巴特勒性别表演性理论不可缺少的参考和线索。

二、巴特勒、性别麻烦与表演性

在女性主义之前的性别话语中,通常将身体(body)、社会性别(gender)和性欲(sexuality)不加辨析地捆绑在一起,身体决定性别,也决定性欲。女性主义强烈质疑传统性别观上的这种决定论。但是长期以来,女性主义为了维护女性的共同利益,通常将女性稳定的身份建构在男性和女性的二元对立基础之上,从而赋予女性统一的政治立场:反对父权制。巴特勒认为,女性主义在批评传统性别观的同时,沿袭了一些传统的性别思考方式和观点,从而束缚了女性主义的理论和政治事业。其中一个关键问题是,女性主义坚持认为性别差异是根本性的,是女性心理和主体性形成的条件。在这一方面,巴特勒受到法国女性主义批评家波伏娃的影响,后者有句名言:女人不是天生的,而是后天形成的。尽管波伏娃承认性别差异,但是不认为身体决定性别;或者说,虽然人的性属是既成事实,但是他/她的性别身份是开放的,也就是说,是可以改变的。

在她的里程碑著作《性别麻烦》(1990)一书中,巴特勒试图解构性别和性欲的稳定性,质疑性别属性的自然性。她以她那标志性的怀疑和批判语气连续问道:"性究竟是什么? 它是自然的、解剖的、染色体的,还是荷尔蒙的? 女性主义批评家该怎样评估那些打算为我们提供事实的科学话语? 性是否有一个历史? 是否不同的性有着不同的历史? 是否存在一种能讲述性的双重性是如何形成的历史叙事? 能否找到一个能揭示性的二元选择为易变建构的话语谱系? 那些看上去自然的性事实难道不是由各种各样的科学话语为了服务其他政治和社会利益而推论出来的吗?"(Butler:10)在巴特勒看来,性别主要是一种文化和社会建构,性别的二元划分是"强加的"。对于性和性别是社会建构这一观点,不仅人文和社会科学的学者这样认为,而且也越来越得到自然科学和医学领域的学者的支持。美国著名生理学教授安妮·福斯特-斯特林(Anne Fausto-Sterling)在《区分身体的性》(*Sexing the Body*)中写道:"男性和女性的性别划分是一个社会决定。我们可以使用科学知识来帮助我们做出这个决定,但是其实只有我们对于性别的信念,而非科学,能界定我们的性。更进一步讲,我们对于性别的信念从一开始影响了科学家们建构什么样的有关性的知识。"(Fausto-Sterling:3)

巴特勒认为性别是文化建构而非自然事实,但是性别身份与文化的关系如何? 性别建构是怎样一种过程? 个人的主体性是如何体现的? 早在"表演性行为与性别建构:关于现象学和女性主义理论"(1988)一文中,巴特勒即借鉴言语行为、戏剧表演和现象学等有关理论,讨论性别是如何通过身体和话语行为的表演构建的,以及这种性别表演性观念对于文化变革具有的潜在意义。巴特勒说:"身体不仅仅是物质的,而且是身份持续不断的物质化。一个人不单单拥有身体,而更重要的是他执行(do)自己的身体。"(Butler 2:1098)身体是一种历史存在,取决于特定姿态和动作的重复表演和生产。身体行为本身赋予个体身份认同,无论是性别、种族还是其他方面的。

在《性别麻烦》中,巴特勒进一步指出:"如果性别是一个人要成为的对象(但是永远不可能完全实现),那么性别就是一个成为或者动作的过程。

性别不应该被用作一个名词，一个本质的存在，或者一个静态的文化标签，而应该被视为不断重复的一种行为。"(Butler：43)性别行为必须遵循一定的规范(norms)，需要经历正常化的过程，在规范的限定范围内重复，并形成自我和主体性。这里，巴特勒借鉴了福柯，尤其是《规训和惩罚》和《性史》。在福柯看来，社会的各种机构和话语构成了种种权力的生产性模式，民众在压制性的机制下生活，获取自己的主体性认知。在这个基础上，巴特勒阐明了自己的性别观念，即性别不是内在固有的，而是由规训的压力产生的；这种压力规范我们的表演，也就是说，按照社会认为适合某种性别的方式来行事。但巴特勒同时指出，在主体认知过程中，权力运作并不只是通过压制欲望实现的，而是"强制身体将那些抑制性的法则作为他们行为的本质、风格和必然存在而加以接受和表现"(Butler：171)。巴特勒在性别理论的建构过程中受到福柯很大启发，但是福柯的性理论(严格地说，是巴特勒在这一阶段所认识的福柯)同时也限制了巴特勒的理论思考，那就是，认为性和主体是权力运作的产物，身体自身的能动性没有得到充分重视。

就性别身份而言，性别规范通过身体的行为来对主体性的建构起作用。行为、姿势和欲望构成身份认同的要素，但是这些行为和姿势是表演性的，因而它们所表达的性别身份带有虚构性，是通过身体和话语符号来建构和维持的。为了更充分说明性别缺乏内在的本质，巴特勒引用美国人类学家埃丝特·牛顿在《母亲营：美国的男扮女装》中关于异装表演的描述(Newton)。巴特勒认为易装表演表明不存在本质性的性别身份，性别的指称不能囿于非此即彼的话语模式，性别在本质上是建构的。在这个基础上，巴特勒在性别与表演之间建立了直接的联系和类比。她的性别戏仿说认为性别没有一个原初的样本，所谓限制性别的原初身份不过是"没有原初的模仿"。巴特勒在这里直接参考了 F. 詹明信的文章《后现代主义与消费社会》中关于"所谓原初的其实是派生的"的论点(Butler：176)，但是她这里没有联系到前面提到的德里达关于"引用"和"重复性"的相关论述。关于后一点，直到下一本书《身体的重要性》才受到重视并成为诱发巴特勒思想转变的"酵母"。

如果身份并非只是物质"存在"，而是一个能够被改写的文化场域，那么，身体的性别，在巴特勒看来，就是"肉体的风格"(styles of flesh)，但是这些风格不是自在的，而是历史性的，意思是说，是历史界定的和限制的。作为一种仪式化的社会行为，性别是表演性的，不仅具有戏剧性，也带有建构性。以下就是巴特勒在《性别麻烦》中常被引用的那段话：

> 性别不应该被解释为一个稳定的身份，或者能导致各式各样
> 行为的代理场所。性别宁可被看作在时间中缓慢构成的身份，是
> 通过一系列风格化的、重复的行为于外在空间里生成的。性别的
> 效果是通过身体的风格化产生的，因而必须被理解为身体的姿势、
> 动作和各种风格以平常的方式构成了一个持久的、性别化的自我
> 的幻觉(Butler，179)。[1]

值得强调的是，这些具有性别特征的行为是可重复的。表演性行为通过重复生成我们的性别主体性。但是这并非表明身体是被动的，因为我们的身份认同是必须经过身体体验的过程。巴特勒对于身体的被动和主动辩证关系的认识有待在以后的著作中加以完善。

三、巴特勒、身体规范与能动性

《性别麻烦》出版以后，立即在西方学界受到广泛赞誉，但也引起一些批评，不少学者质疑巴特勒提出的性别身份的"虚构性"。这促使巴特勒对自己的性别表演性观点加以反思，并于 1993 年出版了她的另一部重要著作《身体的重要性》[2]。困扰她早期性别表演理论的一大难题是如何消弭和整合性别唯意志论和性别决定论这一对矛盾。在《身体的重要性》一书的前言中，她首先批评了性别的唯意志论。她说："假如我认为性别是表演性的，那可能意味着我是这样想的：一个人早上醒来，查看了衣橱或者其他类似地方，思量好性别的选择，按照这个性别穿上这一天的衣服，晚上回来将服装放回原处。这样一个任性、能选择自己性别的人显然是拥有不同性别的，他没有认识到他的存在其实早就为他最初的性别所决定。"(Butler 3：Ⅹ)如果表演性被这样解读，那么显然过分强调了主体的个人意愿，这与该理论有关性别是社会建构的基本思想相背离。接着，巴特勒问道："如果性别不是

---

① 巴特勒在 1988 年的文章"Performative Acts and Gender Constitution"中有过类似表述，但没有像这里一样展开论述(Judith Butler，"Performative Acts and Gender Constitution"，1097)。

② 巴特勒自己在书中说该书是"对《性别麻烦》中部分内容的重新思考"(Butler 3：ⅻ)。

可以任意接受或者取消的，或者说不是可以选择的，那么我们怎么理解性别规范的构成性和强制性特征而不会掉进文化决定主义的陷阱呢？"（Butler 3：X）不论是"决定主义"还是"选择主义"，都必须以性别的"建构"观念为基础。《性别麻烦》虽然强调性别不可能脱离文化建构，但没有充分解释身体物质性所起到的作用。正如她的书名《身体的重要性》所直接指出的，巴特勒在这里将探讨身体在性别身份形成中的能动性，尤其关注身体的物质性与性别的表演性之间的关系，回应学界对《性别麻烦》的一些批评。

如果说巴特勒在《性别麻烦》中的性别表演性分析还是以她对表演研究和言语行为理论的零星认识为基础，那么她在后一本书中的性别表演性研究开始正式引入德里达关于表演性的系统论述，或者更准确地说，德里达的"引用性"和"可重复性"等概念启发和深化了她对于性别表演性的阐述（Lloyd：43）。该书开头不久写道："但是性别表演性与身体物质化之间是什么关系？首先，表演性不应该被理解为单一的、有目的行动，而要被看作重复的、引用的实践，话语正是借助它来对身体发生作用的。"（Butler 3：2）巴特勒希望说明，性的规范正是通过这种表演的方式生产身体的物质性，或者换句话说，将性差异物质化。性别的规范是重复性的，必须在重复中发生作用，这也意味着它们同时也是脆弱的。"引用性"消除了规范和身体能动性之间的本质差异，性别身份是性别行为反复表演的效果，无所谓本质主义的"性别身份"。巴特勒的性别表演政治揭示了身份认同的普遍表演性。而表演性，在巴特勒认为，可以被看作"引用的"。对德里达和他"引用性"理论的借鉴帮助巴特勒克服"决定主义"和"选择主义"之间的分歧（Allen：462-463），成为她性别表演理论新旧转折的关键环节。

性别表演性是指身体通过引用和重复已有的规范持续不断地对身份认同产生作用，但是重复性表演并非被动的，它在实施过程中同时产生对规范的抵制力量，削弱了规范的强制效果。巴特勒说："引用必然同时构成一种对于规范的阐释，进而揭示规范本身也不过是一个有特权的解释。"（Butler 3：108）性别的认同过程既包含对于规范的妥协，也包含对于规范的抵制以及在此基础上产生的偏差。对此，巴特勒解释说："性别形成的过程，也即规范具体化的过程，是一项强制的、带有胁迫性的实践，但是这并不是因为这一过程完全是规定好的。所谓性别是一项任务，一定程度上意味着它的执行从来不会是圆满的，它的执行人绝不能够不折不扣实现他/她应该完成的目标。"（Butler 3：231）

　　除此之外,巴特勒还赋予表演性重复和引用一定的颠覆性,与克里斯蒂瓦等人不同,巴特勒认为这种颠覆性是文化内的,而非文化外的。在"性别在燃烧:挪用和颠覆的问题"一章中,巴特勒引入阿尔都塞关于质询对主体形成影响的理论,但她同时指出这种质询也可能产生一系列的"不服从"。规则不仅有可能被拒绝,也可能"产生断裂,不得不重新来加以解释,从而让人们对它的片面性产生怀疑。正是由于这一表演性的失败,也即话语的规范力量和执行之间的差距,为以后的不服从在语言层面提供了条件和方便"(Butler 3:122)。巴特勒尤其谈到假如质询或者规则本身就是带有暴力的伤害性,那么这种主体建构的过程必然更加复杂和充满波折,在制裁和建构的角力中孕育着颠覆性的反抗力量。以上这一点超越了斯皮瓦克关于"侵犯与准许"(enabling violation)的论述,构成巴特勒"酷儿理论"(queer theory)的要旨。

　　由此可以看出,性别的表演性与性规范的权力不可分开,权力/话语作用下的主体能动力并不能表明主体拥有选择的权利。所以,巴特勒一会儿说身体是如何被建构的,一会儿又强调身体是如何抵制建构的。对研究问题中矛盾性的追究和阐释似乎已经成为巴特勒写作和思考的一种风格(Davies:10)。正是在探索和思考主体性、性别、性欲和表演性的复杂关系中,身体的重要性得以彰显。后来在《消解性别》(2004)一书中,巴特勒进一步指出性别的表演不是孤立的,而是在群体中共同完成的。"我们从来不是单独'执行'(do)我们的性别,而总是与他人一起共同'执行',尽管也许这个他者仅仅是虚构的。"(Butler 4:1)

　　对巴特勒而言,表演性既具有正常化的力量,同时也包含抵制它的反作用力,这里包含着黑格尔的辩证法,同时又超越了它——主要区别在于放弃统一性,注重差异性,因而被称为"不统一的辩证法"(non-synthetic dialectic)①。通过反复回归德里达,巴特勒不断升华自己对于表演性和身份的认识。如德里达所说,引用的意义在于具体的语境。语境的变换可能赋予被引用的行为不同的意义。一个极端的、经常被提到的例子是"怪异"。这个词原先是带有侮辱性的,但是同性恋运动和理论界以此标榜自己,以致

---

　　① 巴特勒在她的博士论文中重点研究了黑格尔,修改后的博士论文 Subjects of Desire: Hegelian Reflections in Twentieth-Century France,1987 和 1999 年由哥伦比亚大学出版社出版。巴特勒融会了黑格尔的辩证法,同时受德里达和福柯的影响(Lloyd:19)。

有了今天的研究领域"酷儿研究"。重复和引用"怪异"术语的目的和后果是彻底颠覆了它的原来语义。这就是,巴特勒、德里达和其他后结构主义者经常提到的"重新意指"(resignification)。从 90 年代后期开始,巴特勒运用有关理论进一步开展政治与文化批评。比如,在《激动的话语——表演性的政治》一书中,巴特勒通过回归奥斯汀的语言哲学,对法律和法庭判决的文本加以细读,揭示表演性"重新意指"对伦理和法律批评的应用价值(Chambers & Carver:13)。① 有关表演性与巴特勒政治批评的关系将列专题加以讨论。因此,严格意义上讲,本文主要探讨了巴特勒的性别表演性理论,而非她表演性理论的全部。

四、巴特勒表演性理论的影响及其批评

巴特勒的表演性理论不仅对妇女和性别研究产生了深远影响,而且已经并且正在对整个文化研究和批评理论产生影响。其中,巴特勒与表演研究之间的关系尤其引人瞩目。巴特勒经常被看作"将表演性理论和表演理论交叉起来的人"(Loxley:140)。她的那篇收入《表演性与表演》一书的文章"有争议的行为和伤害性的言语",对表演研究十分重要(Butler 5:197-227)。巴特勒在写作中经常引用表演的例子,比如同性恋异装表演(Butler:174-180)。在理论阐释中,她也常借助戏剧的概念来类比,比如,那些重复的性别行为被比作"身体的一种仪式化的公共表演"(Butler,277)。之后,表演性概念逐渐成为表演研究的一个核心概念。德里达和巴特勒对于非严肃性话语行为的解构意味着,在舞台的虚幻表演和现实真相之间不存在一个清晰的界限,表演中有真实,真实中有表演,反再现的戏剧和表演成为主流。生活与艺术的区别被模糊,艺术回归生活本身,造成"日常生活的艺术化"。当今,表演研究的重要理论家,像美国的理查德·谢克纳和德国的艾利卡·费舍尔-李希特都非常重视巴特勒的表演性理论,并从中吸取思想的灵感。

谢克纳在《表演研究》一书中对表演的定义非常宽泛,不仅包括"仪式、戏剧、体育、大众娱乐、表演艺术,也包括社会、职业、性别、种族和阶级角色

---

① 巴特勒其他政治批评的书主要有:J. Butler, E. Laclau and S. Zizek, *Contingency, Hegemony, Universality*: *Contemporary Dialogues on the Left*. London: Verso, 2000.

的扮演,甚至包括医学治疗、媒体和网络等"(Schechner:2)。他接着指出,表演的潜在概念是任何"架构、表现、强调和展示"的行为。表演研究的对象与表演性研究的范畴有相当大的重叠。难怪,谢克纳在《表演研究》中声称,"事实上,表演性是整个这本书主要的,潜在的主题"(Schechner:110)。谢克纳认为,巴特勒的理论不仅对于性别研究,而且对于表演研究也有重大的贡献。莎士比亚说过"整个世界就是一个大舞台",巴特勒无疑就是这一观念的实践者。巴特勒将同性恋性别表演政治化,解构男权统治和异性主义的社会秩序。谢克纳虽然同意性别表演观具有反抗和挑战传统的价值,但是同时提出一个问题:"如果个体是暂时占有并且能够一定程度上改变他的'真实'的身份,那么是否存在一个永久的身份,或者说一个持久不变的漂泊的灵魂?"(Schechner:133)谢克纳的这个问题不是孤立的,而是反映出一种对巴特勒的普遍质疑。

费舍尔-李希特的著作《表演性的美学》既包含对巴特勒的借鉴,也含有对她的回应。她借用巴特勒关于性别身份的辩证分析,认为表演性行为的风格性重复生成了身份认同,个人不能控制身份建构过程的条件。他们不能自由选择接受哪种身份,但是个体的身份认同也不是社会规范决定的。社会与个人、现实和虚构、规范与表演不是截然对立的。费舍尔-李希特承认这种身份认同理论对于表演研究有很大的启发,该书的中心议题"作为事件的演出"就是要消除表演和观看的二元对立,因为这些演出事件既是真实的,又是艺术的。但是,费舍尔-李希特认为巴特勒的理论虽然与戏剧和艺术有关联,但是主要还是讨论日常生活,几乎很少涉及戏剧审美过程。她借用德国戏剧理论家马科斯·赫尔曼(Max Herrmann)的戏剧理论来对话巴特勒的表演性理论。"赫尔曼认为表演绝不是先前给定事物的再现或者表现,这一点无疑与巴特勒、奥斯汀对于表演的定义是一致的。对他来说,表演是一种真正的创造,表演的过程牵涉到所有的参与者,从而赋予表演具体的物质性。在这里,他的表演观超越了奥斯汀和巴特勒,因为它的重点是表演当中主/客体、物质性和符号性之间流动的关系。"(Fischer-Lichte:36)赫尔曼指出的主体与客体、物质性与符号性之间不稳定、流动的关系,其实类似我们今天在文化研究中常说的自我和他者之间的"灰色地带"。这一点,有待于在今后的表演性理论中加以深化。

巴特勒的性别表演性理论从一开始就受到各种各样的批评,她也一直在回应这些批评的过程中深化和发展自己的理论体系。总体来看,针对巴特勒的批评主要有以下两点。首先,认为巴特勒的理论失去了道德的标准。表演性理论强调,在不同的语境下表演性重复过程包含一种抵抗,规范的"重新意指"会产生一种差异性。但问题是,提倡这种抵抗的效果是积极的,还是消极的? 是正义的,还是反动的? 在表演性的主体建构过程中,个体如何履行道德责任和义务? 詹姆斯·洛克斯雷提出:"要超越表演性的概念,为了民主和道德的目标我们必须拯救规范性。"(Loxley:138)南希·弗雷舍批评巴特勒"放弃了那些用以解释她理论中隐含的规范性判断所必需的道德理论资源"(Fraser:162)。由于巴特勒的这种放弃,我们时常对于是否应该赞同她的理论观点而产生困惑和彷徨。

其次,由于对于集体权力、女性和其他性别少数群体团结协作的忽视,巴特勒的表演性理论被批评为"政治上虚弱"(Jagger:16)。长期以来,女性主义坚持一种反对社会性别歧视的立场,联合其他组织,为社会平等的事业而努力。巴特勒质疑存在"女人"这个概念本身,强调女性身份的差异性。巴特勒的激进身份认同政治的一个后果是,使得构想女性群体的权力变得困难。艾米·阿伦指出:"巴特勒对于'女性'类别的抵制让群体权力的理论化变得困难,而女性团结的力量一直是支持和滋养女性主义运动的关键。"(Allen:467)而对玛莎·诺斯鲍姆来说,巴特勒的性别理论忽略"真实女性的真实处境",漠视"那些遭受饥饿、缺少教育、面对暴力和性侵犯的女性的痛苦"(Lloyd:46)。同样,乔蒂·迪安认为巴特勒等第三阶段女性主义者不重视女性的团结,她们的理论"不能解释我们生活当中那些积极的交流层面"(Dean:66)。在一定程度上,巴特勒被看作女性主义的威胁,而非它的继续。

不论是从伦理还是从女性主义政治的角度批评巴特勒和她的表演性理论,都不能否认巴特勒对于性别研究和当代思想产生的影响。巴特勒个人的酷儿身份让她对于女性主义的局限性有着深刻的洞见。也许,我们可以更进一步认识到,性别研究的理论探索不可能只存在一个政治目标,多元的交叉和互动才是它的生命力。

小结

本文既非为了论证巴特勒是怎样一位有影响的思想家——她已经被证明是"90年代被引用次数最多的理论家"(Lloyd:2),也不是为了全面梳理表演性理论,而是着重探讨巴特勒和表演性理论之间的关系:一方面巴特勒在她的理论发展的不同阶段深受表演性理论的启发,另一方面她又极大地发展和提升了表演性理论(巴特勒和表演性理论的关系似乎也吻合她的表演性理论中规范与能动性之间的辩证观点)。具体地讲,本文的研究重点包括:一是总结在巴特勒之前表演性理论的形成和发展,主要是奥斯汀、德里达等人对于"施事"行为的阐释和辩论;二是巴特勒的表演性性别理论在20世纪90年代早期的两个发展阶段,包括德里达、福柯等人的影响;三是分析巴特勒的表演性理论在人文研究中的应用,主要以表演研究为例来加以阐释;并在结尾回顾目前理论界对巴特勒表演性理论的一些反思和批评,思考进一步发展表演性理论的方向。表演性是目前人文社科研究领域的一个核心关键词,而巴特勒是当下西方主流思想家之一,研究巴特勒和表演性理论之间的互动关系因而有着一定的紧迫性和必要性。

引用文献

[1] 顾曰国:"导读",J. L. Austin, *How to Do Things with Words*. Foreign Language Teaching and Research Press,2002.

[2] Erika Fischer-Lichte, *The Transformative Power of Peformance:A New Aesthetic*, trans. Saskya Iris Jain. London:Routledge, 2008.

[3] J. L. Austin, *How to Do Things with Words*, J. O. Urmson and Marina Sbisà (eds.), 2nd edition. Cambridge:Harvard University Press, 1975.

[4] Jacques Derrida. *Limited INC*. Evenston, IL:Northwestern University Press, 1988.

[5] Judith Butler, *Gender Trouble:Feminism and the Subversion of Identity*, 2nd edition. New York and London:Routledge, 1999.

[6] Anne Fausto-Sterling, *Sexing the Body:Gender Politics and the Construction of Sexuality*. New York:Basic Books, 2000.

[7] Judith Butler. "Performative Acts and Gender Constitution", in W. B. Worthen, ed., *Modern Drama:Plays/Criticism/Theory*. Fortworth:Harcourt College Publishers, 1995.

[8] Esther Newton, *Mother Camp:Female Impersonation in America*. Englewood Cliffs:Prentice-Hall, 1972.

[9] Judith Butler, *Bodies That Matter*. New York and London:Routledge, 1993.

[10] Moya Lloyd, *Judith Butler:from Norms to Politics*. Cambridge, UK:Polity, 2007.

[11] Amy Allen, "Power Trouble: Performativity as Critical Theory", in *Constellations*, 4. 4 (1998).

[12] Bronwyn Davies, ed. , *Judith Butler in Conversation*. New York: Routledge, 2008.

[13] Judith Butler, *Undoing Gender*. New York and London: Routledge, 2004.

[14] Samuel A. Chambers and Terrel Carver, *Judith Butler and Political Theory: Troubling Politics*. London and New York: Routledge.

[15] James Loxley, *Performativity*. London and New York: Routedge, 2007.

[16] Judith Butler, "Burning Acts: Injurious Speech", in Andrew Parker and Eve Kosofsky Sedgwick, eds. , *Performativity and Performance*. New York: Routledge, 1995.

[17] Richard Schechner, *Performance Studies: An Introduction*. London and New York: Routledge, 2002.

[18] Nancy Fraser, "Pragmatism, Feminism, and the Linguistic Turn", in Seyla Benhabib, Judith Butler, Drucilla Cornell and Nancy Fraser, eds. , *Feminist Contentions: A Philosphical Exchange*. New York: Routledge, 1995.

[19] Gill Jagger, *Judith Butler: Sexual Politics, Social Change and the Power of the Performative*. London and New York: Routledge.

[20] Jodi Dean, *Solidarity of Strangers: Feminism after Identity Politics*. Berkeley, CA: University of California Press, 1996.

On Network Transmission of US Dramas and Change of Chinese Audience Status

Cui Honghai, Zhang Yajun

Shandong Institute of Business and Technology

I. Introduction

US drama (or American TV series) entered China in 1979 when China introduced the first American TV series *The Man from Atlantis*. This science fiction drama for the first time let the Chinese audience feel the charm of US drama which caused quite a stir. On an October Saturday of 1980, *Garrison death squads*, another significant US drama for the Chinese audience and still remembered by many, came to the TV stage. In 1990, Shanghai TV Station introduced the family sitcom *Growing Pains*. Since then, the US drama has been active on Chinese TV screen (Liu, 2009: 64-67).

With the rise of new media and the convenience of the network, the mode of transmission of US drama in China is not confined to television any more. Related studies show that US drama in China has turned to the network and is quite popular on the Internet.

II. Successful Factors of US Drama on Network Media

A. The "Season" System of US Drama

The US drama "season" system of production and broadcast is

different from that of Chinese drama. The "season" system means that one drama often contains several "seasons", and one "season" has some 25 episodes. While the first few episodes of the "season" are broadcasting on TV, the last few episodes are being taken, which means both broadcasting and shooting are underway during the same time. Therefore, the development of the plot is often combined with current events and affected by the audience. In addition, the US drama broadcast mode is also different from that of Chinese drama: only one episode is aired for a whole week.

When American dramas are first introduced, the Chinese TV media choose to make them comply with the China TV drama habits, that is, to introduce the whole drama and to broadcast several episodes on a daily basis. This way of introduction and broadcast may not have much impact in the past, but in today's information age, the results will be very different. Viewers can watch the latest US drama by means of network.

Nowadays, within two days of the broadcast of a newly released US drama, the drama can be downloaded on the Internet with a complete version of the Chinese subtitles. Thus, it is the special feature of the "season" system of American television production and broadcasting, plus the convenience of network, that makes it possible for US dramas to turn from TV screen to the network transmission.

B. The Elements of US Drama

The elements of US drama itself contribute to its cross-cultural communication.

Firstly, the US TV series have a diversity of topics. Most Chinese drama topics tend to history for materials, while its modern drama topics have a high repeatability, lack of innovation. Nevertheless, the US drama has diverse topics. The classic types include sitcom, urban drama, gangster drama, sci-fi drama, adventure drama and so on. Chinese audience may seek one to his own favorite themes. Those who like comedy can watch *Friends*; Those who like urban life can select *the Sex and the*

City or *Desperate Housewives*; Those who like gangster drama can focus on *Prison Break* or *CSI*. In short, the various needs of the audience on the subjects can be met in the US dramas.

Secondly, American TV series often inherit the features of American movies. The structure is both innovative and imaginative, and the plot develops unexpectedly, but not sloppily. Relatively speaking, most of China's TV series are adopted according to the novel. Few are specifically written for TV, thus they are more like ordinary dramas. In terms of visual effect, American TV series pursue visual enjoyment and spare no effort to perfect the scenes, the makeup and the costume. It is evident that the differences of the American and Chinese TV series prompt the strong attraction of US dramas to the Chinese audience.

In addition, the hero complex and the idealism of American drama fit the pursuit of Chinese people. Regardless of how the topics are, the American hero complex and idealism are embodied in the US dramas. Though some scholars consider them as US hegemonic culture, in reality they fit the psychological needs of Chinese audiences under Market Economy (Zhou: 88–90). The perseverance and self-transcendence hidden in the hero complex and idealism accord with the current psychological pursuit of the Chinese people. China's domestic TV series tend to focus on traditional ethics and traditional culture, which are more favored by the older generations.

C. An Exotic Cultural Attraction

The beauty of the huge distance between Eastern and Western culture differences bring about tremendous attraction. Whether it is *Friends*, *Desperate Housewives* or *Prison Break*, all reveal the cultural diversity. The fundamental difference in culture, the particular response for a same event, and the exotic sceneries meet the psychological needs of the Chinese audience to seek novelty.

In addition, American TV series provide a quick mode to learn about all aspects of American social life. With the improvement of China's social, economic and cultural levels and the globalization, the link between China and the United States is increasingly close. More and more Chinese people are eager to know the United States. In line with the requirements of the times, US dramas open a wide window of American social life through the form of entertainment and leisure.

II. The Audience: from Passive Viewers to Active Participants

A. Passive "Magic Bullet Theory"

In history, there is a term called "magic bullet theory" in mass media. The magic bullet theory (or hypodermic needle model) is a model of communications suggesting that an intended message is directly received and wholly accepted by the receiver. The model is rooted in 1930s behaviorism. People were assumed to be controlled by their biologically based "instincts" and that they react more or less uniformly to whatever stimuli. The "Magic Bullet" theory assumes that the media's message is a bullet fired from the "media gun" into the viewer's "head" (Berger). Similarly, the "Hypodermic Needle Model" uses the same idea of the "shooting" paradigm. It suggests that the media injects its messages straight into the passive audience (Croteau). This passive audience is immediately affected by these messages. The public essentially cannot escape from the media's influence, and is therefore considered a "sitting duck" (Croteau). Both models suggest that the public is vulnerable to the messages shot at them because of the limited communication tools and the studies of the media's effects on the masses at the time (Davis).

There is no denying that in the era of shortage of information and channels, the media create a set of rules. They can abandon them arbitrarily at any time, so the audience become vulnerable groups in a true sense. The audience and the media are not equals, since the public discourse power is in the hands of the latter, who exercise the rights and naturally become the owner. The audience has no way but to accept their passive position.

B. Active "Uses and gratifications theory"

"Uses and gratifications theory (UGT)" is an approach to understanding why and how people actively seek out specific media to satisfy specific needs. UGT is an audience-centered approach to understanding mass communication. UGT discusses how users deliberately choose media that will satisfy given needs and allow one to enhance knowledge, relaxation, social interactions/companionship, diversion, or escape. It assumes that audience members are not passive consumers of media. Rather, the audience has power over their media consumption and assumes an active role in interpreting and integrating media into their own lives. Unlike other theoretical perspectives, UGT holds that audiences are responsible for choosing media to meet their desires and needs to achieve gratification. This theory would then imply that the media compete against other information sources for viewers' gratification.

With the development of science and technology, the audience gradually walks out of vulnerable groups, with an unprecedented initiative. It is said that on November 28, 2006, at the end of episode 13 of season 2, *Prison Break* announced the suspension of two months. A *Prison Break* fan in China wrote to FOX, and it reads: "We, the world's largest netizen group and the most active and most loyal audience of *Prison Break*, felt so desperate and angry when we heard episode 14 won't be released until late November 2007. We strongly urge FOX to change the plan, and episode 14 will be aired as usual. " Who can imagine, these "angry" fans were passive targets a few years ago!

No doubt that it is owing to the invention of the Internet. Take the US dramas as an example. US dramas are different from those of South Korea, where the latter rely on the propaganda of domestic television stations. US dramas rely more on the Internet first in a limited fiery small group, then to a larger circle. The biggest difference between TV and

Internet is that, even if you install a satellite TV with hundreds of channels, you still can not choose your favorite programs freely. The Internet, however, could be operated according to your needs, and all the initiative is in the hands of netizens. The audience finally has a complete control over the Internet, the eradication of channels schedules. The awakening of the active consciousness of the audience is inseparable from the development of the Internet. With the Internet, the global village concept is established. As long as there is a network, even if the Pacific Ocean is in-between, your feedback can be transmitted to the other side in a few seconds.

There are many commercial TV stations in America, thus the competition is quite fierce. The US TV series are usually shot and broadcast simultaneously. Audience is market, and market is what really matters. After market exploration and practice, the widely used method is to shoot a part of a TV series the first year. If the response is good, then continue shooting. However, considering the relaxation of the cast and crew and their extra work, the shooting schedule is usually arranged within 3 to 6 months, not the whole year! So such a shooting passage is called a shooting season, as a division of the whole TV series. Sometimes, when major events or holidays come, the shooting will also take a leave of several months. For example, the above-mentioned episode 14. It is said to make way for the AFC Championship. This broadcasting rhythm undoubtedly initiates people's appetite. On the other side, one episode each week provides the audience ample time for discussion. People can predict the next story, and each has a sense of participation.

In order to apply to the habit of Chinese TV media, US dramas will be released on Chinese TV only after plot-cutting and dialogue dubbing. In this way, they are more easily accepted by the Chinese audience with the familiar language and expressions. But in the process of translation and dubbing and cutting, the plot, characters and cultural connotation are weakened. With respect to this, the network shows a relaxing attitude towards US dramas, to which only Chinese subtitles are added. The network drama retains the plot of US drama, and the original pronunciation of the characters. It provides the audience with a relatively complete plot and full characterization. At the same time, English pronunciation also meets the need of the audience to learn English.

C. The Diversion of TV Audience and Network Audience

Data shows that the scale of Chinese Internet users reaches a tremendous number. The largest number of three age groups are respectively 10 to 19 years old (35.2%), 20 to 29 (31.5%), and 30 to 39 (17.6%). In other words, China's netizens have a younger tendency, compared with the comparatively older TV audience, and network is mostly middle-aged and young audience (Zhou 2: 6-7). This audience tendency, coupled with the characteristics of novelty, fantasy and mobility of US drama that attract young audiences, may partly explain why the US dramas are more popular on the network, and not warmly welcome on TV.

D. The Highly Educated US Drama Viewers

With the development of Chinese economy and culture, Chinese audience has increasingly diverse media means. Nowadays computer is as convenient as TV. Because of network versatility, audiences tend to have more contact with the computer. The network convenience and autonomy increase the audience's selection of watching US dramas on the internet. In addition, with the rise of the intellectual standard of the audience, more and more people are able to operate the computers, which provide technical support for the spread of American dramas on the network. The cross-cultural communication of US dramas is affected by TV series broadcast system, national culture, language differences, audience distribution and media technology. Under the particular Chinese environment, this impact causes the US drama to shift from TV media to network.

Most of the US drama audience is the highly educated people.

Compared with the ordinary audience, they possess more media resources and cultural resources. At the same time, they require a higher degree of quick plot rhythm, fascinating story and quality production, which are the advantages of US dramas, unmatched by Japanese and South Korean dramas. For example, *Prison Break* has a thrilling, exciting and unexpected plot. Suspension exists everywhere, and foreshadow is in every minute. All these grasp the audience's desire make it a hit in China. US drama audience is generally young and highly educated. This group of people, the social elites of the future, has a significant impact on mass entertainment with their choice of entertainment and their preference.

Ⅳ. Conclusion

Chinese audience's position is undergoing tremendous change! No one can be sure what the future development will be. After all, this is a rapidly changing era. To a certain extent, the audience and the media are mutually dependent and have a relationship of checks and balances.

The mode of transmission of US drama in China is successful, which is based on network communication and which is associated with their respective features of US drama, Chinese media, network media and audience. The change of audience from passive viewers to active participants also lays a solid foundation for its success. There are still some problems of US dramas in China, such as how to return to the traditional TV transmission, and how to minimize cultural discount phenomenon in cross-cultural communication, which all require the continuous efforts and improvement of the media people.

Today the world is still faced with the threat of a single culture. In this regard, the audience must have a clear and sober understanding and be well prepared. While immersing into the global culture, people should maintain sufficient vigilance to Western culture, take active measures to safeguard Chinese culture, and adhere to the independence of the national culture.

Works Cited

[1] Berger, A. A. , *Essentials of Mass Communication Theory*. London: SAGE Publications. 1995.

[2] Croteau, D. & Hoynes, W. , "Industries and Audience". *Media/Society*. London: Pine Forge Press. 1997.

[3] Davis, D. K. & Baron, S. J. , "A History of Our Understanding of Mass Communication". In Davis, D. K. & Baron and S. J. (Eds.). *Mass Communication and Everyday Life: A Perspective on Theory and Effects* (19-52). Belmont: Wadsworth Publishing. 1981.

[4] Liu, Qisheng, "Interpretation of the Influence of American Films and Plays on Chinese College Students from Cross-cultural Communication Perspective". *Journal of Hebei University of Economics and Trade (Comprehensive Edition)*, 9 (2009).

[5] Zhou, Yun, "On the Research of US Dramas in China". *Journal of Hubei University of Science and Technology*, 33(2013).

[6] Zhou, Hui, "The Affects of US Dramas on Chinese Youth's Value under Internet". *Journal of Jinan Vocational College*. 104 (2014).

消费文化中的女性悲剧[①]
——论《欢乐之家》中莉莉·芭特之死

孙 超

江苏理工学院

《欢乐之家》是美国著名女作家伊迪丝·华顿于 1905 年创作的独具风格的小说名篇。作品描述了纽约上流社会没落贵族小姐莉莉·芭特因家庭破产而寄人篱下,想要凭借自己的美貌与才智留在"欢乐之家",然而处处碰壁,最终失败走向死亡的悲惨故事。本文拟从消费文化的角度解读女主人公莉莉·芭特的人生悲剧,旨在阐明小说中 19 世纪末美国社会以"炫耀式消费"为特征的消费享乐主义价值观对主人公形成的深刻影响。消费主义使人走向物化并异化,莉莉·芭特不断处于消费文化中的"表演自我"和"真正自我"的矛盾挣扎中,最终沦为社会的牺牲品。

一、消费文化的形成

众所周知,长久以来,美国被冠以"消费社会"之称。综观美国的历史,消费在美国民众中广为提倡和实践,成为美国国家性格的一个界定性标签。19 世纪末 20 世纪初,由于第二次工业革命的影响,资本主义得到高速发展。现代消费主义文化在美国的产生有了经济基础。消费成为美国商业和流行文化的一个中心组成部分。商业性的娱乐,比如游乐园、剧院和舞厅,改变着城市面貌,为一种全新的不同的社会公共生活以及摒弃维多利亚时代的文化提供了舞台(Glickman:4)。这一时期,美国主流社会的价值观发生了变化。勤俭持家被炫耀式消费所取代。"美国当时中上阶级的大多数

---

① 本文是江苏理工学院 2012 年青年基金项目"文化研究视角下的伊迪丝·华顿小说研究"(项目编号:KYY12069)的阶段性成果。

人,耽于攫取更多的财富从而更奢侈地消费。"(潘小松:110)于是,消费、享乐成为这一时期的时代风尚。

19世纪末美国社会的消费文化主要以上流社会中流行的"炫耀式消费"为特征。社会学家凡勃仑(Thorstein Veblen)在其著作《有闲阶级论》中用"炫耀性消费""炫耀式休闲"等字眼来概括这一时期有闲阶层的生活方式。对这些上层人士而言,铺张浪费地消费奢侈品以显示其显赫的金钱方面的能力和社会地位成为第一要务。此外,有闲阶级也热衷于"炫耀式休闲"。在凡勃仑看来,花钱及消费休闲成为人们建立社会地位并获得声誉的有效手段,炫耀性地展示财富和有闲是向外界宣示其收入的标志,人们夸示性地消费如同为自身做广告以向人们展示其在社会等级中的优越地位。

在19世纪,消费又成为颇具性别化的现象。新的商业世界为妇女提供了更多休闲机会。对很多家庭来说,购物成为妇女工作的一种形式(Glickman:4)。而女性在消费中的社会角色表现为"替代性消费",以夸示她的家庭主人的赚钱能力,成为丈夫财富的展示者、装饰品。这一时期,视觉文化在消费文化中备受注重,人们更注重外表,女性形象变得商品化。到了19世纪晚期,美国社会淹没在越来越多的视觉形象中,消费文化朝着更视觉化的方向发展,这是一个明显的转向。女性的形象可以用来售卖并施加影响力。妇女出入于公共场所,成为被看的对象。女性被更加物化,被视作商品或某种文化偶像的代言人。

总之,19世纪末的美国处于一个转折时期,一个消费社会正在逐渐形成。"华顿对消费文化的运用深深植根于她的生活和创作,而作为现实现象和独立学科的消费文化正是此时被定义的。"(Totten:2)华顿的小说《欢乐之家》正是其创作时代的反映。

二、莉莉:消费文化中挣扎的自我

(一) 消费文化弥漫的纽约社会

主人公莉莉聪明美丽,有着高雅的情趣和追求,但因家庭破产而寄居于古板守旧的姑妈佩尼斯顿太太家。为了留在上流社会,莉莉的当务之急是找个"金龟婿"把自己嫁出去。

在"欢乐之家",奢侈浪费之风盛行,人们注重外表与形象。凡勃仑认为消费者对于商品的主要兴趣是象征地位的符号意义,有钱人消费休闲的目的就在于此。奢侈品的消费彰显了主人的身份、地位和权力。无论是旧富格斯·特莱纳、乔治·道塞特一家,还是新贵布赖夫妇,他们竭尽能事地举办盛大的宴会、舞会、休闲活动来展示其巨额财富和地位。

在上流社会,女性最关心的问题是婚姻。在消费文化的冲击下,女性对婚姻的态度也不再纯粹:婚姻俨然是个市场,被视作一桩投资买卖,女性处于填充装饰品的位置。从小所受的教育使莉莉认为传统的富贵婚姻是她人生唯一的目标。

纽约社会俨然是个剧院,人人处在看与被看的位置。消费事实上成为一种视觉现象及行为。从商品比如服饰、财产到购物、吃饭宴请或休闲,从体育活动到人们的言谈,一个人看来怎样以及在哪里被看到俨然与保持外表和形象关系重大(Edwards:130)。"系出名门的仪态及过生活的方式是作为符合炫耀式休闲及炫耀性消费准则的评比项目。"(凡勃仑:61)对富裕的家庭来说,要保持中上阶级的身份特征非常重要,而区分阶层的方式之一是看妇女的穿着。处于没落家庭的莉莉不得不处心积虑地装扮自己并寻找机会。

"炫耀性消费"影响着人们的思维习惯。整个社会弥漫着消费享乐主义的人生观。有闲阶级的生活方式对主人公莉莉的价值观产生了深刻影响。莉莉不像上流社会中的人那么势利自私,然而她实践着凡勃仑所说的炫耀性消费的理论。有闲阶级的女人在消费中的作用仅仅是"替代消费"者。她们经济上依附男人,除了填充装饰品的位置外别无其他能力,处于他者地位。因此,作为没落贵族,莉莉在婚姻市场上只能无奈地把自己装扮成消费品,售卖美丽外表与形象。为了维护并保住身份,莉莉把从姑妈那领得的零用钱大部分用于购买珠宝首饰及华丽衣服,炫耀性地装扮展示自己,想要融入并进而竭力留在纽约社会。无节制地在华丽衣饰、玩牌等方面的花销大大超过了她的经济支付能力,导致其陷入债务危机。虽然"知道自己玩不起",但是对奢华生活的迷恋和找个"金龟婿"的目标又使她在富人游戏中欲罢不能,备受煎熬。

(二) 莉莉:矛盾的自我

Susman 曾提到 19 世纪和 20 世纪的两类"自我"。19 世纪的人们注重"品格的自我",强调自制、自律;而 20 世纪的人们则崇尚"个性"自我,重视个性的发展,强调自我实现、自我表达和自我满足。这种从维多利亚时代到现代美国文化的过渡是社会文化的转型:20 世纪的"个性自我"逐渐替代了19 世纪人们所倡导的"品格自我"。在崇尚"个性"的新文化中社会对人们的角色期待是成为一名"表演者",每个美国人都将努力成为"表演的自我"(Susman:280)。这种表演也往往通过消费来帮助实现。

莉莉的人格中有着可贵的"品格自我"。她向往塞尔登所描述的"精神共和国",希望能在传播高雅情趣方面施加自己的影响来改造社会。遗憾的是,在当时的纽约上流社会,处于他者地位的莉莉只有通过婚姻来维持自己的经济生存,因而她的行为举止在形势所迫之下流露着表演的成分,她的社会自我俨然是个演员。莉莉完美地装扮自己,可以在社交游戏中扮演主角,没有女人比她更擅长摆出各种优雅迷人的姿态。正如她在去林柏克的火车上,在活人造景的表演中,莉莉有着优美的戏剧表演的天性,以及一种"能屈能伸的适应性"(华顿:37),以迎合外界的观看和欣赏。而从其他男性视角看来,无论是塞尔登还是暴发户罗斯戴尔等,莉莉的美都被当作物品或"艺术品"来欣赏。殊不知,作为一种被审美的物,莉莉为此付出了巨大代价。这种代价包括物质和精神两方面。一方面,过度的奢侈消费导致债务重压,天真的莉莉从居心不良的特莱那获得的投资红利使其更加误入歧途,不分真伪的外界传播着关于她"领受有妇之夫的津贴"的流言,对她极其不利。因此,塞尔登离她远去,姑妈剥夺了其继承权,莉莉深陷经济和精神上的困境中。另一方面,心理上,莉莉认为只有豪华奢侈的氛围才能让她心情舒畅,并且视富贵婚姻是其唯一的人生目标。莉莉不断消费装扮以迎合外界的表演抑制了其向往"精神自由"的天性。而在有着"品格自我"的莉莉看来,宴会席上的人们是一长串的"酒囊饭桶","这些人多么浅薄无聊"。正如费希尔所说,莉莉内心里又瞧不起她努力追求的东西。深陷物质还是精神的窘迫矛盾中,莉莉的悲剧来自于她矛盾的内心。

淹没在消费文化中的女性越消费越异化,尤其是有闲阶级的女性。她们越消费,似乎就越显眼,而更拥有权力,也更异化和商品化。有闲阶层的女人内心空虚,迷失自我,甚至道德沦丧,如道塞特夫人。而抱有一定人生理想的莉莉在"品格自我"与消费文化中的"表演自我"间不断处于极度的焦虑冲突中不能自拔。

这是个道德上更为松散的社会,新旧社会交替中的矛盾价值观在莉莉身上得到集中体现。面对伯莎的诬陷,是用不道德的手段报复还是拒绝此类肤浅的表演游戏,莉莉处于消费与道德、现实与理想、"品格自我"与"表演自我"的矛盾中。

莉莉这个人物如此扣人心弦是因为在某种程度上她代表着所处时代的心理和文化的转变。这个时代,作为体现道德的"品格自我"正让位于有待表演的"个性自我"。带着这种社会转变的烙印,莉莉举棋不定,举步维艰。沉浸在资本主义的消费文化中,莉莉精神上不断痛苦无着,因为物化而走向异化。莉莉是世纪之交社会文化转型时期不可避免的产物和牺牲品。

三、悲剧:莉莉之死

习惯于消费享乐却没有理财观念,莉莉慢慢债台高筑。消费文化的经济基础是有金钱做后盾,而莉莉在这个资本市场上手无寸铁,处处碰壁受挫,慢慢从上流社会的舷梯滑落。而从来就是按照有闲阶级装饰品的模式被培养起来的莉莉离开所生存的环境,显得毫无用处,无法独立谋生。故事最后,在塞尔登的处所,莉莉做了一个看似不经意、不明显却意义深刻的举动,把可以还击报复伯莎的信件在火炉边付之一炬,证明了其真正"品格自我"的胜利。莉莉最终拒绝了消费文化中的"表演自我",厌倦了炫耀的戏剧化的喧嚣的表象世界。

在炫耀性的消费文化中,人们只注重表象,包括塞尔登和佩尼斯顿太太都以旁观者姿态自居,被表象和流言所欺骗。他们无法也无暇区分真相与谎言,更无从帮助处于绝境中的莉莉,这实在是一种悲哀。小说原名为《一时的装饰》,后于出版时改名为《欢乐之家》。书名取自圣经《旧约·传道书》第七章:"智者之心,在遭丧之家;愚者之心,在欢乐之家。"小说的改名更加突显了其悲剧性,有其深沉的含义。正如华顿所言:这是"不负责任的寻欢作乐者的社会"。"一个轻浮的社会通过它的轻浮所毁灭的一切来获取其存在的意义",答案正是在莉莉身上得到了体现(Wharton:207)。通过莉莉的人生悲剧,作者对弥漫着奢侈消费和纵情享乐之风的"欢乐之家"进行了无情的鞭笞与批判。19世纪末20世纪初美国上流社会这种炫耀性消费充斥的文化面貌是经济生产和社会结构演变的产物。这种消费模式似乎促进了生产,然而消费文化中被制造出来的"虚假需要"使人欲壑难填。在物质主义的男权社会,莉莉不断陷入追逐浮华的表象世界,消费并表演着,被物化并异化。"装饰品"命运的价值观使之深受其害。莉莉的悲剧人生也印证了消费文化中的"美国梦"在异化现实中无奈的精神缺失,这是《欢乐之家》留给我们的深刻启示与警醒。

引用文献

[1] Edwards,Tim, *Contradictions of Consumption*. Buckingham:Open University Press, 2000.

[2] Glickman, Lawence B. , *Consumer Society in American History:a Reader*. Itaca and London:Cornell University Press, 1999:4.

[3] 潘小松:"美国消费主义的起源",《博览群书》,2004 年第 7 期。

[4] Susman, W. I. , *Culture as History*. New York:Pantheon Books, 1984.

[5] Totten, Gary, ed. *Memorial Boxes and Guarded Interiors:Edith Wharton and Material Culture*. Tuscaloosa:U of Alabama P, 2007.

[6] 凡勃仑:《有闲阶级论——关于制度的经济研究》,李华夏译,中央编译出版社, 2012 年。

[7] Wharton, Edith, *A Backward Glance*. New York & London:Charles Scribner's Sons, 1964.

[8] 伊迪丝·华顿:《欢乐之家》,赵兴国、刘景堪译,译林出版社,1995 年。

再生的火鸟
——当代英美比较文学理论的新格局

吴格非

中国矿业大学

比较文学至今仍是争论不休、难以确定的概念,20 世纪 60 年代,英国和北美文学界开始提出比较文学死亡的说法,而到 90 年代,这一观点被更多的学者关注和讨论。譬如 1993 年,英国沃威克大学"翻译与比较文化研究中心"教授苏珊·芭斯内特(Susan Bassnett)在著述中说:"今天,从一定意义上说,比较文学已经死亡。"(Bassnett:17)1995 年,美国耶鲁大学比较文学教授彼德·布鲁克斯(Peter Brooks)指出,比较文学是典型的"非学科的学科"(Bernheimer:98)。2003 年,美国哥伦比亚大学斯皮瓦克(Gayatri Chakravorty Spivak)教授出版了讨论比较文学前途命运的著作《一个学科的死亡》,引起学术界的广泛关注;2006 年,英国伦敦国王学院教授罗伯特·温尼格(Robert Weninger)在其主编的《比较批评研究》杂志第三期导言中认为,现在应该是放弃比较文学学科提法的时候了,"比较文学与其说是一个学科,不如说是交叉学科或跨学科,且不论它是否是元学科"(Weninger:Xi-XiX,Xii)。上述学者宣布比较文学死亡的用意何在,他们真的以为比较文学从此失去存在的价值和必要了吗,或者另有他意? 这值得我们对其理论的真实意图进行关注和思考,以期把握当下英美比较文学理论的发展态势。

一、从"全球化"到"星球化"的转型

众所周知,比较文学的概念是 19 世纪欧洲的产物,它伴随着以欧洲为中心的国际商业的发展而产生。很多人都熟知马克思、恩格斯在 1848 年《共产党宣言》中所说的那段话:"资产阶级,由于开拓了世界市场,使一切国

家的生产和消费都成了世界性的了。……旧的、靠本国产品来满足的需要，被新的、要靠极其遥远的国家和地带的产品来满足的需要所代替了。过去那种地方的和民族的自给自足和闭关自守的状态，被各民族的各方面的互相依赖所代替了。物质的生产是如此，精神的生产也是如此。各民族的精神产品成了公共的财产。民族的片面性和局限性日益成为不可能，于是由许多种民族的和地方的文学形成了一种世界的文学。"（乐黛云：1）这段话道明了19世纪比较文学的诞生与欧洲区域经济发展、对外扩张及殖民贸易的密切关系。在这种背景下产生的比较文学必然关注的是欧洲文学艺术的主题、运动、思潮、时期、文体、风格和思想史，以及欧洲文学艺术在世界其他地区尤其是殖民地的影响和渗透。可见，比较文学从其诞生开始就带有强烈的欧洲中心主义的政治和文化色彩。当然，欧洲在这里主要是指西欧国家，英语、葡萄牙语、条顿语、法兰西语位居欧洲比较文学的支配地位。

美国比较文学的产生与19世纪以来大批欧洲知识分子移民美国有着密切关系，特别是冷战期间，欧洲的许多著名学者如艾里克·奥尔巴赫（Erich Auerbach）、莱奥·施皮策（Leo Spitzer）、雷内·韦勒克（rene Wellek）、雷纳托·波基奥里（Renato Poggioli）、高罗岱·归岸（Claudio Guillen）等纷纷移民美国，为美国比较文学的繁荣发挥了重要作用。斯皮瓦克曾这样评价："（美国的）比较文学是欧洲知识分子逃避欧洲'极权主义'政治体制的产物。"（Spivak：4）由于这一历史原因，美国比较文学受欧洲中心主义的支配由来已久。但是二战后特别是冷战期间，美国迅速崛起并取代欧洲成为超级大国之后，情况发生了变化。美国为实现其世界霸权的地位，在政治军事领域积极开展星球大战计划。在文化领域，则大力组织学术机构展开区域研究（Area Studies）。区域研究是冷战到来后联邦政府投资及大基金赞助（特别是福特基金）建立起的学科。为适应未来战争需要，来自各个学科的大批学者教授被联邦政府组织起来对世界不同区域开展研究，为政府决策提供信息支持，同时培训从事区域研究的专门人才。区域研究与外国地区有关，而比较文学由西欧各个国家的文学构成，所以地区与国家的差异从一开始就影响着美国比较文学，美国比较文学关注世界各个地区的差异以及它们之间的关系。与以往欧洲比较文学不同的是，美国关注的不仅是西欧，还有东欧、亚太、中美、南美和非洲各个地区的政治、经济和文化形式，这奠定了美国比较文学跨越边界的思考模式：不仅是大都会国家之间如何实现跨越边界，而且所谓边缘国家之间以及大都会国家和边缘国家之间如何跨越边界都是美国比较文学思考的问题。这催生了美国比较文学的全球化乃至星球化视野。

早在 20 世纪 70 年代,斯皮瓦克就提出了"有包容性的比较文学"(inclusive comparative literature)的理念。她说:"从事业的起步阶段,我就认为比较文学应该放眼世界。"(Spivak:1)当时她提出了全球比较文学的概念(global comparative literature)。进入 21 世纪后,斯皮瓦克进一步提出了带有强烈非政治化色彩的"星球性"(planetarity)概念,即"一个未被划分的'自然'空间,而非已经被分门别类的政治空间,这一抽象形态的话语对全球化时代大有裨益"(Spivak:72)。"星球性"的提出是对全球化的扬弃,同时也是宣告欧洲文学的没落:"欧洲文学已经衰落了。比较文学如果继续纠缠于日渐衰微的欧洲文学等于自取灭亡。"(Spivak:1)在她看来,拯救正在衰落的比较文学的出路在于超越欧洲中心主义的渊薮,而这需要赋予比较文学学科明确的前瞻性,使其能够不断远视未来,总能预知自身在未来的发展形态:"显然,文学产生的源头已经超越了的民族文学。对比较文学学科来说,出路是认可它的未来前瞻性,即'即将到来的'或'将要发生'的品质('to come'-ness, a 'will have happened' quality),对无限未来的认可,使得比较文学应当考虑区域研究的资源,尤其是要和欧美以外的文学接轨。"(Spivak:6)她批评当下美国比较文学对这种变化的敏感程度还很低。因为从美国比较文学学会的 145 个比较文学系所看,比较文学课程还是以欧洲文学为主,东方文学只是辅助课程,而且涉及社会科学、多元文化和区域研究的科目寥寥无几。

斯皮瓦克致力于超越欧洲的窠臼,目的在于为比较文学学科今后的发展寻找身份和出路。她曾明确提出,面对多元文化主义和文化研究浪潮的冲击,比较文学需要做出回应,以改良自己(Spivak:1)。在区域研究、种族身份研究和多元文化主义等文化研究学科甚嚣尘上的时代,人们往往会很自然地认为,比较文学要么与后者结合,要么被后者吞没,不管怎样,比较文学与文化研究的结合必将成为敏感论题。但斯皮瓦克不主张比较文学与文化研究简单的嫁接,她认为比较文学应该担当更大的使命,而文化的作用已经堕落,诚如伊格尔顿所说:"文化已经从部分解决问题的方法转变成了实际问题的一部分。"(Eagleton)所以不能简单地把比较文学与文化研究及多元文化主义相结合,以防止比较文学重蹈文化研究的覆辙,即"深陷政治当中"。她试图探索一条去政治化的道路,使比较文学远离由仇恨、恐惧和无法彻底解决问题所构成的政治陷阱。但同时,比较文学在文化多元时代又不可避免地与文化发生关系。问题是,比较文学如何能够做到既依托文化研究,同时又摆脱其政治干扰呢?斯皮瓦克提出,使比较文学与文化研究的关系成为"(不)可能"[(im)possible],即达到既相互需要又相互不需要的境界。新比较文学将是这种"(不)可能"关系的产物。明白地说,比较文学应克服自身弱点,吸取文化研究的优势。一方面,应具备区域研究的视野,着眼西欧和北美以外的地区,另一方面,发挥比较文学细读文本的传统优势手段,用其传统的语言学方法去弥补区域研究的不足。这就是说,文学应逐渐摆脱英语、葡萄牙语、条顿语、法兰西语的支配地位,转而关注外国地区的语言,包括英国在亚洲和非洲以往殖民地所产生的英语文学,也包括世界上许许多多即将和正在消失的土著语言的书写。这一关注并不意味着仅把外国语言当作工作的手段或根据看待,而是把它们作为文化研究的对象。

总之,斯皮瓦克赋予了比较文学一种非政治化的维度(apoliticized dimension),用"星球性"这一维度代替具有深远历史背景和深刻影响力的全球化(globalization)观念,后者代表着商品交换体制和价值观念,随着历史发展具有浓厚的殖民化、欧洲化、资本化乃至后殖民化的含义。用非政治性思想代替欧洲价值观占据主导地位的传统比较文学理念,是斯皮瓦克的新比较文学观的核心内涵,其意义在于超越了当下盛行于欧洲的后殖民主义,实质上是以殖民时代之前的纯自然、纯生态的意识形态去召唤比较文学。因为那时世界各民族是平等的,文化是平等的,政治是平等的,没有民族入侵和压迫。斯皮瓦克把"星球"比作母体的子宫,它诞生人类,而人类创造了世界,可以说人类社会的一切都是母体子宫的派生物,但是这一切却无法重新回归母体子宫。母体子宫纯洁的纤尘不染,它是人类最本真的存在和最本真的希望所在。它始终召唤着人类,虽然人类永远无法回归它。"星球性"观念成为当下英美比较文学学者思考欧美比较文学出路的重要前提和假设之一,它在一定程度上促使当下英国和北美比较文学界展开对欧洲传统的猛烈批判。

二、翻译学科的振兴与主题的比较阅读

事实上,"伟大的欧洲传统"(the Great European Tradition)已成为当下英美比较文学界批判的靶的。苏珊·芭斯内特指出,虽然饱受古希腊文

明、拉丁文、圣经、日耳曼史诗、但丁、莎士比亚、卢梭、伏尔泰、启蒙运动、浪漫主义、19 和 20 世纪伟大小说熏陶的欧洲学者不会轻易放弃自己的传统，转而寻求比较文学研究的新方向，但是那些来自非白人背景或非西方背景的后殖民学者的激烈反应却不容忽视，它迫使欧洲的比较文学必须关注那些在欧洲和北美以外备受推崇的文学批评理论和重要基础文本（key foundation texts）。芭斯内特自言深受中国的西方文学翻译热的启发。她说，在当今中国，大量西方作品以新的方式被翻译、模仿和改写，正是这些被翻译、模仿和改写的西方作品需要引起西方学者们的特别关注。她号召西方学者走出欧洲文化视野，更多地去了解和接受东方文化视角，并且指出，当欧洲比较文学在走向衰落之时，世界其他地方譬如中国的比较文学却十分兴旺，这正是翻译所起的作用。她向英国比较文学发出提议，把翻译研究作为取代传统比较文学的重点研究领域，"翻译研究作为一个更为自信的学科该走进舞台的中心了：'比较文学作为一门学科有其终结的一天。在女性研究领域、后殖民领域、文化研究领域开展的跨文化工作已从总体上改变了文学研究的面貌。从现在开始，我们需要把翻译研究当作主要学科来看待，比较文学应成为附属于翻译研究的重要分支领域'"（Bassnett：6）。她以庞德的汉诗译文《震旦集》（Cathay）对欧美文学的影响为例，说明欧洲以外的文学作品的译文确实能够被欧美特殊时代的语境所接受，并且能够在欧美文学史上发挥重要作用，成为欧美文学创新与发展的动力。芭斯内特提出向欧洲和北美以外借鉴，试图用翻译研究取代日渐衰微的欧洲中心主义比较文学研究，不仅阐明了翻译对欧美文学发展创新的促进作用，开拓了欧美比较文学的新视野，而且不失为一次打破欧洲中心主义思想窠臼的可贵尝试。把比较文学视为翻译研究的一个分支的观点，改革了我们通常认为的翻译附属于比较文学的看法。其意义不是简单的标新立异，而是为打破欧洲中心主义以后的欧美比较文学寻求一个更符合当代现实发展需要和更为宽广的研究视角。

与斯皮瓦克和芭斯内特持有相似观点的学者还有英国伦敦大学英文与比较文学系教授露西·波德里尼（Lucia Boldrini），后者更为直截了当地指出，所谓比较文学的死亡，是指产生于欧洲 19 世纪的古典比较文学概念的消亡。古典比较文学试图在欧洲文学的框架内以及欧洲中心基础之上阐释民族文学，界定文学以及文学和身份的关系问题。而今天，比较文学的视野已超越欧洲文学的历史概念，并在跨文化研究过程中被重新定位。因此，比较文学死亡论中实际上孕育着比较文学复兴的可能性和必要性。露西站在当今英国比较文学发展状况和 21 世纪欧洲现实情况立场上,批判了美国和欧洲大陆比较文学存在的问题,认为美国比较文学侧重于 20 世纪中期以来欧洲移民学者在美国文学和文化中的建构地位,即美国的比较文学其实为欧洲意识所左右。而今,欧洲大陆的许多比较文学系正面临着关门的危险,譬如德国老牌的 Innsbruck 大学的比较文学研究所已经歇业。欧洲比较文学学科出现此类问题的原因在于,其课程只要求学生掌握两到三门西欧语言,即英语、法语和德语。学生主要阅读由这三种语言创作的作品,这意味着整个欧洲文学完全被这三种语言创作的作品所代表。这就使得欧美比较文学中的"欧洲"概念变得非常狭隘,主要体现在:首先,以欧洲为渊源的比较文学具有浓烈的殖民主义色彩和欧洲(西欧)语言文学中心理念,排斥其他民族语言的文学和欧洲其他土著语言;其次,即使在 21 世纪的今天,欧洲的概念常常局限于西欧,同时还被用来代替整个西方,欧洲的历史就这样被不公正地还原为几个殖民主义国家的历史。波德里尼的观点,是对美国比较文学提出的警告,即语言的狭隘立场将成为制约比较文学发展的瓶颈,这在一定程度上有力支持了斯皮瓦克的语言开放性态度。

露西·波德里尼指出了欧洲的狭隘,但也认识到在时代和环境压力下的欧洲正在改变。今天的欧洲语境较 19、20 世纪已发生了巨大变化。自从冷战之后,东西欧之间不再有铁幕横亘,欧洲联盟致力于消灭经济和政治壁垒,不断增进与其他欧洲国家和世界其他地区的联系与交流。她以英国为例,指出英国不仅努力和过去的仇英国家修好,还不断加强同过去殖民地和占领地的联系。英语是欧洲学习人数最多的第二语言,也是世界上学习人数最多的外语,所以英国既要通过学习外语了解世界文学,同时也应更注重把世界文学翻译成英文。在英国,翻译研究正在成为比较文学的重要模式之一。露西主张把世界各国的文学统统翻译成英语进行阅读,而不是仅仅阅读两三个欧洲国家语言的作品,体现了英国比较文学研究视野的拓展。此外,大量来英国学习的学生是以英语为第二语言的,他们可以在英国通过阅读英文来学习比较文学,了解世界文学。所以,在英国,虽然大学里学习现代语言的学生在减少,一些现代语言文学的系部被关闭,但这导致了英国比较文学的复兴,一些被关闭的现代语言系和英文系合并,成立了比较文学系。

鉴于欧洲的翻译研究发展缓慢,"而比较又是翻译研究的核心"(Bassnett 2:7),芭斯内特转而对"比较的行为"(act of comparing)进行新的界定。她以 2005 年 11 月里斯本举行的纪念 1755 年里斯本大地震发生150 周年研讨会为例,指出这次大地震对欧洲思想产生了巨大影响,欧洲历史上产生了表现该地震的大量的文学作品、绘画、科学研究和神学争论,其中包括伏尔泰的 *Candide* 和歌德的 *Ogrande terramoto de Lisboa*:*ficar different*。这次会议论文集收录了许多国家和学科的学者撰写的文章,"这无疑是 21 世纪比较文学的一个典范——虽然它没有明确这样声称。其中有各种声音,它们仿佛组成了一个乐队,共同演奏着那个特定历史时刻发生的故事。在每位学者解读同一主题的过程中,尤其是在阅读过程中,比较的行为便产生了。单篇论文固然可以进行比较研究,但是真正的比较来自许多不同论文的组合以及读者同时阅读这些不同论文时产生的感受"(Bassnett 2:7)。从这里,我们不难看出作者观点,即当代比较文学的比较行为产生于不同学科和不同国家的认识之间,它不仅由单篇文本的作者去完成,而且是读者在阅读关于同一问题的众多文本过程中实现的。芭斯内特对阅读行为的阐释,无疑为斯皮瓦克所提出的建设新比较文学的手段提供了一个恰当注脚。

无论斯皮瓦克的星球性观念,还是芭斯内特、波德里尼的振兴翻译学科的主张,其共同之处都是探求突破欧洲意识的围城之后,欧美比较文学研究的新形态和新内涵,其核心是建立平等的、民主的比较文学新观念。在芭斯内特看来,比较文学研究已溶解于当代各式各样的文学批评理论和文化思潮中,后者的触须可随时触及当今世界每个区域和每个角落发生的事情。当全世界共同聚焦一个问题时,譬如伊拉克的汽车炸弹事件,比较就产生了。翻译也是如此,它总是在特定的语境中产生不同的影响作用,这也是一种比较。从这个意义上说,比较文学已不再是有着明确理论规定的学科,而是在文学和文化研究过程中产生的多元效果和复式结局。当然,比较文学仍可以作为一种"观照和研究文学的方法"(Bassnett 2:9),因为单个作者有时候确实需要从多种视角和立场出发思考同一问题。

三、多元文化主义与英美比较文学新身份的建立

1965 年,美国民权法案生效。这使得 1900 年由当时美国总统林顿·约翰逊(Lyndon Johnson)颁布的排斥移民法案得以修正,此后至今,美国的亚洲移民数量增长了 500%。美国的文化研究及后殖民研究在移民大潮的

推动下迅速成为热点学科。露西·波德里尼认为,随着第三世界移民人数的急剧增长,欧洲国家也开始面临文化多元主义浪潮的冲击。今后的比较文学应更多地关注非白人、非西方背景的作者撰写的英语作品,并需要赋予这些文学主流以文化的身份。在当今英美国家,许多来自非洲和亚洲国家的人们用英文写作,这些文学被称为用英文撰写的亚洲和非洲文学,过去它们在欧美属于边缘文学,受到主流文学的压制,而现在它们不但为主流文学做出贡献,而且创造着主流文学的身份,因而成为主流文学不可缺少的伙伴。此外,欧洲还需要致力于消除其思想中根深蒂固的殖民意识,在对待其过去武力征服过的其他各大洲的关系问题上,在对待整个欧洲关系和欧美关系的问题上,以及在对待欧洲内部各地区关系的问题上,必须采取"去殖民化"(decolonising)的处理态度和方式。在波德里尼看来,"以'去殖民化'的姿态建立欧美比较文学的新身份,即抛弃历史、政治、族裔、制度、地区、习俗、经济和宗教等的偏见,通过欧洲共同体等各种相关机构、项目和多边文化协定,把过去没有联系的各个文化地区联结起来,东方与西方、南方与北方,地中海与巴尔干,甚至天主教、新教、东正教、基督教和穆斯林等。总之,就是要在文化多元主义架构中重新思考欧洲和美洲,超越其历史理念与成见,以开放的姿态拥抱文化和语言的丰富性与多样性"(Boldrini:21)。

露西·波德里尼所主张的比较文学体现为更为开放的认知范式。传统意义上对比较文学本质的探讨,集中在它是关于目标的学科,还是关于手段的学科方面。所以,比较文学学者往往着重于思考比较什么以及怎样进行比较。波德里尼从认知阅读的角度出发,认为比较文学既不能界定为目标,也没有合适的分析手段,它只是一种阅读方式,要求读者在阅读过程中关注如何认识和消除"边界线"(boundaries)的问题,"对边界线进行认定、强调、研究、消除,把某些边界线置于压力之下——这些边界线包括比较文学评论家选择的界限,还有语言学的、历史的、民族的、种族的或者更广义的文化边界线,它产生于比较每一个作家和时代是如何整合语言、主题、身份意识和艺术表现之间关系的"(Boldrini:21)。由此,她认为比较文学的任务就是跨越边界,以开放性的区域、政治、经济、历史和宗教视野,去确认、沟通和消除作品、作者、时代以及它们关系中蕴藏的边界。进一步地说来,比较文学不仅要探询对象本身的差异,还要从显而易见的类同中寻求差异;不仅要确立研究对象的边界线,研究其意义,还要探索其产生的历史原因及内在含义。对欧洲比较文学的未来,她认为出路在于打破欧洲的自大与封闭,重新审视欧洲自我,以今天的眼光重新选择欧洲的边界,"重新界定欧洲比较文学就是思考 21 世纪初始的欧洲现状。在这种现状下,欧洲人和欧洲的比较文学的作用就是重新认识欧洲,认识欧洲内在和外在的边界线,如何历史地选择和界定它们,以及今天该如何去做"(Boldrini:22)。一言以蔽之,在一个更加开放的欧洲比较文学视阈中,欧洲不仅是欧洲自身,还是世界的欧洲,它更为关注的是,欧洲为世界做了什么。

如何在重新思考欧洲的基础上建构欧美比较文学研究的新模式,已成为当代比较文学学者思考的焦点问题。加拿大多伦多大学英文与比较文学系教授琳达·哈特钦(Linda Hutcheon)和马里奥·瓦德斯(Mario J. Valdés)主张文学史应"摆脱民族与民族主义的概念,采用'结节点'(nodal points)这一新概念"(Hutcheon:104),后者指不同的历史、艺术和文化力量联系相会之处,并共同在此处发出耀眼的光芒。这些结节点或表现为城市,其国籍随战争和边境变更而改变,如但泽(Danzig);或表现为人,如卡夫卡,他是在布拉格用德文写作的犹太人;或表现为地理力量,如第聂伯河,它促使物质文化的产生交流,从而带动不同族群之间的文化交流。此类"结节点"在欧洲数不胜数,西西里、伊斯坦布尔、布拉格、伦敦、里斯本、罗马、巴尔干、柏林墙、欧洲的大河、北海、英吉利海峡和地中海航线等。它们在历史上甚至现在都是多元文化并存、交流、撞击和融合的地方,其民族性有时很难界定,而这恰恰为不需要界定民族性创造了条件。露西·波德里尼以加勒比作家赛尔文(Selvon)的小说《孤独的伦敦人》(*The Lonely Londoners*)为例进行了阐释:加勒比是由诸多海岛组成的地区,其民族和语言界属本来就很难判定。《孤独的伦敦人》是以伦敦为背景、用英语创作的小说,其描写对象是英国的移民社区状况。这是英国文学,还是加勒比文学,很难从民族意义上去划分,事实上也不必要做此鉴别。比较文学本身就是对文学的一种宽泛理解,狭隘地强调作品和作者身份恰恰扼杀了比较文学。从这个意义上说,《孤独的伦敦人》是非常典范的比较文学文本,因为它从未像现在那样如此紧密地和多元文化主义与国际性联系在一起。伦敦在这里实际成为加勒比作家赛尔文创作题材中的一个结节点。

四、结束语:走向跨学科和跨文化视阈下的比较文学新理论

21 世纪初欧美比较文学理论的突破使比较文学和所有学科产生了可

能的关系。19世纪发明的比较文学名称仍会保留,但其目标、手段甚至存在形态都发生了改变。今天,比较文学在有些美国大学往往并不直接叫比较文学,而叫人文课题、交叉学科课题,由跨系科学术委员会或合作研究小组承担研究工作。许多在英文系开设比较文学或跨学科课程的教师大多数来自其他院系。欧美传统意义上比较文学观念已被解构,它抛弃的是过去那种狭隘的视野,而得到的是无限广阔的生存空间,用耶鲁大学比较文学教授虹・索希(Haun Saussy)的话说:"从某种意义上说,比较文学已经取得了胜利。"她指出:"比较文学在美国大学前所未有地获得认可……以前用'外语'写作的作家和批评家现在纷纷在英文系执教!文学和文化的'跨国'维度获得学者们的一致认可,包括那些前不久还嘲笑比较文学研究者是半吊子的专家们。'学科交叉性'成为申请资助时发挥重要作用的关键词,它还印在了大学的宣传手册上。'理论'不再是特殊身份的标志或臭名昭著的象征,人们或多或少地从事理论研究……争论结束了。现在比较文学不仅合法,而且已成为替乐队定调的第一支小提琴独奏曲。我们的结论已成为他人的假设。"(Weninger:xi-xix,xiii)比较文学在美国一些大学的可喜发展表明,它总在不断适应新的环境和语境,诸如体制的、交流的、理论的、方法的、学科的和文学的环境和语境等,它也许既没有发展,也没有衰落,它只是根据时代需要和其应当发挥的作用不断改变自身的存在状态。如罗伯特・温尼格所说:"比较文学无论处于哪个星座中,不管是在文化研究、区域研究和翻译研究之中还是之外,它总是在人文艺术和科学领域起着沟通联结的作用。它为所有这些学科提供了融合、交叉、共生、合作、交流、谈判、讨价还价的空间,而且不会对乐于尝试跨学科理论创新的人造成排斥和驱逐的危害。"(Weninger:xi-xix,xiii)可以说,这一总结简要而精辟地概括了欧美比较文学在当下的存在状态和今后的发展的指向。

比较文学的新生和理论的新生关系密切。伊格尔顿在《理论之后》(*After Theory*,2003)中提出理论死了。但这死亡,并不是说理论寿终正寝了,而是指其形态和发展方向改变了。伊格尔顿所宣布的高尚理论(high theory)的死亡,实质上带有明显的反欧洲主义色彩。西方在经历了20世纪七八十年代的反文化运动以及媒体通讯革命后,理论逐渐大众化了,其面貌也发生了巨大改变。过去的理论带有纯粹的欧洲、英美或西方的面孔,而今天,随着全球商品文化的兴起,大批非白人和非西方背景的作者从边缘杀进中心地带,如莫里森(Tony Morrison)、拉什迪(Salman Rushdie)、奈保尔

(V. Naipaul)、赛义德(Edward Said)和斯皮瓦克等,彻底改变了人们关于高尚文化身份的观念,比较文学的观念也因此发生了革命性变化。今天,英国和北美学者要在与传统的较量中,思考欧美 21 世纪比较文学的前途。这是一场文学界的革命。这次比较文学的理论变革,客观上起到了拓展文学创作范畴和文学研究视野的宏大作用。在更加包容宽泛的人文视阈观照下,一切学科、国家、地区、宗教和族群都可纳入文学的考量范畴。它们或通过文学创作,或通过读者的阅读行为被比较。这就是比较文学,一个完全有别于传统的比较文学,仿佛一只在大火中重生的火鸟。

引用文献

［1］Susan Bassnett, *Comparative Literature：A Critical Introduction*, Oxford：Blackwell, 1993.

［2］*Comparative Literature in the Age of Multiculturalism*, edited by Charles Bernheimer, Baltimore and London：Johns Hopkins University Press, 1995.

［3］Robert Weninger, "Comparative Literature at Crossroads? An Introduction", *Comparative Critical Studies* 3, 1-2 (2006).

［4］乐黛云主编:《比较文学教程》,高等教育出版社,1988 年。

［5］Gayatri Chakravorty Spivak, *Death of a Discipline*, Columbia University Press：New Ed edition, 2005.

［6］Terry Eagleton," Rediscover a Common Cause or Die". *New Statesman*. Volume：133, July 26, 2004.

［7］Susan Bassnett, "Reflections on Comparative Literature in the Twenty-First Century". *Comparative Critical Studies* 3, 1-2 (2006).

［8］Lucia Boldrini, "Comparative Literature in the Twenty-First Century：a View from Europe and the UK". *Comparative Critical Studies* 3, 1-2, 2006.

［9］Linda Hutcheon, "Rethinking the National Model", in Hutcheon and Valdés *Rethinking the History of Literary History：A Dialogue on Theory*. Oxford：Oxford University Press, 2002.

恐怖与救赎
——政治解读 9·11 定义之作《坠落的人》

蒋道超

深圳大学

唐·德里罗(Don DeLillo,1936—   )被哈罗德·布鲁姆列为当代美国最杰出的四位小说家之一。2006 年,在《纽约时报》评比 1980 年以来最优秀的小说活动中,他有三部小说名列榜首(Laist:1)。1999 年,德里罗获耶路撒冷奖,因为他"坚持不懈地与 20 世纪后半叶个体和公众自由遭致压抑状态的最细微的形式做斗争"(姜小卫)。批评家兰特利奇说,德里罗"代表着美国文学中罕见的成就——将小说的想象和文化批评完美地交织在一起"(DePieto:83)。在德里罗研究领域,欧美批评界已从不同视角对他的小说进行了广泛而深入的研究①。

近几年,国内学界对唐·德里罗开始关注,关于其《天秤星座》《白噪音》《毛二世》《地狱》《大都会》等已有一批研究论文发表,而对 2007 年出版的9·11 定义之作《坠落的人》则仅有少量评论发表,且基本上是从创伤的角

---

① 国外评论涉及了他小说中的"恐惧和妄想狂""电影和消费主义""媒体变化与军事技术""寻找自我""暴力景观""媒体的现实表现""田园景观""回归自然""精神危机"以及"精神和灵性"等主题。

度进行研究的。① 本文拟从政治批评角度解读《坠落的人》②中蕴涵的政治思想,认为作者运用丰富的想象与现实相结合,以高度的艺术家责任感,反思了9·11恐怖袭击的前因后果,既批评了恐怖主义分子袭击的残暴性和不人道性,也批评了美国政府在进行全球化扩张过程中的贪婪、肆无忌惮和霸道,特别批评美国政府以9·11为借口,发动对中东的军事侵略,并以此警醒美国政府和人民,恐怖必将引起恐怖的对抗,其结果必是两败俱伤,危及全球安全。作者试图暗示,被恐怖威胁着的世界的救赎之路在于精神的超越和普世情爱的宗教信仰。

一、假想敌对:二元对立的修辞

"二战"以后,美国在世界上确立了美元体系,占据了主导地位。及至20世纪末,美国几乎彻底控制了世界的石油、能源、海洋、天空以及太空。著名西方马克思主义理论家詹明信认为,"二战"后,西方出现了"一种新型的社会生活和新的经济秩序",可称为"后工业或消费社会、媒体或大观(spectacle)社会,或跨国资本主义"(詹明信:399)。他所说的就是今天我们说的全球化资本主义时期。根据韦伯斯特字典的解释,"全球化"是指不断扩大的全球综合经济,其标志特指自由贸易,自由资本流通和对廉价国外劳动力市场的利用,还有自由思想的传播。政治学家福山认为,9·11之后,"只有一种制度将继续统治世界政治,那就是自由民主的西方"(Fukayama:21),因为全球化带来的繁荣与民主使任何颠覆的可能性都丧失了。既然美

---

① 国内主要评论文章如张加生的"从德里罗'9·11'小说看美国社会心理创伤"(《当代外国文学》,2012年第3期,第77-85页),从创伤理论视角研究了德里罗的《天秤星座》和《坠落的人》,认为小说关注了美国9·11前后社会心理创伤,并指出正是由于恐怖威胁下不断淤积的心理创伤导致了当前美国社会日趋保守的价值观。朴玉的"从德里罗《坠落的人》看美国后9·11文学中的创伤书写"(《当代外国文学》,2011年第2期,第59-65页)考察了文学见证历史、参与疗伤和关注伦理的功用。张丽丹和张薇合写的"德里罗新作《坠落的人》的后现代写作技巧"(《时代文学》,2011年12月下半月,第116-117页)分析了小说中的语言特征、叙述特点和人物特征等后现代写作技巧。张丽丹的"德里罗新作《坠落的人》中主人公对于恐怖袭击事件的心理解读"(《黑龙江教育学院学报》,2010年11期,第114-115页)分析了小说中恐怖袭击对普通大众的心理影响以及自我调节,并指出了恐怖主义的负面影响。王欢的"弥散的忧伤——《坠落的人》的现实主义意义"(《时代文学》,2011年12月下半月,第172-173页)认为小说审视了恐怖袭击给美国社会和民众带来的巨大冲击,作者批判了美国的对外政策,作品体现了现实意义。另有姜小卫的"一部从灰烬和废墟中诞生的艺术杰作——德里罗新作《坠落的人》评介"(《红岩》,2009年S1期,第102-107页)。

② 后面凡引用小说内容皆出自:唐·德里罗著,《坠落的人》,严忠志译,译林出版社,2010年。

国具有强大的政治、军事和经济地位,全球化资本主义可以说是美国模式的资本主义。

以美国为首的西方在全球化过程中为了保持长久的统治态势,满足贪婪与霸道,利用高科技、互联网、媒体进行文化宣传,运用二元对立话语把自己打扮成天使和救星,把中东以及任何可能威胁到它的国家和地区塑造成落后邪恶危险的敌对国家,及至海湾战争"宣告了一种'新的世界秩序'"的建立(恩道尔:113)。其实全球化的目的就是"试图控制任何潜在竞争者的经济,以防止其成为与美国相匹敌的力量,挑战美国独一无二的世界霸主地位"(恩道尔:112)。奥巴马总统的原战略顾问布热津斯基曾说:"潜在的最危险场景是中国、俄罗斯,可能还有伊朗,结成大联盟,一个不是由意识形态而是出于对美国共同的怨恨走到一起的'反霸联盟'……为了避免这种情况……美国需要同时在欧亚大陆的西方、东方和南方展示地缘战略技巧。"(恩道尔:3)随着全球化资本主义到来的就是"广告、电视和媒体对社会迄今为止无与伦比的彻底渗透"(詹明信:418)。美国借助其"传播与控制信息的工具空前发展","控制着世界上多数国家所依赖的新闻的制作、传播"。这些机制"不仅可以用来臣服与胁迫美国自己的人民,而且还有较弱较小的文化"(赛义德:417)。特别在9·11发生后,美国政府"以反恐战争为借口,通过粗暴的军事统治来解决经济问题"(恩道尔:184),而媒体夸大报道,制造美国与中东仇恨,借以打击异己,巩固霸权。

作为高度敏锐和具有预见性的作家,唐·德里罗对全球化问题早有关注,并对可能带来的如恐怖主义问题早有思考和预测。他1992年出版的《毛二世》就以非凡的想象力准确地预示了2001年的9·11恐怖袭击,"明确表达了9·11事件和随之而来的'世界新秩序'"(Boxall:157)。德里罗能够如此准确预测,乃因为他能够洞察"全球化和恐怖主义背后潜在的动机关系,这种关系引发了9·11、阿富汗和伊拉克战争,助长了巴勒斯坦和以色列之间的不断冲突"(Boxall:158)。

其9·11定义之作《坠落的人》揭示了美国政府和媒体宣传二元对立的思想,使"美国公众深受'我们'与'他们'差异修辞以及产生恐怖与仇恨的新闻和形象影响"(Sozalan:7),强调美国与中东的差异,树立敌对思想。从小说中,我们可以发现,9·11发生后,美国媒体轮番播放世贸中心大楼被撞后的倒塌以及受难者的悲惨景象,以激起恐怖和和悲情,大约还激发人们对恐怖分子的谴责和仇恨。可以说,美国的官方和媒体一边倒地指责中东恐怖主义袭击的非人道性,而同情在袭击中受难的美国公民。美国观众自然也就在恐惧之余憎恨中东恐怖分子。最典型的当数女主人公丽昂与邻居的冲突。她的邻居叫埃莱娜,头戴头巾,但没有确切说她是穆斯林。她时常在家里反复听某种音乐,那音乐"属于另外一个传统,中东的,北非的,贝都因人的歌曲,也许是苏非舞曲,伊斯兰教传统中的音乐"(72)。因为丽昂时常读的报纸上皆认为恐怖袭击乃伊斯兰教徒所为,所以,她以为邻居是中东人,在情感上即对音乐、对邻居采取敌对的态度。虽然她一直提醒自己,"说噪音的事情,态度要和蔼、镇定,公开地装腔作势,不要暗指某种音乐的潜在主题,不要将它作为特定形式的政治诉求和宗教表述"(74),但她最终还是与邻居发生了暴力冲突。也是因为媒体的误导宣传,她的儿子贾斯廷听信了对基地组织头子本·拉登的刻板描述,认为"比尔·洛顿长着长长的胡子","会开飞机,能够讲十三种语言","有本事给我们吃的东西下毒"等(80)。德里罗虽然没有直接批评媒体对大众反恐战争情绪的激发,但反恐修辞的影响还是显而易见的,因为整部小说都提到了安全措施的增加,恐怖气氛的浓厚,对东方他者的不信任,中东出生的人的焦虑,以及美国对阿富汗和伊拉克军事干预"(Sozalan:5)。9·11袭击发生后,美国官方确实通过媒体强化恐怖气氛。世贸双子塔的灾难袭击发生几小时,当时的美国总统布什就对世界宣称,"我们遭到了自'珍珠港'事件以来从未遭到过的进攻"(恩道尔:185),并将世界划分为两个阵营。因为他说:"你们要么与我们并肩打击恐怖,要么以恐怖袭击我们。"(Boxall:157)早在9·11刚结束时写的《在未来的废墟上》,德里罗就描写了美国如临大敌地渲染恐怖气氛,如街上设置了"路障",行人"寥寥无几","检查点的警察","其他检查点穿伪装服的部队"(DeLillo:38),而小说中则援引了袭击后媒体渲染恐怖气氛的宣传,如警方要求市民报告任何可疑的行为或无人看管的包裹,街上到处都设立了检查站,基思走在街上不时被警察盘问,看见"悍马车拉着许多军警和士兵"(25),"海岸警卫队士兵身穿作战服,佩带手枪"(26)。当时的情景可谓如临大敌,好像街上到处都是恐怖分子。或如主人公基思所说:"纽约街上很难找到一辆出租车,因为每位出租车司机都叫穆罕默德。"(29)

美国政府把自己塑造成像狮子一样击打中东这个假想敌人,像狐狸一样假显慈悲和人道,向人们传达的是反恐为民的印象。丽昂和邻居埃莱娜的冲突正是德里罗用来表现"影响美国的反穆斯林思想","代表了美国文化的中心戏剧"(Giaimo:173)。德里罗对美国鼓吹二元话语对立,塑造假想东西敌对,以反恐为名,武装入侵中东显然持批评态度的,对为虎作伥的媒体渲染恐怖气氛、误导大众思想的分析和解剖也是鞭辟入里的。

二、恐怖对恐怖:无边界的恐怖主义

德里罗在《坠落的人》里以各种艺术形式展现了9·11恐怖袭击给美国人民造成的创伤。小说题目中的坠落的人是一位行为艺术家,他"身着西装,系着领带,穿着正装皮鞋,总是脑袋朝地,悬吊在建筑物上"(34)。他在不同场合演绎9·11袭击时人从世贸大楼跳下的场景,"让人们回想起世贸双子塔楼陷入火海、人们摔下去或者被迫跳下去的可怕情景"(34)。如果说这是以艺术形式记忆恐怖的话,那么美国媒体则是心怀叵测地、夸大地、有选择地报道恐怖袭击,刻意渲染恐怖给人们带来的创伤。作者在小说里还通过人物心理刻画展现恐怖带来的可怕后果。无论是基思、丽昂等个体还是无名的大众都是以直接受害者的形象被刻画出来的。袭击发生时,"有人从一千英尺高的窗口坠落下来","燃烧的油料发出一股股刺鼻的气味'空中掠过一阵阵尖利的警笛声"(4)。基思逃离世贸中心大楼,满脸伤痕鲜血,在医院里,他发现"幸存者没有预计的那么多",他"受到这一事件的刺激,嘴里唠唠叨叨,无法停下来",因为"大多数需要抢救的人被埋在了废墟里"(16)。弗洛伦斯丢掉手提包,失魂落魄地回到家中,给已不存在的朋友不停打电话,丽昂则"生活在准备应对随时出现的事件精神状态中"(230)。就连小孩子贾斯廷的心理也深受袭击影响,不停地用望远镜观看天空,试图发现有没有飞机来袭。作者这样描写恐怖袭击带给人们的心理伤害究竟是为什么呢?

我们不难发现,德里罗在小说里没有直接谴责恐怖分子的残忍,也没有直接批判美国的霸道、强权、不人道,而只是通过艺术形象的塑造和人物之间的对话冲突展现了美国普通人们对9·11这一恐怖袭击的反应以及袭击如何影响了他们的日常生活和心理。我们认为,他这样做是为了促使读者反思恐怖主义的原因、本质和危害,反思伊拉克、阿富汗战争,本·拉登基地组织等。考夫曼(Kauffman)说,德里罗在其"在未来的废墟上"里"对比了基地组织和美国;中世纪的复仇和高科技;宗教组织殉道者和全球化市场",但德里罗还是列举了导致9·11恐怖袭击的全球化资本主义的弊端,如"迅速的动荡,数百万难民的迁徙,我们的财富与他们的苦难"(Kauffman:356)。

　　早在德里罗另一部小说《毛二世》里,他就借恐怖分子之口说:"恐怖是我们为人民获得世界一席之地的方式。"(Whitebrook:765)对于恐怖分子复仇产生的可怕后果和力量,德里罗也做过恰当的分析,如他写道:"我们富有、优越、强大,但他们愿意死亡。这是他们拥有的利刃,这是他们受害委屈的愤怒。"(DeLillo:34)德里罗在小说里也从恐怖分子的视角说:"我们愿意去死,他们可不愿意。这就是我们的力量,喜欢死亡,喜欢武装烈士的称号。"(193)法国批评家波德里亚表达了类似的观点。他说:"当世界被彻底垄断,当权力被技术官僚机器和全球化教条牢固地巩固,扭转局面的办法只有恐怖。把所有的牌都据为己有,这个系统逼迫他者改变游戏规则。新的规则是残忍的,因为游戏本身就是残忍的。"波德里亚认为,"道德谴责和反恐的神圣联盟与看到这个全球超级大国被毁灭的巨大欢欣鼓舞程度是对等的,因为正是这个令人难以忍受的超级大国引发了遍及全世界的暴力和我们心中蕴藏(自己未觉察的)的恐怖主义想象力"。① 因为世贸大楼正是超级大国的化身,所以成为袭击的目标。在他看来,"袭击世贸中心这一象征性的反抗行为也是不道德的,但它是对全球化的反应,因为全球化也是不道德的"。既然美国和西方列强已扩张至全球范围的极端,而"西方资本越强大、越彻底,病毒的对抗组织就越具毁灭性",德里罗则用"无边界的'全球化恐怖主义'"来形容(Boxall:159-160)。

　　赛义德早就预言说:"统治会引起抵抗;帝国之争必然带来暴力——尽管它有偶然的好处和快乐——可以使双方两败俱伤。"他接着说:"在今天的世界上,有政治头脑的人很多,不会有任何国家乐于接受美国领导世界之历史使命的不可变更性。"(赛义德:411)小说中最能表现这种对恐怖袭击不同解释的当推马丁和妮娜的冲突。在妮娜看来,美国对中东的战争"是神圣的战争"(49),而恐怖分子对世贸大厦的袭击则纯属"残杀无辜"(49)。而马丁则认为恐怖分子只是"希望在世界上有一块安身之地"(124),而他们袭击双子塔也是美国自己希望的,因为它是"财富和权力的幻象",是一种"挑衅"(124)。因此,塔的倒塌狠狠"打击了这个国家的强势地位",让世人看到,一个干涉别国内政、出兵占领别国领土的大国多么容易受攻击(49)。"一方拥有资本、劳动力、技术、军队、情报机构、城市、法律、警察和监狱,另一方只有一些愿意去死的人"(50)。在后来与丽昂的对话中,马丁更是明白无误地表

---

　　① http://www.philosophicalsociety.com/Archives/the20spirit/.

示,"我可以这样说,就它给世界带来的危险而言,美国正在变为行为不当的国家"(208),致使"我们全都厌倦美国和美国人了"(208)。他还预言,"这一天很快到来,人们提到美国时,心里想到的只有它带来的危险","它正在慢慢失去中心地位"(209)。作者借马丁之口表达了对美国强权姿态和媒体误导的批评。如前所述,美国政府和媒体一边倒地指责伊斯兰国家的恐怖,而且在宣传时掩盖一些事实,如美国在宣传时避免提及恐怖分子为何袭击美国,避免提及美国武装打击伊斯兰等行动,也避免提及美国实际培养了基地组织头目本·拉登这样的事实,即"在对9·11报道中企图从公众记忆中抹去美国与他有染"(Sozalan:23)。而妮娜的态度可以说代表了众多受美国媒体舆论影响的人的观点,认为中东的落后,"社会崩溃的原因并非在于西方国家的干涉,而在于它们自身的历史、它们人民的心态"(50)。妮娜的观点与美国媒体的口径如出一辙。可见,文化宣传的力度与渗透性的强烈。

总之,德里罗的小说中"许多人物对美国社会和文化都激烈抨击",因其"完全被所有的所谓民族生活和性格中最恶劣的成分所吞没",在这里"居住着孤独、乏味、空虚、恐惧的人们,他们习惯于丑陋,不管意识到与否,他们习惯于共谋毁灭他们显然梦想的东西,包括珍贵的信仰和过去的艺术品";而"依国外眼光看,美国意味着无知、盲目、可鄙",它就是"大公司、强大军队和政府","打着高尔夫,谈论着金钱"(Lectricchia:73-74)。美国为了保持在世界的主导地位,不惜以反恐为借口,大肆发动军事进攻,残酷杀戮中东等地的人们,而这也是赤裸裸的恐怖行为。为此,被逼无奈的弱势国家必然以恐怖反击恐怖,致使恐怖主义甚嚣尘上,没有边界。

三、精神的超越:世界的救赎之路

在评价《坠落的人》时,批评家罗(Rowe)说:"超级资本主义国家,尤其是美国,自己培养了基地的敌人,让我们在后现代状况下体会到了国内外的'恐惧'。无论是美国土生土长的杀手,奥斯瓦德(Lee Oswald),还是基地输入的恐怖分子,他们之间没有区别,都是建立在不稳定的主人奴隶关系基础上的制度的产物,必然导致奴隶的反抗。"(Sozalan:21-22)在他看来,恐怖是全球化资本主义本身造就的结果,只有停止全球化战略,才可能遏制或结束恐怖主义,才能归还世界一个安全、温馨、平和、幸福的生活。那么德里罗在小说里有没有指出一条遏制全球化资本主义的疯狂扩张和恐怖行为以获得人类救赎的道路呢？

德里罗没有直接告诉读者任何解决办法，但他小说字里行间透露出的信息还是可以感知的。全球化资本主义发展带来的是被欲望所驱使，对扩张的痴迷，对人的灵魂的蔑视，对恐怖的惊骇，德里罗认为小说家有责任、有义务做点什么，来拯救这个危险的、濒临灭亡的世界。在被采访时，他坦言，"作家在理论上，在基本原则上反对国家，反对公司，反对毫无止境的循环消费和浪费"(DePietro：165)，而要做到这一点，"作家应该置身社会之外，不隶属于任何组织，不受任何影响"，因为"美国作家当今面对太多的诱惑成为那个系统和结构的一部分"(DePietro：45-46)。在他看来，有责任感的作家应满足于生活在社会的边缘，这样以便于观察社会，因为"小说家不人云亦云，而是引领"，"创造出一种气候，一种环境"，"在别人没有发现之前提前发现"(DePietro：158)。而谈到艺术的作用，德里罗给予了充分的肯定。他认为，"语言的巨大能量在于肯定生活，赋予其意义，这可以从其激发出的行为，对人类错误的纠正上得以证实"(Giaimo：91)。因此，他赋予创作崇高的地位，把它等同于"生活和呼吸"，而把小说创作比喻成"生死的斗争"(Kauffman：82)。因为"叙述(艺术和文学叙述)至少可以给人们一种安慰，一种精神和心灵上的慰藉"(姜小卫：107)。德里罗曾指出："在日益商业化、影像消费文化所宰制的后现代景观社会中，在恐怖主义泛滥、几近取代艺术家位置的时代，小说家和艺术家理应承担责任。"(姜小卫：104)如果说恐怖使人性丧失的话，那么艺术则关注人性，挖掘人性，通过审美，创造理想和希望。这个希望体现在小说中就是肯定宗教对人的灵性的培养，对人的怜悯性和同情心的培养，对世俗重压下人的慰藉和解脱。

据各种调查显示，在21世纪全球资本主义高度发展的今天，"信仰在许多人的生活中依然占据中心位置，在世界许多地方明显呈上升趋势"(Engles & Duvall：145)。德里罗认识到生活中始终存在着令人心沉的"痛苦"和"失望"，存在着那些挣扎着维护"尊严"和"体面"，但最终信奉"在尘土和淫欲之外，痛苦与虚无之外的东西"，因此，德里罗"最终成为本质精神性的深奥的启示者"(Dewey：13)。在问到个人为何乐意消弭于群体之中时，德里罗列举了在麦加朝圣的香客为例说明其中的原因。他认为，人们愿意融入人群中去，不仅是需要别人来照顾自己，也不是为了推卸自己的责任，而是"有更深层次的原因"，那就是"逃避存在的重压，生活于集体合唱之中"，因为那是"一条逃避痛苦、悔恨、悲伤以及其他东西之路"(DePietro：

113）。他所隐含的就是人的精神和宗教需求，认为那是悲剧人生的救赎之路。

《坠落的人》中的人物不时地谈论着宗教或信仰。与基思一样逃出大楼的弗洛伦斯认为，我们应该从 9·11 袭击中所获得的教训是："我们应该信仰上帝，可是，在这种情况下，我们为什么不服从上帝制定的宇宙法则呢？它们告诉我们，我们自己是多么渺小，我们最终归宿在哪里。"（96）袭击之后，丽昂组织患疾病的老年人书写对 9·11 的反应。他们对上帝的存在表现出不同的反应。其中一人说："上帝怎么会允许这样的事情发生呢？当袭击发生时，上帝在什么地方？"另一人说："这是魔鬼。这是地狱。烈火熊熊，痛苦不堪。不要想什么上帝。这是地狱。"（64）尤金说："上帝知道人们不知道的东西。废墟和尸骸。这不是上帝的计划之内的东西。"（65）这时的丽昂对上帝是存疑的。她认为，"宗教使人顺从。这就是宗教的目的，让人回到幼稚状态"，但宗教的"表达方式非常漂亮，给人音乐和艺术灵感，提高一些人的意识，降低另外一些人的意识。有的人进入恍惚状态，有的人真的俯卧在地，有的人爬行遥远距离，或者成群结队游行，穿刺身体，鞭打自己。其他人——其余的人——可能受到的影响少一些，与灵魂中某种深层次的东西联系起来"（66）。所以，丽昂理性上认为，"存在宗教，存在上帝"（69），但上帝又"是始终处于难以理解状态的存在"（69）。尽管如此，她还是去圣保罗大教堂，因为她"想和人待在一起，尤其是那里的人"（95）。很显然，此时的丽昂心中坚信，上帝是存在的，与科学也是不矛盾的，但她还是要"扼杀动摇不定的信仰的脉动"（69）。

如果此时的丽昂从理智上不太愿意相信宗教的话，那么到小说结尾处，丽昂在意识上已经发生了根本的变化。她想起父亲的死，想起他死前对信仰的态度。如她记得父亲曾说："人的生存应该拥有深厚的根源，超越我们身上湿漉漉的液体。湿漉漉的或者臭气难闻的。在生存的后面必须有一种力量，一种在过去、现在、将来保持不变的主要存在者。"（252）她在组织老年病人们写作时，自己也意识到，人是具有精神和灵魂的，"它一直在梦想，希望实现某种无法触及的东西"，"那是一种力量，以特定方式形成自然本身，是来自外界精神的我们的生命的颤动"（253）。她从大学时期就"喜欢带有古旧感的克尔凯郭尔的著作"，"对克尔凯郭尔的痴迷到了喜欢他名字拼写的程度"（126）。这位神学家所强调的"信仰的跳跃"是指"不管后果如何而相信的行为"（Giaimo：174）。丽昂最终不计前嫌接受前夫基思就是这种信仰的最好说明,"真实地履行自己的信念,坚持她的路径"(Giaimo:174)。奥斯廷也认为德里罗的"人物在寻找神奇的形式——类似宗教的仪式,冒牌的神圣权威,奇迹的变化,因为他们希望这些将帮助他们重新找到神圣社区"(Martucci:24)。

由此可见,德里罗在小说里思考了全球化资本主义语境下世界的救赎问题。他暗示我们的是,避免恐怖主义威胁和世界毁灭的出路在于停止对物质占有的疯狂追逐,停止对世界权力的无限操纵,而应强调对精神的超越,对灵性的恢复,对宗教的无条件信仰。值得指出的是,德里罗这种观点与其天主教背景有很大的关系,因为他受过"宗教法庭似的,爱寻根问底的耶稣会会士精神的教育,受到20世纪60年代城市反文化的东方感情的滋养"(Dewey:148)。在谈到他小说中的神秘性时,他自己也坦言,"它可能是天主教成长的自然结果"(Lectricchia:55)。不管如何,德里罗在小说里强调通过精神的超越,具有普世情爱的信仰,来洗涤被污浊的心灵,取得心灵的平静,避免战争与恐惧,在当今世界还是具有一定意义的,值得我们,尤其是西方霸权政府的思考和借鉴。

结　论

上面分析表明,唐·德里罗的《坠落的人》具有很强的预示性,密切关注着后现代文化背景下人的生存状况,关注着人与人,人与社会,国与国之间的关系,企图揭示人性的奥秘,倡导对人性的弘扬,强调精神超越的重要。小说结尾暗示,如果我们分享信息、互相沟通、互相理解和包容、具有普世情怀的信仰,那么这个世界就有希望,就会趋于和平,就能得到救赎。值得指出的是,比起那些躲在大学象牙塔里,失去批判意识和棱角的知识分子,德里罗确实是为数不多的几位值得我们研究的美国作家。他具有独立人格和强烈的责任意识,不轻易被新闻媒体和政府政策导向所控制,而是以一种人文主义精神,运用丰富的想象力,如实描述全球化资本主义引发的恐怖主义给世界及美国带来的灾难性的后果,并试图指出世界救赎之路。虽然他推崇精神超越和宗教信仰来解决世界的问题仍然逃脱不了全球化资本主义的逻辑,但毕竟表现了他对人类的爱,对全球化发展负面影响的警觉。

他的观点和态度与赛义德、波德里亚等当代文化批评家有不谋而合的地方,当然更有其独特性。后两者对媒体误导观众、政府的扩张本质等也都持批评态度。例如,赛义德说:"在美国,几十年来一直进行着对阿拉伯人和伊斯兰的文化战争:对阿拉伯人和穆斯林惊人的种族主义刻画,把他们都刻画成恐怖分子或酋长。整个阿拉伯地区是个巨大不毛的贫民窟,只适于在那里捞取好处或进行战争。"(赛义德:429)波德里亚则声称"恐怖袭击对'制度'是致命的"(Schuster:72)。不同于他们,德里罗只是对发生的事件做特写镜头和远距离的知性的分析,"以致在读者身上催生一种反应的能力",因为他想避免简单的"我们—他们的修辞",从而"超越对与错或者好与坏"(Schuster:72)的价值判断逻辑,进而揭示生存的矛盾性。具备这样分析判断能力的读者自然不会落入全球化资本主义所崇尚的文化逻辑,不会步恐怖主义的后尘,不会"强调一种文化,一种视角,一种生活方式胜过另一种,强调意识形态胜过个人"(Schuster:73),而是强调人性关怀,强调文化对话,强调精神交流和追求,那才是人类的最终救赎之路。

引用文献

[1] Randy Laist, *Technology and Postmodern Subjectivity in Don DeLillo's Novels*. New York:Peter Lang, 2010.

[2] 姜小卫:"一部从灰烬和废墟中诞生的艺术杰作——德里罗新作《坠落者》评介",《红岩》,2009 年 S1 期。

[3] Thomas DePietro edited, *Conversations with Don DeLillo*. Jackson:University Press of Mississippi, 2005.

[4] 唐·德里罗:《坠落的人》,严忠志译,译林出版社,2010 年。

[5] 弗雷德里克·詹明信:《晚期资本主义的文化逻辑》,陈清桥等译,生活·读书·新知三联书店,1997 年。

[6] Francis Fukuyama, "The West Has Won", *Guardian*, October 11, 2001.

[7] 威廉·恩道尔:《霸权背后:美国全方位主导战略》,吕德宏、赵刚等译,知识产权出版社,2009 年。

[8] 爱德华·W. 赛义德:《文化与帝国主义》,李琨译,生活·读书·新知三联书店,2003 年。

[9] Peter Boxall, *Don DeLillo—The Possibility of Fiction*. New York:Routledge, 2006.

[10] Ozden Sozalan, *The American Nightmare—Don DeLillo's Falling Man and Cormac McCarthy's The Road*. Bloomington:AuthorHouse, 2011.

[11] Don DeLillo. "In the Ruins of the Future:Reflections on Terror and Loss in the Shadow of September". *Harper's Magazine*. 2001(12).

[12] Paul Giaimo. *Appreciating Don DeLillo: The Moral Force of a Writer's Work*. Santa Barbara: Praeger, 2011.

[13] Linda S. Kauffman, "The Wake of Terror: Don DeLillo's 'In The Ruins of The Future' 'Baader-Meinhof' and Falling Man". *Modern Fiction Studies*, Volume 54, Number 2, Summer 2008.

[14] Maureen Whitebrook, "Reading Don DeLillo's Mao II as a Commentary on Twentieth-Century Politics", *The European Legacy*, Vol. 6, No 6, (763 – 769), 2001.

[15] Frank Lectricchia, *Introducing Don DeLillo*, edited by, Duke University Press, 1991.

[16] Tim Engles and John N. Duvall edited, *Approaches to Teaching DeLillo's White Noise*. New York: The Modern Language Association of America, 2006.

[17] Joseph Dewey, *Beyong Grief and Nothing-A Reading of Don DeLillo*. Columbia: South Carolina, 2006.

[18] Elise A Martucci, *The Environmental Unconscious in the Fiction of Don DeLillo*. New York: Routledge, 2007.

[19] Marc Schuster, Don DeLillo, *Jean Baudrillard and the Consumer Culture*. New York: Cambria Press, 2008.

对话的艺术:《伊恩的救赎》的赋格化叙事

王晓英　赵　岚

南京师范大学

一、引言

美国当代著名作家安·泰勒(Anne Tyler,1941—　)至今已出版二十部小说,其中获普利策文学奖的《呼吸呼吸》(*Breathing Lessons*)、获美国图书评论界小说奖和大使小说奖的《意外的旅客》(*The Accidental Tourist*)以及获卡夫卡奖的《摩根的逝世》(*Morgan's Passing*)等诸多佳作,奠定了她在当代美国文坛上的重要地位。安·泰勒的小说常常带有明显的复调特征,与善将作曲技巧用于小说创作的乔伊斯一样(如《尤利西斯》中的第十一章"塞壬"),安·泰勒在 1991 年发表的小说《伊恩的救赎》(*Saint Maybe*)中巧妙地使用了赋格化叙事手法,使该作品在篇章结构和主题表现上体现了更为显著和别具一格的复调小说对话特征,从而进一步拓展了诗性文本的形而上的阐释空间。

作为复调音乐中最为复杂严谨的曲体形式,赋格曲以模仿对位法为其基本特征,一首赋格曲通常包含四部分,即呈示部、间插段、中间部、再现部(尾声)。其中,呈示部与中间部是赋格曲表现的重点所在,依据声部的多寡来决定该部分的乐章结构。对主题进行模仿但又变换调性的答题是赋格曲区别于其他复调乐曲的特点,是明确赋格曲形式的主要标志。主题在各声部轮流出现,与答题、对题相应对位,创造出赋格曲独特的对话魅力。小说《伊恩的救赎》在叙事结构安排和叙事调性变化等方面体现了赋格的曲体形式。

二、圆形篇章的展开:叙事结构的赋格特征

小说《伊恩的救赎》由十章组成,故事围绕主人公伊恩由于自己不负责

任的一句话而造成哥嫂横遭不测,断然退学抚养三个侄子女以求赎罪的情节展开。小说第一至第四章讲述了伊恩的哥哥丹尼和嫂子露茜的死亡悲剧,以及伊恩皈依再生教会,退学抚养侄子女以期求得救赎。这一部分是故事的铺陈及赎罪主题的主调显现,为小说赋格化叙事结构中的"呈示部"。第五章讲述的是爷爷达特的"人生暂停",也是对伊恩救赎主题发展线的"暂停",是小说赋格化叙事结构中具有明显离调特性的"间插段"。小说第六至第九章,故事通过"间插段"而获得新的调性,又回到救赎主题发展线上,并通过伊恩对自己的信仰、召唤与救赎开始真正的思考来加深主题,为小说赋格化叙事结构中的"中间部"。小说的第十章是"再现部",描写了伊恩获得真正的救赎,这是对"呈示部"出现的救赎主题的最终呼应。故事的发展线自此形成一个流转的圆形篇章结构,"呈示部"与"中间部"形成对位构成圆形直径。

热奈特(Gérard Genette)区分了三大类聚焦模式:第一,"零聚焦"或"无聚焦",是为无固定视角的全知叙述;第二"内聚焦",并可分为固定式内聚焦、转换型内聚焦和多重型内聚焦;第三,外聚焦,即仅从外部而不透视内心来观察人物(申丹:98)。小说的叙事聚焦是在叔叔伊恩,三个孩子艾格莎、托马斯、达芙妮和爷爷达特之间分章切换的转换型内聚焦,叙事聚焦在主要角色之间转换,使小说叙事充满对话性,形成了环绕式聚焦的叙事效果。我们试将小说中的主要角色分别标记如下:叔叔伊恩标记为Protagonist(后简称为 P),最年长的继侄女艾格莎标记为 Character 1(后简称为 C1),继侄子托马斯标记为 Character 2(后简称为 C2),最小的亲侄女达芙妮标记为 Character 3(后简称为 C3),小说的叙事聚焦分章节,具体转换如下图:

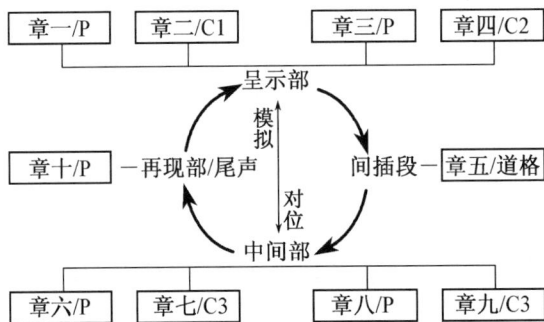

小说篇章结构与叙事聚焦转换图

在第一至第四章组成的"呈示部",叙事聚焦分别在伊恩(P)、艾格莎(C1)、托马斯(C2)之间转换,呈现出"P—C—P—C"的节奏,正如赋格曲曲部中"1—2—1—2"的乐章结构,该部分作为小说的主题部分之一,以悔恨为调性,揭示了小说的救赎主题。在小说的"间插段"第五章,爷爷达特为叙事聚焦,在这一章中关于伊恩的救赎主题隐匿了,恰如赋格曲中具有离调性质的间插段,是救赎主题再次出现之前,为"中间部"新调性出现所做的铺陈。与"呈示部"对应的"中间部"亦是小说的主要组成部分,该部分的叙事聚焦在伊恩(P)和达芙妮(C3)中来回转换,同样呈现出"P—C—P—C"的叙事节奏,经过间插段之后,该部分将调性提升到对"救赎真理"的深层思考,进一步深化了小说的救赎主题。最后的"再现部"则再次将叙事聚焦于伊恩(P),突显其角色的主体性和小说的救赎主题。以复调小说的调性特征而言,叙事聚焦可在某种程度上与声部相对应,考虑到"间插段"在赋格曲中的离调性质以及救赎主题在这一章内的隐匿,我们认为爷爷达特并未真正在小说主体声部中得以体现,故此小说的叙事结构应视为以伊恩与三侄子女共四个叙事聚焦为声部的四声部赋格化叙事结构。

"呈示部"是赋格曲的开始部分,主题及答题依次在各声部作最初的陈述。在呈示部中,赋格曲的主题与答题交替进入,进入的次数则由声部数目而定。四声部赋格曲的主题与答题进入四次,为"主—答—主—答"方式(陈铭志 2:49)。小说《伊恩的救赎》的"呈示部"以"P—C—P—C"的节奏为基本结构,以"丹尼的死"和"露茜的死"为调性基础。在赋格曲开始时,首个单独进入的为主题,故在第一章中出现的伊恩 P 声部为小说赋格化叙事的主题,这一声部在第一和第三章分别出现,呈现出主题与答题的交替进入。伊恩起初是个风华正茂、自信满满的大男生,觉得"不管怎样,我总会有一天功成名就的"(安·泰勒:2;以下引文只注页码),然而,祸从口出,当自己的无心之言造成了哥哥丹尼车祸而亡后,他"盯着自己惊恐的脸……知道,他生命里的一切从此不一样了"(44),而之后嫂嫂露茜的死讯使得他心中悔恨愈加浓烈,恨不得"回头重新过一次"(87)。伊恩对"丹尼的死"(第一章)和"露茜的死"(第三章)的"悔恨"成为这一主题声部的调性。

在赋格曲中,当主题在一个声部出现后,又在另一个声部上做模仿,于新调上重新出现的旋律为答题;而在小说第二章和第四章中,艾格莎(C1)和托马斯(C2)的声部分别对相应的主题声部进行模仿和呈现新调。如在第二章中,艾格莎既对"丹尼的死"有所思考,认为"人死了,并不是真的离开了我们,人死了,只是没什么重量了"(69),又呈现出对妈妈露茜担忧的新调性,这种担忧体现在她一系列的复杂的心理活动中,因为担心妈妈伤心,她甚至"从那就不再去想丹尼"(75),这一新调性无疑为第三章主题声部出现的"露茜的死"做了铺垫。在第四章中,托马斯C2声部不仅重新展现了第三章主题"露茜的死",还加入了"对过去的缅怀"的新调,这体现在他对记忆的追寻,比如对艾格莎与人分享妈妈留下的芥菜种的恼怒(136),对儿时照片的珍视(148)等。在这两章中,答题均非单独出现,而是由对题伴随出现的,对题在赋格曲中是主题或答题的对位旋律,通常伴随答题进入,可分为自由对题和固定对题,一般起补充节拍或转换调性的作用。在小说《伊恩的救赎中》,C2和C1声部分别在第二和第四章中,作为自由对题出现,而尚在婴幼儿期的达芙妮C3声部则在两章中均出现,作为对"死亡"主题之外"新生命"的亮色,是为固定对题。在第二章中,托马斯对题显现出的是对"丹尼的死"的"懵懂","托马斯曾经有三次,还是连着三天每天一次,忘记丹尼已经走了,死了"(51)。在第四章中,艾格莎对题所彰示的是"对未来的担心",她担心大人们送她和托马斯去别处,只留下达芙妮,因为"只有达芙妮才真正是拜德罗家的人"(136),这是对托马斯答题的"对过去的缅怀"的对位模仿手法。故此,在呈示部,P声部作为主题进入,C声部与P声部相辅相成,既对位、比照又模拟、回应,是为赋格化叙事中的答题/对题部分,其在章节中形成的对位方式如下图:

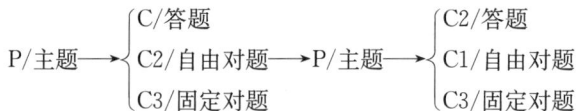

$$P/主题 \longrightarrow \begin{cases} C/答题 \\ C2/自由对题 \\ C3/固定对题 \end{cases} \longrightarrow P/主题 \longrightarrow \begin{cases} C2/答题 \\ C1/自由对题 \\ C3/固定对题 \end{cases}$$

呈示部声部模仿对位图

"中间部"属于赋格曲的展开部分,即将呈示部中所陈述的乐思,采取各种变化形式加以展开。这种乐思的展开通常通过调式、调性的变化来实现。主题在中间部重新进入时,一般出现在区别于呈示部调性的新调性上(陈铭志2:100)。小说叙事在经过"间插段"离调后,"中间部"的叙事聚焦有所变化,第六和第八章仍以伊恩为叙事声部,形成自然调式中音列相同、调号相同的平行调,而第七和第九章则以其侄女达芙妮为叙事声部,如同赋格曲中降调的下属调,故"中间部"呈现出"P/平行调→C3/下属调→P/平行调→C3/下属调"的赋格化叙事结构。与"呈示部"类似的是,主题依然是伊恩P

声部,达芙妮 C3 声部仍以回应式答题出现,该部分在叙事聚焦转换上依然采取"主—答—主—答"的方式,其模拟对位的赋格化叙事手法更为明显。上述这些都使得小说的叙事结构呈现出四声部赋格曲的特点,以复调乐曲篇章结构凸显了小说叙事结构的对话特征。

三、"救赎真理"的消解:赋格化叙事的调性变化

除了在叙事结构上使用赋格曲的篇章写作方式,小说《伊恩的救赎》在主题表现上同样体现了赋格曲的模仿对位法,这种手法在小说的乐章式各部内均得以应用。如在"呈示部",其内部结构以"P—C—P—C"的节奏来分别呈现四章,在"P"所对应的章节,即第一和第三章中,分别描写了伊恩的哥哥丹尼和嫂子露茜遭遇不幸。在第一章中,丹尼开车自杀时,作者如此描写道:"接着,巨响传来,爆裂嘈杂,还有乱七八糟的撞击声,再接着,几声金属清脆的叮铃声,最后寂静无声。伊恩仍然站在镜子前,盯着自己的眼睛看,像是没办法移开眼睛连眨一下都不行,动也不能。因为,他害怕动了一下,时间就会继续往前滚去,而他也知道,他生命里的一切从此不一样了。"(44)而在第三章中,当伊恩从母亲那里得知露茜的死讯时:"他觉得有一股隆隆的寂静从走廊蔓延开来。"(86)两则死讯均经由伊恩的心理描写从侧面表达。在因自己无心之言而造成两个生命的消逝时,伊恩同时感受到了巨响和寂静,如同其内心悔意的器叫与无法阻挡的生命的终止符。这一模仿对位的表现手法,在伊恩"我们可不可以回头重新过一次?可不可以再给我一次机会重来"(87)的恳切陈情中达到统一,展示了"呈示部"的调性特色——悔恨。

小说的"呈示部"和"中间部"作为圆形直径的两极,同样展示了模拟对位的赋格化叙事手法。在"间插段"之后,思考、质疑与否定成为小说"中间部"的新的调性。"间插段"的标题"一窍不通的人"暗示的是"呈示部"的少年伊恩——冲动、多话、盲目。对比之下,"中间部"的伊恩已届中年,其个性和行事方式的变化与少年伊恩形成了对位关系,他不再"多嘴"(249),而是选择"沉默"。小说涉及伊恩的"多嘴"与否,分别体现在伊恩对待丹尼和露茜、布兰特夫妇以及基甸和达芙妮三对情侣的态度上。在后两段关系上,中年伊恩选择"沉默",彰显了其角色调性上的转变。"沉默"是一种隐喻而非概念,在本质上是否定的,它包括从拒绝到颠覆的多重意义。伊哈布·哈桑

对"沉默"的隐喻意义做了细致的分析。基于哈桑关于"沉默"的否定性要义，我们可以认为：首先，"沉默"意味着自我否定和对形式的否定与颠覆，意味着理性、社会和历史的分离；其次，它创造了反语言，这种语言把在场的文字转换成语义的缺失，鼓励了现象和现实的再分化；再次，"沉默"彰显思考，见于自我意识的反省，对自我的重新描述也随之发生；最终，"沉默"预示了即将来临的启示，启示坚持的瓦解，启示过去与未来，启示救赎的最终来临（Hassan：13-14）。在小说的"中间部"，伊恩开始质疑信仰与召唤。不论是失言、告解还是劝诫，都是话语的，而话语在此背负了"意义"和"罪孽"的重担。"沉默"的反语言则是对这一切的逆转和割裂，显示出伊恩专注自我并与现实隔绝的需求，他决心通过思考（真正的召唤）、质疑（神的本真）与否定（拒绝接任牧师）来等待最终的启示降临，从而获得真正的救赎。不难看出，"多嘴"与"沉默"在小说的"呈示部"与"中间部"以模仿对位的手法相对应。

在以思考、质疑与否定为新调性的"中间部"，伊恩的救赎被提到新的高度：是否存在一个绝对的、统一的"救赎真理"？与埃米特牧师"把你的重担看成赏赐，看成神特别要你去做的功课。接受它，迎向它，这样才是你应有的唯一的人生"（211）的劝诫不同，简妮代替安·泰勒说出了这样的话："我觉得我们每一个人在这世间都只有一辈子的时间。过了这辈子，就永远没有机会了。而你如果就这样让它浪费掉——这，才真的是犯罪。"（208）

自启蒙时期以来，在神义论和人义论的现代转化中，以科学为标准的客观规律被用以阐释人性，在二分法下的人完全被这种理性分类了：即幸福来自于理性和符合规律，而不幸来自于非理性和有悖规律。在这一科学体系下，人的诗性理性被抹杀了，人性自我膨胀，将对于世界和宇宙的阐释高度统一到了"绝对真理"。在此背景之下，"救赎真理"被提出了，救赎真理不是由有关事物之间是如何按因果关系相互作用的理论组成的，而是宗教和哲学试图去满足的一种需求。这种需求让万事万物都落入一个单一背景中，而这一背景将会以某种方式揭示它自身是自然的、命定的、独一无二的。救赎真理的想法要求相信有一套对所有人都正确的信仰，这种信仰也能满足所有人的需求，它在本质上是超验的（罗蒂 2：101-107）。安·泰勒在其作品中一直试图在诗性文本中再次检视自启蒙时期开始便占据主体地位的科学理性，将哲学放入"人"的向度中重新构建，其小说使人物角色重回到了蒙田"我们能知道什么"的命题中，承认人的微不足道，承认人性追求真善美，同时也存在着无法避免和修复的缺陷。在小说《伊恩的救赎》中安·泰勒同样致力于消解"救赎真理"，或者说试图找寻在绝对、超验的"真理"以外的、人类"救赎"的可能性。

在小说的"呈示部"，戴罪的伊恩以皈依宗教、践行教义、听从"召唤"的方式，欲获得自身的救赎。"伊恩每次参加祷告会，就会想起第一次进这间教会的情形。他记得那天人们充满爱的歌声向他温暖迎来，记得那天的祷告一声声传递，向天际飞升。他知道，那一天走到这里，救了他。要不是再生教会，他一定是一个人苦苦挣扎着，深陷绝望之中。"（209）出于对救赎的盲信，他几乎放弃了自己的人生，而以埃米特牧师的每一个见解作为指向。在此，以埃米特牧师为象征的救赎真理独立于再生教会每个教众的人生而存在，除了教义、信仰与所谓的真理，每个人不同的、充满偶然性的人生已经不再重要，剩下的唯有服从。

而在小说的"中间部"，伊恩开始质疑这一真理的讹诈性，基于"沉默"的新调性——思考、质疑与否定，以对话的方式点亮了这一乐章，且揭示和深化了小说的主题。当埃米特牧师提议他接任时，伊恩困惑了："我难道不应该听到要我全职侍奉的呼召吗？"（244）这显示了盲信的结束和思考的开始。进一步地，他开始怀疑耶稣是个木匠的说法"可能渲染太多"。

"嗯，我们好像没有听过他做出来什么，是不是？我很希望知道他做过什么家具。有时候，我看着他的画像，忍不住会想看看他身上有怎样的肌肉——是不是每天用榔头、用锯子练出来的那一种肌肉。我很希望他真的拿起来几块木头做出一样东西，而不仅是四处站着谈论神学，留约瑟去做家具。"（255）

这一质疑与希望同时也是作者的质疑与希望：质疑"救赎真理"除了宏大统一以外，是否还具备个别性；希望"救赎"能以承认特殊性及偶然性为前提，以不同的方式泽及不同的个体。最终，伊恩拒绝了接任牧师。

　　"埃米特牧师——"伊恩开口。

　　他本该就此打住。埃米特牧师的神情突然变得很颓丧，一定是猜到伊恩要说什么了。

　　"这不仅关系到我是否有能力给别人答案，"伊恩对埃米特牧师说，"而且也关系到我是否愿意这么做，也关系到我是否觉得这是一个正确的选择？"

　　埃米特牧师等着他把话说完，伊恩知道他得再多做一点解释才行。……可他如果真要把这些说出来，争辩的门户就会大开。（什么叫作泰然接受，什么又叫作沉默被动？什么是道德的决定，什么又叫作创伤的疤痕？）这些他做不来，他只说了一句："对不起。"（263-264）

"我"是否愿意，"我"是否觉得正确，彰示着伊恩自我意识的觉醒，而言到即止的沉默，则是以反语言进行对"救赎真理"的否定。小说的"呈示部"和"中间部"所使用的赋格曲的模仿对位手法已清晰展示了伊恩对于"救赎真理"从盲信到否定的升华。在小说的"再现部"，伊恩以展开新生活、迎接新生命的方式来获得"救赎"。伊恩的孩子，一个新生命，诞生于小说的第十章尾声部分，这与以丹尼死亡开始的第一章遥相呼应，由死到生，小说的圆形篇章在此回到原点，如同人生、生命、信仰与救赎，代代相继、生生不息。

四、结语

在以模仿对位为基本手法的四声部赋格化叙事之下，安·泰勒为小说《伊恩的救赎》造设了严谨对称的圆形篇章结构，以"主题—答题/对题""呈示部—中间部"以及各角色声部叙事聚焦转换相对话的方式讲述伊恩半生的故事。然而，她不仅在小说叙事形式上采用赋格曲的作曲结构，在小说的内容上，泰勒同样以赋格曲的模仿对位的手法来彰显小说主题：以个体的生命轨迹来讲述偶然性与差异性的存在，指出它们与宏大统一的救赎真理之间的对话和抗争。泰勒试图通过小说传达一个信息：相信断裂的偶然性的碎片，而反对任何形式的整体结合；应当依靠悖论、谬误、开放的破碎性、难以证明和言表的边缘事物，而非超验的、统一的、绝对的真理，而这些正是她众多小说都希望表达的。正如伊哈布·哈桑的构成主义（Constructionism）所主张的：从一个超验的、固定的真理世界向一个多元的、变化的世界发展。人类需要救赎，但救赎的可能性在超验之外，这种可能性存在于诗性文本中。角色的对话，文本的对话与开放，最终在这混杂无序的现代社会里构建出人类可能达到的救赎的乌托邦。

引用文献

[1] Tyler, Anne, *Saint Maybe*. New York: Knopf, 1991.

〔2〕Hassan, Ihab, *The Dismemberment Of Orpheus*:*Toward A Postmodern Literature*. New York:Oxford University Press,1971.

〔3〕Hassan, Ihab, *The Right Promethean Fire*:*Imagination, Science, and Cultural Change*. Urbana, Chicago and London:University of Illinois Press,1980.

〔4〕安·泰勒:《伊恩的救赎》,吴和林译,长江文艺出版社,2011年。

〔5〕陈铭志:《赋格曲写作》,上海音乐出版社,1997年。

〔6〕陈铭志:《赋格学新论》,上海音乐学院出版社,2007年。

〔7〕理查德·罗蒂:《偶然、反讽与团结》,徐文瑞译,商务印书馆,2007年。

〔8〕理查德·罗蒂:《哲学、文学和政治》,黄宗英等译,上海译文出版社,2009年。

〔9〕申丹:《叙事、文体与潜文本:重读英美经典短篇小说》,北京大学出版社,2009年。

〔10〕申丹、王丽亚:《西方叙事学:经典与后经典》,北京大学出版社,2010年。

百年来《觉醒》研究与女性觉醒①

万雪梅

江苏大学

当前,一般认为《觉醒》(1899)是美国女性文学的开山之作、文学的经典之作。而回望过去的一个多世纪,西方学界对它的研究历程并非一马平川:它在出版之初,首先遭到了冷遇,其后几乎被遗忘,到约半个世纪后才重新被挖掘,接着被经典化,此后便得到了蓬勃发展;其作者凯特·肖邦的创作成就也因此得到重新评价,并进入了美国经典作家的行列。所以,关于《觉醒》被研究的历程,有专家指出,"美国文学史上找不出其他的经典作品,被污蔑和疏忽了这么长时间,但又迅速被如此的热爱所拥抱。也没有哪一本书像《觉醒》这样在声誉方面得到如此彻底的挽回"(Koloski:1)。那么《觉醒》的内容究竟是怎样的? 它为何命途多舛? 学界对它的认识经历了怎样的一个过程? 造成这方面的历史文化原因以及给我们的启示又是什么呢? 本文在梳理百年《觉醒》研究动向的同时,旨在探究形成这种动向的历史文化方面的原因,以管窥百多年来女性意识真正觉醒的曲折历程,并对此提出道德伦理方面的反思。

《觉醒》,简言之,是关于一位已婚女子女性意识觉醒的心路历程,换个角度,也可以说是关于一位女性和婚外两个男人的故事。大体上看,我们可以根据《觉醒》的接受情况,将它的研究动向大致分为三个阶段:冷遇期(1899—1949)、挖掘期(1950—1979)和繁荣期(1980—),这三个阶段的显现固然与肖邦本人女性意识的超前觉醒是分不开的,但透过每一阶段都能管窥到当时女性意识觉醒的状况。

———————————

① 　基金项目:本文为江苏省哲学社会科学指导项目(11WWD014)和江苏省高校哲学社会科学研究一般项目(2015SJB830)的阶段性成果。

一、冷遇期(1899—1949)

《觉醒》的女主人公爱德娜是 19 世纪末期美国南部一位富商的妻子,她容貌姣好,擅长绘画,酷爱音乐,喜欢思考;她向往爱情、自由和幸福,厌倦没有爱情的夫妇生活。起初,她朦胧意识到自己是"家中奴隶",受丈夫甚至孩子的奴役,因而日益憎恨社会强加给她的贵妇和家庭主妇的角色;接着,她又怀着强烈的自我意识,走出家庭,离开丈夫和孩子,搬进自己的小屋——"鸽子窝",靠绘画为生;最后,她带着喜悦、困惑、恐惧交杂的心情走向波光粼粼、渺茫无际的大海(万雪梅:144)。《觉醒》发表后,当时的评论界对此主要是"本质下流","思想病态、有害健康"(Seyersted:176)和"令人不安"(Petry:54)之类的认识,很显然,在接下来的这个时间段(1899—1949)学界研究非常少,整个 50 年间从 E. B. 斯蒂芬斯公司(EBSCO)全文数据库里搜索"The Awakening"仅可查到相关文章 11 篇①,以至于到了第二阶段,挖掘《觉醒》时对其在这一阶段"遭禁与否"的问题上曾存在过分歧与误解,这里有必要将西方学界对此认识的发展过程先做一简要的梳理与总结,以澄清这一事实真相,并以期对此还不知情的《觉醒》关注者有所裨益。

一些研究肖邦的专家后来认为《觉醒》在此期间遭禁了——这也是我们一直以来所接受的观点,如挪威奥斯陆大学美国文学教授佩尔·赛耶斯特德(Per Seyersted,1921—2005),在《遭禁的〈觉醒〉》("The Awakening Banned",Seyersted:173—181)中,他不厌其烦地列举并分析了当时评论界对《觉醒》的否定性评价以及出版界和当地的文化精英社团对她的态度,以证明自己的观点。另外一些专家则持相反意见,如艾米莉·托斯(Emily Toth)就认为该书没有遭禁,在《揭开凯特·肖邦面纱》(1999)一书中她写

---

① 此数据由美国达拉斯德州大学哲学博士生约瑟夫·威廉·里奇(Joseph William Richie)提供,在此深表谢意。他先在 EBSCO 的 12 个数据库里逐一搜索,得到初步的数据记录,接着他又对这些记录逐一核查、筛选,并加以确认之后,才获得了"11"这个数据,这 12 个数据库分别为:1. Academic Search Complete,2. Book Review Digest Plus (H. W. Wilson),3. Book Review Digest Retrospective (H. W. Wilson),4. Essay and General Literature Index (H. W. Wilson),5. Essay and General Literature Retrospective (H. W. Wilson),6. Humanities and Social Sciences Index Retrospective (H. W. Wilson),7. Humanities Full Text (H. W. Wilson),8. Humanities International Index,9. Literary Reference Center,10. MLA Directory of Periodicals,11. MLA International Bibliography,12. Readers' Guide Retrospective (H. W. Wilson).

道：在她 1990 出版的凯特·肖邦传记中，她证实了"《觉醒》实际上从来就没有被禁过"(Toth：xxi)，爱丽丝·霍尔·佩特里(Alice Hall Petry)认为"与公众的信念正好相反，《觉醒》既没有在地方图书馆遭禁，也没有遭到出版界一致的谴责"(Petry：5)。

尽管如此，也有一些专家学者持比较客观中庸的态度，如当代美国著名文学批评家哈罗德·布鲁姆(Harold Bloom)写道："研究肖邦的学者艾米莉·托斯已经揭穿了这持久的神话即这本书曾经遭到圣路易斯图书馆的禁读，但是它的确陷入这样令人产生费解的局面：它没有被列入罗伯特·斯皮勒(Robert Spiller)1948 年版的《美国文学史》(*Literary History of the United States*)，尽管肖邦的其他作品被收录进去了。"(Bloom：14)另一位研究肖邦的专家伯纳德·科洛斯克(Bernard Koloski)也认为："虽然这本书并没有像人们通常所宣称的那样从肖邦家乡图书馆的书架上移开，但是它确实于 1902 年时在伊利诺伊州埃文斯顿一家图书馆被中止流通。"(Koloski：4)由此可见，《觉醒》并没有像我们所信以为然的那样，遭到了统一的禁读。虽然如此，自 1906 年《觉醒》再版后，在接下来数十年的时间内没有重版，直到 1946 年时，法国评论家西里尔·阿纳翁(Cyrille Arnavon)意识到了《觉醒》的价值，把凯特·肖邦和《觉醒》介绍给了法国读者。阿纳翁在他的介绍中没有把肖邦看作一名仅仅具有地方色彩的乡土作家，而是把她与西奥多·德莱塞(Theodore Dreiser，1871—1945)相提并论，把《觉醒》看作美国早期现实主义的具有真正重要意义的代表著作；同时，也是他首次将《觉醒》与福楼拜的《包法利夫人》(*Madame Bovary*，1856)相比(Seyersted：189)。

其实，早在 1932 年，美国学者丹尼尔·兰金(Daniel S. Rankin)就注意到了肖邦的创作成就，他以肖邦和她的作品为研究对象，完成了博士论文，并将其整理出版为《凯特·肖邦和她的克里奥尔故事》(*Kate Chopin and Her Creole Stories*)，这可谓研究凯特·肖邦的第一部传记。书中虽然高度赞扬了肖邦作为一个地方作家在短篇小说方面的艺术成就，认为她是属于现代现实主义"原创的天才"(Rankin：140)，但是遗憾的是对于她的《觉醒》，却没加理会，只谴责其内容"色情病态"(Rankin：162)以及女主人公的"心理残缺"(Rankin：170)。

由此可见，《觉醒》在出版之初虽没有遭到统一的禁令，但的确遭受了大约半个多世纪的冷遇，而究其背后的原因与女权运动不敌反女权运动的力量有很大的关系。在自然界,存在着著名的牛顿第三定律,即关于两个物体之间的作用力和反作用力的问题,其中包含的首要内容就是:力的作用是相互的,它们同时出现也同时消失。通常情况下,这同样可适用于人类社会,如"哪里有压迫,哪里就有反抗"。因此我们可以说,任何一种先进的社会运动都会激起社会保守势力的反对,美国女权运动也不例外。"事实上,自美国女权主义思想萌芽和女权运动兴起之日起,反女权主义思想及势力便'应运而生'。"(姚桂桂:84)

虽然西方女性文学可以追溯到公元前 6 世纪古希腊、被柏拉图称为"第十位缪斯"的女诗人萨福(Sappho,BC612—?)的作品,但是,作为一种政治运动和社会思潮,女性主义直到 18 世纪法国大革命时期才开始在欧洲兴起。当时的女界精英希望确保妇女被赋予与男人一样的天赋权利,1791 年 9 月,法国的奥林珀·德·古杰(Olympe de Gouges,1748—1793)在巴黎街头散发一本名为《妇女的权力》的小册子(她后来却因此被送上断头台);1792 年 1 月,英国的玛丽·沃尔斯通克拉夫特(Mary Wollstonecraft,1759—1797)完成了历史上第一部重要的女权主义理论著作——《为女权一辩》。美国妇女从 17 世纪移民伊始,就表现出某种独立不羁的个性,从那以后,她们就从来没有停止过争取两性平等的斗争。她们中有写《论两性平等》(1790)的朱迪思·萨金特·默里(Judith Sargent Murray),有写《论两性平等之信札》(1837)的格里姆凯,有写《19 世纪妇女》(1845)的富勒,更有为女权奔走呐喊的社会活动家安东尼、莫特和斯坦顿等人。这些女权先驱人物均出类拔萃,受过良好教育,性格刚毅,人格高尚,富于理性和正义感(钱满素:263)。

凯特·肖邦,生于密苏里州圣路易斯的一个富商家庭,母亲是法国移民后裔克里奥尔人,她的曾外祖母在圣路易斯和新奥尔良之间拥有航船。肖邦的曾外祖母、外祖母和母亲孀居后都没有再婚,个个意志独立坚强、具有强烈的家庭和社会责任感,使得肖邦自幼受到良好的家教,精通法语,喜欢文学、音乐,并养成了博览群书和独立思考的习惯。她认为"社会是一个需要我们付出全部能量的领域,而且应得它所需要的付出",她欣赏萨拉·玛格丽特·富勒(Sarah Margaret Fuller,1810—1850)的作品:"这些思想和领悟使得这些书非常有益,能够给人的大脑以健康和活力。"(Seyersted:27)凯特·肖邦经历过美国内战及战后南方的重建,此后美国的工业化和城市化等,在美国本土以爱默生和梭罗为代表的超验主义以及惠特曼的诗,英国达尔文的《物种起源》(1859)，德国叔本华和尼采的哲学，废奴运动，尤其是女权运动等所有这些外部因素中的进步思想对肖邦的影响不容忽视，使得她的思想得以超越时空并呈现在她的文本中，"那些 19 世纪早期的名人，《觉醒》的文本鼓励我们给美国本土的爱默生一席之地，他们已经开始对知识分子的思想做一个传统的审视，而这也是肖邦能与其并驾齐驱的"(Bradley：44-45)。

正因如此，凯特·肖邦的《觉醒》在 19 世纪末表现女性意识方面，显得尤为引人注目。"它除了肯定女性的人格觉醒和独立的人生价值外，还非常超前地表现了女性性意识的觉醒。"(钱满素：264)因此在它发表后很长一段时间，当女性主义思想还处于一种萌芽状态，未酿成大规模的女权运动时，反女权运动始终处于优势地位，尤其是在相对比较保守的南方，《觉醒》遭到了冷遇。尽管经过众多女权主义者的共同努力，1920 年，《宪法》第 19 条修正案最终被批准，美国妇女终于赢得了选举权。但正如当年的奴隶解放宣言并没有消除歧视黑人的现象一样，选举修正案也没能真正为妇女确立平等权利。纵观历史，"人是观念的囚徒"，"人类的思想要超越思维惯性向前迈一小步，往往需要几十年乃至几百年的历程"(钱满素：35)，因此，《觉醒》遭到冷遇达半个世纪左右。

二、挖掘期(1950—1979)

《觉醒》的挖掘，离不开西方众多直接或间接的女性主义者的努力。如果说在资产阶级革命风暴推动下，在法国、英国和美国掀起的女权主义运动的浪潮，主要还是在为争取妇女政治权利而斗争，体现了女性政治意识逐渐觉醒的话，那么 20 世纪中期以后迎来的女权主义运动的浪潮，其斗争目标就不仅仅是争取妇女的政治权力，而且要在经济、社会、文化和教育等各方面争取与男性具有同等的权利和机会。这个阶段，女性主义者进入了一个"新的自我意识的时期"，这是"自我发展，从对反对派的依赖中挣脱出来走向自身、取得身份的时期"，同此前的阶段相比，他们"拒绝采用模仿和反抗两种均属依赖的形式，而转向将妇女的经历作为自治艺术的源泉"，他们"将女性对文化的分析扩大到文学形式和文学技巧上"(王先霈：625)。

正是在这样一种历史文化背景下，20 世纪 50 年代，西方评论界开始重新审视《觉醒》。首先，这与西里尔·阿纳翁的努力是分不开的。在用法语把凯特·肖邦和《觉醒》介绍到法国的数年后,他又将《觉醒》翻译成了法语,并于 1953 年出版。在美国,对《觉醒》的接受要相对滞后于法国。《觉醒》再版(1906)整整半个世纪后的 1956 年,才有肯尼思·埃布尔(Kenneth Eble)发表文章赞扬《觉醒》,认为它"不应该被人遗忘"(Eble:269);又过了 8 年,《觉醒》才由埃布尔写了介绍得以重版(1964)。尽管在《觉醒》重版前,埃德蒙·威尔逊(Edmund Wilson)在分析南北战争时的美国文学时,曾论及《觉醒》"写得非常美",具有一个"早于 D. H. 劳伦斯作品"(Wilson:590)的主题。

此后,《觉醒》能够得到西方学界重新而广泛的认可,以至于被文坛经典化,很大程度上离不开赛耶斯特德对凯特·肖邦所做出的重要研究,尽管赛耶斯特德把他所做的这些努力,归功于他的老师阿纳翁的鼓励。在赛耶斯特德的《凯特·肖邦评传》(*Kate Chopin:A Critical Biography*)的《序言》中,他郑重写道:"如果在 1959 年的时候不是因为西里尔·阿纳翁建议我拓展一篇我已交给他的关于凯特·肖邦的论文,我或许永远也不会想到从事关于肖邦的研究。所以我把最衷心的感谢首先献给这位评论家,是他首先指出了她真正的地位。"(Seyersted:10)也正是因为有了师长阿纳翁的期待,赛耶斯特德一生花了很多年的时间,特别是他在美国哈佛大学求学期间,专心致力于凯特·肖邦的研究,不仅将她生前已经发表和未能发表的作品全部收集起来,于 1969 年出版了《凯特·肖邦全集》(*The Complete Works of Kate Chopin*),并且同年还发表了《凯特·肖邦评传》。

赛耶斯特德对《觉醒》的评价有其独特之处,他首先关注的是其中女主人公爱德娜作为一名女性的生存状况,其次关注的是她的命运以及她对妇女解放和自由的渴求,最后他认为《觉醒》是"艺术品",是"了不起的艺术成就","在 19 世纪的美国文学,起了路标的作用,具有里程碑的意义"(Seyersted:150)。他当时能够挑战传统,对《觉醒》有如此独到深刻的远见,除了有像阿纳翁这样的前辈学者的鼓励、加上个人的努力外,与他的家庭影响也密不可分,托斯就考证到"他(赛耶斯特德)的母亲曾经是挪威女权主义者们的领袖"(Toth:243)。

赛耶斯特德的书出版之时,一方面,适逢轰轰烈烈的第二次妇女解放运动,"女性主义文学评论家正在对传统的美国文学做一个前所未有的审视,力图寻找他们自己的开山之作,从而构建女性主义的文学传统"(万雪梅:156)。另一方面,正值全美声势浩大的反越战运动。当赛耶斯特德认为肖邦是"长久被忽视的先驱"(Seyersted：186)，是"美国首位女性作家把激情热恋作为一个正当的主题，并严肃、坦诚地写进小说中"，"在不用道德标准来衡量而只是客观地反映性、离婚和妇女对存在的真实性诉求方面，她是先锋"，"她的伟大成就"就在于"她在美国文学中开辟了"如上所述的"新领域"(Seyersted：198)时，整个美国正在重复着这样的口号"U. S. Out of Vietnam! Make love, not war"(Toth：15)。于是，就在反越战运动遍及全美各地、女性主义者欲建构自己的文学传统的背景下，人们开始了阅读肖邦作品的热潮，加上赛耶斯特德认为《觉醒》曾"遭禁"(Seyersted：173)，是禁书，于是更加激发了人们对《觉醒》强烈的猎奇心理。总之，"他（赛耶斯特德）的书出版在美国人民生活的分水岭时刻，整个国家都为此做好了准备"(Koloski：5)。

女性主义文学评论家们纷纷运用形式主义、心理分析、语言学、古典神话、新历史主义，解构主义、读者反应批评等种种理论来解读《觉醒》，揭示其蕴含的错综复杂的寓意和艺术性；1972 年广受妇女们欢迎的妇女杂志《红皮书月刊》(Redbook)把《觉醒》作为"红皮书小说"再版。1974 年"现代语言学会"(Modern Language Association，MLA)认为应该在该年会上安排有关她作品的专场小组讨论。整个 20 世纪 70 年代，凯特·肖邦开始作为博士论文的主题广泛地出现在高校学术机构，从 EBSCO 全文数据库里可查到挖掘期间(1950—1979)研究《觉醒》的论文已达 138 篇[1]，平均每十年都远远超过冷遇期 50 年间研究《觉醒》的论文数。到了 70 年代后期，肖邦原来不被接受的小说《觉醒》"很明显地正在博取经典中的一席之地"(Corse：140)。

三、繁荣期(1980—   )

这个时期，一般被认为还是处于女性主义的盛行期。"20 世纪 60 年代末，70 年代以及 80 年代初期是女权主义理论爆发和女权主义运动盛行时期——似乎已达到顶端，但它并未退潮。许多理论家的思想观念逐渐成为主流。"(多诺万：1)在这样的背景下，《觉醒》的经典化得到了完成，随后其研究开始向多元纵深的方向发展。《觉醒》经典化的过程可以说完成于 20 世

---

① 此数据来源同 189 页注①。

纪 80 年代。1981 年,《觉醒》成了诺顿(Norton)评论系列集的收录作品,频繁地被用于大学文学课程。到 1985 年《觉醒》已被四个主要的美国文学高校文选集中的三个收录,除诺顿之外,还有麦克米伦(Macmillan)和兰登书屋(Random House)。1988 年,现代语言学会出版了《肖邦〈觉醒〉的教学方法》(*Approaches to Teaching Chopin's The Awakening*),同时出版的还有大家公认的经典,如乔叟的《坎特伯雷故事集》、弥尔顿的《失乐园》和麦尔维尔的《白鲸》等。而《觉醒》是"第一部由女性作家完成、被收录到这个系列中的作品"(Walker:141)。1989 年 4 月第一届凯特·肖邦国际会议在美国西北州立大学举行。仅仅 1991 年至 1992 年期间,就有 18 篇以肖邦为论题的学位论文,"到 20 世纪 90 年代为止,《觉醒》不仅在美国,而且在波兰、挪威、日本、意大利、法国以及其他一些国家成了美国文学和妇女研究课程的教学内容"(Toth:243)。

至此,在女性书写、主题和风格等方面,《觉醒》得到了充分的认可,进入了西方正典。"《觉醒》不再是一个地方作家的次要的声誉不好的作品,而是美国的名篇"(Corse:140)。《觉醒》是一本"革命的书","在美国女性文学传统的发展方面,它标志着一个意义重大的新时期的开端","在《觉醒》这部小说中,主题和风格都有新的突破。在描写女性渴望性和个人解放方面,肖邦大胆超越了前人的作品"(Showalter:170)。此后,莎拉·科斯(Sarah Corse)和桑德拉·维斯特维尔特(Saundra D. Westervelt)还通过翔实的资料表明在性别和文学的稳定化(valorization)方面,"《觉醒》确实达到了经典的地位"(Corse:155)。总之,反思《觉醒》经典化过程发生的原因,就正如哈罗德·布鲁姆所言:法国学者西里尔·阿纳翁 1953 年《觉醒》的翻译本和佩尔·赛耶斯特德 1969 年发表的传记唤醒了人们对肖邦及其小说的兴趣。60 年代的女权运动提升了肖邦的声望;从那以后至今,她的作品在美国文学经典中已经达到了杰出地位(Bloom:14)。

《觉醒》被女性主义者奉为经典后,西方学界对它的研究并没有就此却步,相反却在多方面呈现发展更快的势头。如果说南希·沃克(Nancy A. Walker)编著的《觉醒》(1993)和哈罗德·布鲁姆导读的《凯特·肖邦的〈觉醒〉》(2008)等,还以女性主义理论为主的话,像《凯特·肖邦〈觉醒〉中的妇女问题》(*Women's Issues in Kate Chopin's The Awakening*,2012)这样的著作,则注重多元文化的构建,从肖邦及其作品所处的历史文化背景出发,联系发展中的妇女问题从多个角度分析《觉醒》。还有很多成果从现代主义等角度研究,表明《觉醒》汲取了多国文化、文学、哲学和科学等方面众多精英的思想精华,如法国的福楼拜、莫泊桑,美国的爱默生、惠特曼,德国的叔本华、尼采和英国的达尔文,等等。珀特丽夏·布拉德利(Patricia L. Bradley)就认为《觉醒》与尼采的《悲剧的诞生》存在互文现象,并且受到了后者的影响(2005)。伯特·本德(Bert Bender)则认为肖邦在发表《觉醒》前就开始对达尔文关于女性的观点表示愤怒,并与其"争论","她的整个创作生涯,都在越来越强烈地质疑他对女性在性选择中的角色——特别是他关于女性低等的观点","但是,作为一名忙于思考解决她那个时代困扰着西方思想界的所有问题中最令人不安的问题的作家,她从来都没有得到她应得的认可与荣誉"(Bender:185-186)。

　　进入 21 世纪后,随着科技网络的发展,《觉醒》研究的国际化发展更加迅猛。如在 EBSCO 数据库里,从 1980 年到目前为止(2014 年 7 月 31 日)可查到的以《觉醒》为主题的文章,已达到 1652 篇①,与前面两个阶段相比,有了急剧的增长。可见,《觉醒》研究已经得到了长足的发展,对其作者凯特·肖邦的研究成果也同样丰硕。如笔者于 2012 年 8 月 29 日在哈佛大学图书馆的网页上键入"Kate Chopin"就可搜索到相关记录 240 条、作者人数 353、主题种类 352②,语言涉及英语、法语、希伯来语、意大利语、俄语和葡萄牙语等;形式以图书为主,还有图像、音乐、录音、录像材料,以及两部改编电影《格兰德岛》(*Grand Isle*,1991)和《八月之末》(*The End of August*,1982)等。

　　尽管学界试图从不同的角度来解读《觉醒》及凯特·肖邦本人,并纷纷发出他们各自的声音,但美国图书馆(The Library of America)有专门的网页介绍她的作品和有关评论,其中最醒目的话语有:"肖邦是那种无法以三言两语说清,也确实从来未被人说清过的作家。"(万雪梅 2:4)包括发表已超过百年的《觉醒》,虽然已经是美国大中学校的教材,但当老师们要求他们的学生写情节梗概时,却发现"几乎没有一个学生写的故事和其他人一样"(Toth:209)。

---

　　①　资料来源同 189 页注①,这里需注明的是因为"1652"这个数据本身比较大,所以未及逐条人工核查其唯一性。

　　②　具体内容可见:2009. President and Fellows of Harvard College. 29 August 2012,<http://hollis.harvard.edu/?q=kate%20chopin+>.

四、反思

　　回望《觉醒》百多年的研究历程，反思《觉醒》何以成为西方性别研究和文学研究的经典之作，不难发现主要有以下几个方面的原因。（一）作者凯特·肖邦本人女性思想意识超前觉醒。正因为她本人汲取了当时众多学界精英的思想精华，对此前的传统已经做了一番审视，加上她所受的家庭教育和当时社会历史环境的影响，所以她创作出了《觉醒》这样的文本。（二）《觉醒》的主题与女性主义者的理念相契合。抛开道德伦理标准不加评判，《觉醒》体现了女主人公爱德娜女性意识觉醒的历程，相较于《包法利夫人》（1857）中的爱玛和《玩偶之家》（1879）中的娜拉，在大胆走出家门、独立自主、追求个人幸福与自由方面有其积极进步的意义。（三）《觉醒》的主题与当前"多元文化，共同发展"的诉求相契合。文学领域有关"多元文化"与"西方正典"之间的纷争旷日持久。《觉醒》虽然已经成了性别和女性文学研究领域里的经典之作，但因肖邦创作该作品时，就汲取了多国文化、文学、哲学和科学等方面众多精英的思想精华，所以其研究仍然具有无限发展的空间。

　　与此同时，回眸《觉醒》的研究历程，也让我们管窥到了女性意识觉醒的曲折历程。百多年前，当时具有"客观合理性"的传统认识论框架，或许已无法满足"女性"的知识概念，于是凯特·肖邦就创造出了"爱德娜"这个非传统的女性形象做了一个尝试——笔者认为她本人与爱德娜并非同类，结果爱德娜形象为当时的道德伦理语境所不能接受。实际上肖邦也等于向人们提出了这样一个问题：什么样的女性才是真正意义上的觉醒女性？此后的文学和性别研究发展似乎表明，一方面随着女权运动的兴起，社会对"女性"形象的接受范围在拓宽、包容程度在加深；另一方面，文学和性别研究似乎可以避开道德伦理等社会问题而进行——关于这一点，也并不为所有研究肖邦的西方学者所认同，他们当中有人论及爱德娜走出家庭，离开丈夫、抛下两个未成年的孩子，去追求所谓的爱情和自由是自私的行为。国内的《觉醒》研究虽起步较晚，但发展迅速，研究成果颇丰，其中女性主义的理论视角对国内青年学子影响较大，但当他们撰文因袭西方的一些激进女性主义批评话语，从而对爱德娜的行为大加颂扬的时候，笔者忍不住要问他们一个非常简单的问题：如果你的母亲像爱德娜那样，你能接受她吗？将来你愿意成为爱德娜那样的女子，或者你愿意你未来的妻子像爱德娜那样吗？问了不少同学，所有人的回答都是否定的。由此可见，在现实生活中，爱德娜并非一个理想的可以充当东西方典范的觉醒女性，这也就使得"关注道德理论与实践的具体的、历史的文化情境"，"要求把伦理概念、理想和规约的发展与经验学科，如心理学、经济学和社会科学结合起来"，"试图通过自然化的透镜审查西方主流哲学传统"（肖巍:13）的女性主义伦理学的批评话语的引进和推广成为必需。在此同时，五千年中华文明孕育的中华传统女德也永远不会过时，再加上我们有马克思主义妇女解放理论，还有"不仅指明了中国妇女运动的正确方向，而且对国际妇女运动特别是发展中国家的妇女运动做出了贡献"的"毛泽东妇女解放思想"（彭佩云:6）作为中国特色社会主义妇女解放与发展的理论基础。古德云:"闺阃乃圣贤所出之地，母教为天下太平之源。"天下之本在国，国之本在家，家之本在身。而女子之身，乃贤才诞生之所，故尤为重要。总之，女性的教育与女德的培养，关系着个人的幸福、子孙的贤良，也影响着国运的昌隆与世界的和平。因此，时代呼唤着更多女性的真正觉醒，希望本文不仅能够为《觉醒》在国内的进一步研究提供一定的参考，也能为 21 世纪女德培育与家国建设提供一定的启示。

引用文献

[1] Koloski，Bernard，"Introduction". *The Awakenings：The Story of the Kate Chopin Revival*. Ed. Bernard Koloski. Baton Rouge：Louisiana State UP，2009.

[2] 万雪梅:"《觉醒》:穿越时空的心灵之'视'"，《外国文学研究》，2010 年第 2 期。

[3] Seyersted，Per，*Kate Chopin—A Critical Biography*. New York：Octagon Books，1969.

[4] Petry，Alice Hall，"Introduction". *Critical Essays on Kate Chopin*. Ed. Alice Hall Petry. NewYork：G. K. Hall & Co. An Imprint of Simon & Schuster Macmillan，1996.

[5] Toth，Emily，*Unveiling Kate Chopin*. Jackson：UP of Mississippi，1999.

[6] Bloom，Harold，ed. *Kate Chopin's The Awakening*. New York：Infobase Publishing，2008.

[7] Rankin，Daniel S.，*Kate Chopin and Her Creole Stories*. Philadelphia：U of Pennsylvania Press，1932.

[8] 姚桂桂:"试论 20 世纪后期美国反女权运动"，《妇女研究论丛》，2013 年第 2 期。

[9] 钱满素:"觉醒之后"，《钱满素文化选论》，复旦大学出版社，2007 年。

[10] Bradley，Patricia L.，"*The Birth of Tragedy* and *The Awakening*：Influences and

Intertextualities". *Southern Literary Journal*, 2005 (Spring).

［11］钱满素：《爱默生和中国——对个人主义的反思》，生活·读书·新知三联书店，1996 年。

［12］王先霈，王又平：《文学批评术语词典》，上海文艺出版社，1999 年。

［13］Eble, Kenneth, "A Forgotten Novel: Kate Chopin's *The Awakening*". *Western Humanities Review* 10. 3, 1956 (Summer).

［14］Wilson, Edmund, *Patriotic Gore: Studies in the Literature of the American Civil War*. New York: Farrar, Straus and Giroux, 1962.

［15］万雪梅："当代西方凯特·肖邦研究综述"，《当代外国文学》，2013 年第 2 期。

［16］Toth, Emily, "My Part in Reviving Kate Chopin". *The Awakenings: The Story of the Kate Chopin Revival*. Ed. Bernard Koloski. Baton Rouge: Louisiana State UP, 2009.

［17］Corse, Sarah and Saundra D. Westervelt. "Gender and Literary Valorization: *The Awakening* of a Canonical Novel". *Sociological Perspectives*, 2002 (45).

［18］［美］约瑟芬·多诺万著，《女权主义知识分子传统》，赵育英译，江苏人民出版社，2003 年。

［19］Walker, Nancy A. , "A Critical History of *The Awakening*". *The Awakening*. Ed. Nancy A. Walker. Boston: Bedford Books of St. Martin's Press, 1993.

［20］Showalter, Elaine, "Tradition and the Female Talent: The Awakening as a Solitary Book". *The Awakening*. Ed. Nancy A. Walker. Boston: Bedford Books of St. Martin's Press, 1993.

［21］Bender, Bert, "Kate Chopin's Quarrel with Darwin before *The Awakening*". *Journal of American Studies*, 1992 (26).

［22］万雪梅：《美在爱和死——凯特·肖邦作品赏析》，中国社会科学出版社，2012 年。

［23］肖巍："女性主义自然化认识论的兴起"，《妇女研究论丛》，2013 年第 5 期。

［24］彭佩云："积极探索中国特色社会主义妇女理论"，《妇女研究论丛》，2013 年第 5 期。

在对话中觉醒
——从巴赫金的复调理论看凯特·肖邦的《觉醒》

欧阳娇

南京师范大学

一、引 言

　　凯特·肖邦的《觉醒》作为 19 世纪美国女性主义文学的经典之作为人熟知,该书被誉为美国的《包法利夫人》。不可否认,对妇女的社会地位、婚姻家庭以及爱情自由的思考是美国南方文学喜欢探讨的话题,也是肖邦创作中的一贯主题。然而对这些主题相对独特的表现手段,却反映了肖邦善于突破传统叙事方式的创作才华。作者没有采取一般小说叙事的"独白式"手法,没有预设一个权威的声音,而是用一种复调的叙述方式,将《觉醒》塑造成一部充满了多种"声音"的小说。小说中"众多独立而互不融合的声音和意识纷呈,由许多各有充分价值的声音(声部)组成真正的复调"(巴赫金1:29)。这些错综纷呈的声音,并不是自说自话,而是在作者精心巧妙的安排下,进行一种平等的对话。作者本人并没有试图担任裁判,从这些对话中挑出一个"正确"的观点,而是以文本为载体,通过作者、主人公、读者三者的审美交往,产生关于对话的解读。这些正与复调小说理论的"对话性""未完成性"及"开放性"契合。因此,本文试图从巴赫金的复调理论出发,探析作者如何通过这一别具一格的叙事手段展示小说主人公爱德娜的觉醒之旅。

二、复调理论简述

　　复调小说理论最早由俄罗斯文艺评论家巴赫金在 1929 年出版的《陀思妥耶夫斯基的创作问题》一书中做了明确阐述(张树海:38)。其实,与其说巴赫金提出了复调理论,不如说他发现了复调现象。陀思妥耶夫斯基的作品之所以成为巴赫金复调理论的摇篮,亦非偶然,而是二人思想契合的结果。这两位思想家(陀氏的意义远非作家这一身份可以囊括)都十分关注"我性"与"他性"之间的关系。陀氏曾言:"我不能没有别人,不能成为没有别人的自我。我应在他人身上找到自我,在我身上发现别人,我的名字得之于他人,它为别人而存在,不可能存在一种对自我的爱情。"(张杰 1:43)这段话说明在陀氏心中,"我"是与"他"相互依存的。具体而言,这种依存的方式是什么? 正是对话。这一点在巴赫金的语言观中得到了明确的阐述,他说:"语言、话语——这几乎是人类生活的一切"(巴赫金 2:332),"语言的整个生命,不论是在哪一个运用领域里(日常生活、公事交往、科学、文艺等等),无不渗透着对话关系"(巴赫金 3:242)。

通过对陀思妥耶夫斯基作品的分析,巴赫金指出"他的小说中明显存在着类似于音乐中复调的结构特征,有着众多的各自独立而不相融合的声音和意识,由具有充分价值的不同声音组成真正的复调"(巴赫金 1:29)。这些不同声音之间的互动—对话,构成了复调叙事的最基本特征,蕴涵了"未完成性"和"开放性"。正是在对话中,这些声音才能充分地展示自己的独立性,它们在作者提供的语境中源源不断地亮出自己的观点,读者在与作者、主人公的"交锋"过程中获得广阔的意义理解空间。只要这一互动的对话过程不中断,意义就在不断生成,因而必然是"未完成的"和开放的"。

三、《觉醒》中的复调特征

上文指出,复调小说的特征中,对话性是最基本的,它衍生出未完成和开放特征。在《觉醒》这部小说中,肖邦在此方面着墨颇多。无须多言,人们一般将《觉醒》的主题定位为"追求自由的女性主义"。然而,这只是作者设置的一个宏观叙事框架,在这个框架里,她并没有"规规矩矩"地定义"自由""女性主义"这些概念的内涵,也没有划定它们的外延,而是通过在小说中设置四组对话,让不同的声音在碰撞中呈现对这些概念的解读。

(一) 无声的反叛:夫妻间的对话

小说中爱德娜与丈夫的对话多是无声的,这种无声的对抗其实更具表现力。对于丈夫的专断和苛求,爱德娜先是保持沉默和顺从,然后开始反抗,她一言不发地搬出了他们的豪宅,她宁愿用写信的方式与丈夫周旋,也不愿同他面对面地交流。同样,当蓬特利尔先生感觉到妻子的变化和异常后,他宁愿去找医生也不愿与她本人沟通,发现症结所在。夫妻两人之间的声音从未和谐过。这种不和谐从某种程度上引发了爱德娜摆脱婚姻枷锁、争取自由的渴望。

小说中,夫妻之间第一次争执是蓬特利尔先生的一次惯常性发作。在一次晚归后,他把爱德娜从睡梦中吵醒,并抱怨她"对他的事情毫无兴趣,对他说的话也是无动于衷",进而又责备她对他和孩子"漠不关心,一贯忽视"。"他唠唠叨叨地说个不停",但是爱德娜却"一言不发,丈夫问她也不回答"(肖邦:131)。

这场争吵只是一个开端。当爱德娜"顿悟"到自身拥有的力量之后,她开始反抗:"一线曙光朦胧地照亮了她的内心——这道光线既能指出一条路,又不允许她走下去","蓬特利尔夫人开始认识到她作为一个人在这个宇宙中的位置,并且认识到她这个人与她内心世界以及外在的世界的关系"(肖邦:141)。同陀思妥耶夫斯基小说中的主人公们相似,爱德娜卷入了生活的漩涡,甚至跌入了罪恶的渊薮。

紧张的追求、探索,折磨着她的心身。她在挣扎中张扬着自己的见解。叙述自己的惶恐与不安,竭力显示自己的意识。当她有意回避周二下午的接待日时,她与蓬特利尔先生再次在餐桌上起了争执,爱德娜心烦意乱,但她没有像往常一样离开餐桌,而是"有意逼着自己独自吃完了晚饭",然后终于"在一阵狂暴的冲动中,有一种毁灭的欲望"(肖邦:181)。愤怒驱使她进一步寻找独立的自我,也使她和丈夫陷入了更深的沉默,两人由此一步步走向形同陌路、相对无言的境地。

(二) 梦幻的哀叹:爱人间的对话

如果说爱德娜与蓬特利尔先生之间的对话是深深的沉默与无言的反抗,那么爱德娜与爱人罗伯特之间的对话则既像一支幻想即兴曲,也如同一首感伤情歌。感情真挚,却流于表面,如过眼烟云,最终只剩哀叹。波兰钢琴家肖邦的钢琴曲《幻想即兴曲》是罗伯特最喜欢的曲子,爱德娜每次到钢琴家莱茨小姐那里,都要请她弹奏这首乐曲。《即兴曲》浪漫、梦幻般的情绪,即兴而生的激情,凌驾于理性之上的感性,既是爱德娜的觉醒过程,也是她与罗伯特之间恋情的准确表达。除了钢琴曲,罗伯特还喜欢一首名叫《如果你知道》的歌曲。在爱德娜看来，"罗伯特的声音毫不做作，富于音乐感，而且真实。那声音，那些音符，那整支曲子萦绕在她的记忆中"（肖邦：152）。爱德娜为爱而失魂落魄，她渴望罗伯特能够知晓她的内心。但正如歌名"要是你知道"所表达的，欲诉不能的痛苦始终缠绕着爱德娜，她的心曲得不到罗伯特的回应。当爱德娜等待罗伯特多日而不得相见，却在郊外的小花园与他偶遇时，她不无辛酸地说："我注定只能偶然见到你。"（肖邦：218）即使当爱德娜采取了主动姿态，表明了自己的爱意和决心时，罗伯特最终还是选择了退缩，他甚至没有给她继续表白的机会，只在纸上留下了一句话："我爱你。再见——因为我爱你。"（肖邦：222）无言的结局让爱德娜陷入了彻底的绝望，从始至终，这对情人之间都没有实现彻底和真正的沟通。

（三）分裂的人格：自我的对话

从诗学的角度来看，"对话只能产生于自我意识的充分呈现中，产生于意识本身的价值不自足并引出了疑问词的过程之中"。"人们在这种复调中不断地言谈、争辩、对话，以不断地更逼近人生更本真的状况。其实，这种状况有如最初与人相遇的'光'，人类曾经与之相遇，曾经拥有，如今言说着却失去了。人只能在对话中不断地逼近。生命的意义的显现，也正在这不可终结的过程本身。"（张柠：107）小说中爱德娜就是在这种自我的对话中不断探索和觉醒的。

当爱德娜"还是个孩子的时候就生活在自我封闭的世界里。她很早就本能地察觉到了这样的一种双重生活——外在生活的顺从和内心世界的怀疑"（肖邦：135）。因此，爱德娜的内心一直有两个人在对话——一个屈从于现实和理想的自我，一个受到激情和感性诱惑的自我。正因为爱德娜的这种与生俱来的自我对话，她才会从根本上对人生意义提出质疑，才意识到桎梏下的自我存在和残缺不全的女性生活。于是，她的觉醒就成为一种对自我的再认识，即人是独立的、自在的，一个人不是另一个人的附属。

但是任何事物的开端，尤其是一个世界的开端，必然是朦胧模糊、纠缠不清、混乱不堪，乃至极度烦乱的。"一开始这种感觉只是让她很困惑。它把她带入梦幻之中，带入沉思之中，带入到那天半夜里令她放声大哭的朦胧痛苦之中。"（肖邦：141）但当某天晚上，爱德娜"突然"学会游泳以后，她"突然发现了自己的力量……她欣喜若狂，仿佛获得了一种重要的力量，可以控制自己的身心了。她变得大胆而不顾一切，……她想游到很远的地方，游到女人从来没有游到过的地方"(肖邦:161)。这种"顿悟",也与巴赫金所说的陀思妥耶夫斯基作品中主人公的顿悟十分相似。但她这种"顿悟"是不完全的,未完成性的。因此,当她偶尔回过头向岸边望去的时候,"刹那间死亡的阴影攫住了她,在这一瞬间她充满了恐惧,意识也变得模糊不清了"(肖邦:162)。这种恐惧也可以被看作爱德娜内心的感性和冲动对理想和现实的屈服。这种感性和理想的冲撞和对话,贯穿了爱德娜的整个觉醒之旅,由此而产生的不确定性和未完成性也成为其觉醒的一个重要特征。一个人内心两种声音的交战展示出了在同一个瞬间质的多样性,丰满了人物的个性。就像陀思妥耶夫斯基一样,肖邦"力求把一切都作为共存的东西来看待,从并列和同时的角度来观察和表现一切,似乎只有空间而没有时间,其结果是,甚至一个人的内心矛盾和内心发展阶段,他也要在空间上加以戏剧化,让主人公同自己的替身,同鬼魂,同自己的 alter ego(另一个'自我'),同自己的漫画去交谈"(巴赫金 1:35)。

(四) 现实与理想的碰撞:自我人格的外部显化

在小说中,除了女主人公爱德娜,作者还别具匠心地塑造了另外两个典型的女性人物形象:一个是阿黛尔·拉蒂诺尔夫人,另一个是莱茨小姐;前者是典型的贤妻良母,19 世纪标准妇女的代表,后者则是典型的独立女性,19 世纪新女性的代表。许多文学评论单纯地把这两个人物看作爱德娜的外部对比和现实,从外部因素的角度剖析这两个人物形象在整部小说发展中的作用。而笔者认为,这两个典型的女性形象也可以看作女主人公爱德娜自我人格的外部显化,即她们是爱德娜内心世界不同声音的外部投射。

巴赫金指出了陀思妥耶夫斯基小说中的两种对话方式:一种是人物之间的对话,另一种则是人物自身内心的对话。这后一种对话往往又有两种表现形式,即自己内心矛盾的冲突和把他人意识作为内心的一个对立话语进行对话(张杰 2:77)。小说中爱德娜与另外两位女性角色的对话其实就是把他人意识作为内心的一个对立话语进行对话,或者像上面所说的,他人意识也不过是自我意识的外部显化和现实投射,即阿黛尔和莱茨小姐实际上是爱德娜自我意识的两个侧面。

拉蒂诺尔夫人是"端庄美丽女性的化身",是 19 世纪中产阶级妇女的代表。她的美貌使她成为理想的性工具,她存在的价值首先是满足丈夫的性欲要求,使男性得到性的愉悦。除此之外,她又是一位完美无缺的家庭主妇,一个温顺体贴的母亲。她把自己整个的身心奉献给丈夫和儿女,她生存的全部价值就是忠实地扮演传统社会给予妇女的角色。小说一开始,拉蒂诺尔夫人就已是三个孩子的母亲,同时还怀着第四胎。作为母亲,她的一双手从未停闲过,即便在炎热的夏天到格兰德岛度假的时候,手里还是不停地做着针线活,为自己的孩子缝制御寒的冬衣。无论在哪个方面,格蒂拉诺尔夫人总是首先考虑到丈夫。当她丈夫谈论时事政治、当地新闻,甚至小道消息时,"他的妻子总是对他谈到的每一件事表现出极大的兴趣。她会放下刀叉,侧耳倾听,时而表示赞同,附和着丈夫说出的每一句话"(肖邦:202)。尽管拉蒂诺尔夫人对自己的角色和地位心满意足,她也是爱德娜学会自我表达的启蒙者,但在爱德娜看来,拉蒂诺尔夫人没有意识到自己是一个独立的人。她只是为人母、为人妻。她没有完整的生活,也不是一个完整的自我。

肖邦塑造的另一个女性人物是钢琴家莱茨小姐。她和拉蒂诺尔夫人截然相反,是典型的独立职业妇女。她相貌平平,衣着随便,从外表上就与格蒂拉诺尔夫人形成了鲜明的对照;就性格而言,她遇事急躁、举止古怪,也使别人很难接受。在格兰德岛休假的人之中没有一个像莱茨小姐一样。爱德娜度假归来回到城里后曾去找过这位钢琴家,她向附近的一家商店老板打听莱茨小姐的住处,老板说,莱茨小姐"是这条街上最难相处,最不合群的女人"(肖邦:206)。莱茨小姐对自己的职业十分专注,从未结过婚,也从未体验过爱。虽然她似乎是一个独立的人,是一个自在的女性,但这种独立和自在的代价是极高的:她得不到人们的理解,没有爱。她的独立是孤立,她的自在是封闭。她是"一位勇敢的艺术家"。

前面说过,拉蒂诺尔夫人和莱茨小姐是爱德娜这个人物形象的两个侧面,但爱德娜既不是拉蒂诺尔夫人,也不是莱茨小姐。前者为了扮演好女人的标准角色,完全泯灭作为独立人的自我,对毫无生气的生活麻木地心满意足。后者独来独往,心性中没有一丝激情,对形影相吊的生活无奈地心满意足。爱德娜的追求是一种充实完整的生活:她既要独立、又需要爱情。她的理想世界是人格的独立和性爱的激情。而这种女性的向往和追求是当时社会所不能容许的,甚至在当今社会,这一理想实行起来,也有很大的难度。而爱德娜这种理想与现实的碰撞,通过作者笔下这两个女性角色的显化,显得更加生动而具有张力。

四、结语

　　尽管肖邦本人是女性主义的代表之一,《觉醒》一书也被誉为"具有自传色彩的小说";但作者在小说中似乎并没有"力图通过激发读者的想象,明显地把读者引向某个创作意图或本文的意图",而是交给读者一个复杂的矛盾体,给读者一个极大的未定点或空白,任凭读者自己去思考、去填补。"复调小说的结构并不暗示读者应怎样看待作品,如何解释主题,而是把作品主题的种种解释,甚至是相互对立的观点,公开地摆在读者的面前,由读者自己去判断。"(张杰 1:43)

　　作者在小说中设置了四组对话,并且让不同的声音、观点、情感在其中交错呈现。前者可视作利用结构形式的"显性复调",后者则是蕴含不同声音内容的"隐性复调"。二者相互配合,使得对话得以进行,从而让读者对小说意义的解读实现"未完成性"和"开放性"。

　　不过需要指出的是,虽然复调小说中主人公并不是在表现作者的统一意识,作者也并非为表达自己的某一思想来计划、展开情节,刻画人物性格,揭示人物命运,而是有意识地表现有同等价值的各种独立意识的世界,但这并未给读者造成碎片化的散乱感觉。小说中不同对话的不同声音,并不是割裂开来的,而是统摄于对"自由""女性主义"等概念的不懈探索,尽管这种探索并未也不可能完结。正是通过这种"总体原则之下的复调"(王志耕:119),作者肖邦才得以成功地运用独特的叙事方式实现了《觉醒》张力与凝聚力的统一。

引用文献

[1] 巴赫金:《陀思妥耶夫斯基诗学问题》,白春仁、顾亚玲译,生活·读书·新知三联书店,1988 年。
[2] 巴赫金:《巴赫金全集》第 4 卷,钱中文等译,河北教育出版社,1998 年。
[3] 巴赫金:《巴赫金全集》第 5 卷,钱中文等译,河北教育出版社,1998 年。
[4] 凯特·肖邦:《觉醒》,鲁刚译,上海文艺出版社,2004 年。
[5] 王志耕:"'聚合性'与陀思妥耶夫斯基的复调艺术",《外国文学评论》,2003 年第 1 期。
[6] 张杰:"复调小说的作者意识与对话关系——也谈巴赫金的复调理论",《外国文学评论》,1989 年第 4 期。

［7］张杰:《复调小说理论研究》,漓江出版社,1992 年。

［8］张柠:"对话理论与复调小说",《外国文学评论》,1992 年第 3 期。

［9］张树海:"浅析复调小说理论的哲学基础",《甘肃社会科学》,2004 年第 5 期。

东方主义视阈下谭恩美的创作嬗变

耿　莹

河南理工大学

一、东方主义和权力话语

　　近两个世纪,西方不断地误读东方、无视东方,甚至俯视东方,使整个人类的文化发展失衡。西方中心主义权力正在成为单边主义与霸权主义话语。如何通过多元世界发现被忽略的东方文化,已成为当今世界性的课题。

　　美国当代重要的批评理论家、后殖民批评理论的代表人物爱德华·赛义德(Edward Said,1935—　　)指出:"东方主义是一种思维方式,'东方'与'西方'是相对而言的,东方主义的思维方式即以两者之间本体论与认识论意义上的区分为基础"(赛义德:3-4)。长久以来,在西方人眼中,"东方是非理性的,堕落的,幼稚的,不正常的;而西方则是理性的,贞洁的,成熟的,正常的"(赛义德:49)。作为后殖民主义理论重要组成部分的"东方主义"理论,有"明显的意识形态分析和政治权力批判倾向,……其批评锋芒直指西方的文化霸权和强权政治"(陈爱敏:21)。这种强权政治虚设或者虚构了一种"东方神话",以显示其自身文化的无上优越感。这就是"东方主义"作为西方控制东方所设定的一种政治镜像。赛义德将东方主义定义为一种思维方式。西方通过对东方的虚构使得西方和东方具有了本体论上的差异,并使西方得以用猎奇的、带有偏见的眼光去看东方,使自己终于能够掌控"异己者"。长久以来,西方主流文化下所展现的东方一直在两极的臆想中跳跃,东方或是蛮荒、丑陋、堕落的人间炼狱,或是神秘、美丽、富庶的乌托邦。东方主义者总是有意无意地将东方异化为"他者",使其无法言说自己,处于失语和被看的状态。正是因为东方的沉默与缺席,才有了西方对东方片面、夸张、边缘化,甚至歪曲的描述。西方在对东方的各种否定性话语中建构了自我的优越性。

在与东方主义的纠葛中,华裔作家表现出两种截然不同的态度。有些华裔作家为摆脱自身东方人的身份,借助创作跻身主流,自觉或不自觉地成为东方主义者的帮凶与同谋;他们的文学创作和思维方式,蓄意用"东方主义"者的眼光来错误地"审视"(gaze)东方;为了迎合西方读者的猎奇心理,竭力地向西方呈现东方人落后的、丑陋的"他者"形象。亦有一些华裔作家,从自己的良知出发,坚守自身的"阈界"身份,在种族歧视盛行的主流环境中,竭力用自己的文学创作来建构华人的正面形象,以颠覆、超越西方的"东方主义"话语。谭恩美的创作是否有东方主义倾向,一直是评论界争论的焦点。实际上,从赛义德的东方主义理论视角审视谭恩美的主要创作,可发现其与"东方主义"复杂的纠结、嬗变过程:同谋——颠覆——超越。为跻身主流,《喜福会》实则成为东方主义的同谋、帮凶;而随着写作视野的扩大,《接骨师之女》则是对东方主义强有力的颠覆;《拯救溺水鱼》的创作已发展为对全人类的关注,谭恩美毅然走向全球化写作,关心"我们"人类的终极命运,企盼世界和平,已然超越了东方主义。

二、《喜福会》——东方主义的同谋

"中国特性"一直是华裔文学在西方主流读者中的卖点,也是批评界关注的焦点之一。作为西方读者,读后一定会误认为这就是中国文化,因为"东方人"自己创作的故事绝对是真实的。用赛义德的话来说就是:"来自本土的信息提供者比其他任何声音都来得真实。"(赛义德:99)谭恩美的《喜福会》融合了东方主义与她自身独特的想象力,不但赢得了西方市场,也借此打入了主流话语。为了在西方主流话语中谋求一席之地,谭恩美的创作迎合了西方读者的口味,与他们既有的对中国和中国人的形象定位相吻合,并满足了其猎奇的需求。她所处的时代背景与环境的特殊性都决定了她的作品必然会有东方主义的印记。

东方主义一个重要的支点就在于对东西方的二分法上,具体说来就是优与劣、先进与落后之区分。在西方,东方人常常"被置于由生物学决定论和道德—政治劝诫所构筑的框架中"。因此,东方人与引起西方社会不安的诸多因素联系在了一起,像罪犯、精神病人、妇女和穷人等,他们成了"悲伤的异类"(赛义德:36),将要被解决、被限定。东方人放纵、懒散、残忍、愚昧、落后,是未开化的民族(王岳川1:114)。西方人心目中东方人的形象都可以在谭恩美的《喜福会》中找到大量的踪迹。谭恩美在《喜福会》中通过对四位母亲亲身经历的描述，使西方读者游历并验证了他们心目中的"中国"。首先，谭恩美在对"吃"的描写上很是细致入微。开篇，她描述了战乱下的桂林，提到了那些以老鼠为食的无家可归的中国难民，这多少会令西方读者感到毛骨悚然。在西方人眼中，中国人对吃很讲究并且学问高深，这就别有一番异域风情、异国情调。其次，谭恩美向崇尚自由平等的西方读者呈现了一些中国的陋习，诸如人肉如药、童养媳、指腹为婚等。这一切都向西方读者呈现了中国人的愚昧、落后与非理性。第三，谭恩美向现代社会的西方读者推介了风水之说、五行理论与星相。这些理论对于身处科技发达社会的西方读者来说都是不可思议的、非理性的。在谭恩美小说《喜福会》里，母亲们的理解和阐释却把这些理论切实地运用于实实在在的现实生活中。这样的叙述只能增加西方读者心目中所固有的东方人非理性的愚昧形象。

谭恩美在小说《喜福会》里，重点突出了母女两代人的形象和她们之间的矛盾冲突，却对男性尤其是中国男性特别地吝啬笔墨，他们几乎处于完全的失语状态，读者根本无法看到他们有血有肉的完整形象。男性在谭恩美的笔下像幽灵一样虚无缥缈。小说对中国男性这样的处理方式却可以迎合西方读者的口味，符合并再次验证他们对东方男性形象的定位——在法律和意识形态领域内被合法排斥的、被阉割的、女性化的、专搞同性恋的"他者"形象（王岳川 1：114）。

1989 年谭恩美的《喜福会》一出版便引起巨大的轰动，曾占据《纽约时报》畅销书排行榜达 9 个月之久。《喜福会》揭示了作者为了迎合西方读者的口味，而不惜集中地大量呈现旧中国某些陋习的东方主义情愫。它有意无意地变形与扭曲着真实的东方，对东方的观点具有相当的局限性。为达到跻身主流的目的，《喜福会》实际上已成为东方主义者的同谋与帮凶。在《东方主义》一书中，赛义德曾总结了历史上西方对东方的描述："东方是非理性的、堕落的、幼稚的、不正常的；而欧洲是正常的、贞节的、成熟的、理性的。"（赛义德：49）细读谭恩美的小说《喜福会》，这种东西方的对比如此强烈，东方人的愚昧落后，东方文化的过时、低劣都跃然纸上。事实上，她以另外的一种方式使得东方主义具体化。

所幸的是，《喜福会》获得西方批评家好评后，谭恩美很好地确立了在美国文坛的地位，并成为在美国华裔文学圈内最令人瞩目的作家之一，其写作视野也扩大了。《接骨师之女》打破了"东方主义"的话语权，颠覆了美国的

"东方主义"。

三、《接骨师之女》——东方主义的颠覆

东方是"想象的地域及其表述"（赛义德:61），作为欧洲的"他者"，东方从来都是欧洲文化一个内在的组成部分,诸如理性、发展、人道、高级的西方和反常、落后、愚昧、低级的东方。这种想象和建构东方的模式,体现的是东西方书写与被书写的权力关系。历史上,美国媒体凭借他们的想象,电影电视中开发西部的英雄往往都是白人,只有他们才算得上是真正的男子汉。而华人充其量只不过是洗衣工、厨子、理发工等,是白人的奴仆而已。美国的法律和种族歧视已使他们完全女性化;美国的正统历史完全抹杀了华人在美国历史上的贡献,消除了华人在美国历史上的声音。《接骨师之女》打破了长期以来华裔男性在主流话语中的"失语"与"消音"状态,颠覆了主流文化中的概念化的华人刻板形象,颠覆了东方主义控制、主宰东方和东方人的企图。

谭恩美在《接骨师之女》中既描写了宝姨和茹灵等积极进取的华人女性形象,也刻画了儒雅之风与阳刚之气并存的华人男性形象,颠覆了东方主义对华裔女性与男性的刻板印象。谭恩美在选择女性主义这个主题时并没有有意地用东方主义的视角来邀宠。

在《接骨师之女》中,谭恩美在塑造宝姨、茹灵和露丝这三个形象的过程中,采取了不同的策略。其中,有对东方主义的华人女性刻板印象的颠覆,有对东方主义的模拟,也有通过失语沉默的另类方式来对抗东方主义,从而在主流大众话语内部制造出含混,获得了"第三度空间",以模拟、杂糅的方式对抗东方主义的殖民话语。这三个形象不是东方女性单一形象的再现,而是立体、多面、复杂的真实形象的艺术再现。

作者笔下的宝姨对待爱情的态度和同时代的女子截然不同,而与西方主流话语的婚恋观极其相似。这样的女性形象与东方女性柔弱顺从、愚昧无知、守旧贞洁的女性形象相去甚远,彻底颠覆了东方主义的女性形象。假如我们忽略她的中国背景,她的形象与西方现代自由女性的形象还有什么差别吗?

如果说宝姨是以自己的自由意志和自由生活来与男权中心的父系社会抗争的话,露丝则是用失语和沉默来与男权中心和白人至上的社会抗争。

在逻各斯中心主义的认识论中,沉默和声音永远是二元对立的关系,声音/话语意味着掌控和控制的权力,通常属于男性,而沉默通常属于女性。借鉴霍米·巴巴(Homi Bhabha)有关被殖民者的能动性的理论,被压迫者正是通过沉默和其他另类的方式对主流话语进行渗透、抵抗和颠覆的。正如福柯所说,"沉默是人们表达思想的方式之一,它构成了人们对世界认识的一部分,又渗透于他们对世界的认识中"(王岳川:2),它是话语世界不可或缺也不容忽视的延伸。沉默是亚裔女性抵抗主流话语的一把利剑。

谭恩美通过塑造类似于西方自由女性的形象,颠覆了东方女性的刻板印象;通过模拟东方主义的描写,塑造了西方大众话语中的女性形象,给予了作品一种真实的、可以信赖的阅读基础;通过失语的女性形象,解构了东方主义的二元对立,并对其做出了另类的抵抗。《接骨师之女》中三个不同的女性形象不是单一固定的,她们是多元的、立体的,她们正是华裔女性集体形象的艺术再现。这些多元的形象不仅是对殖民话语中的东方女性刻板印象的回应,也是对这种刻板印象的反拨,更是对东方主义的抵抗。正如霍米·巴巴所说:"抵抗不一定是政治的全然对立,也不一定意味着简单地否定排斥另一种文化,而是要在主流话语被承认的规则内制造混杂,用它做文化差异的符号。"(王岳川:2)在小说中,谭恩美用主流社会能接受的话语方式,"嵌入"其内部,在模拟东方主义对华人女性的刻板化描写的过程中,让性别主义和种族主义的压迫重现。在她进行差异化描写的过程中,东方主义产生含混与杂糅,不断进行"带有差异的重复",获得意义上的"滑动",最后达到拆解主流话语、消解东方主义影响和重构华裔女性自身主体身份的目的。

四、《拯救溺水鱼》——东方主义的超越

小说《拯救溺水鱼》表明谭恩美已走出少数族裔女性作家狭小"自我"的创作藩篱,写作视野已从"我"的世界转向"我们"的世界,已然超越了东方主义。

谭恩美通过小说《拯救溺水鱼》解构了西方人对东方女性的刻板印象,发出了与"西方中心论"相对立的声音,对传统的东西方关系中潜在运作的权力关系和文化霸权进行了一次惊人的倒置。

她在《拯救溺水鱼》中塑造的三个华裔女性个个形象丰满、精神独立。

她们分别是陈璧璧、朱玛琳和埃斯米。陈璧璧在故事的开始已离奇死亡,作为原定的、由西方成功人士组成的旅游团的领队和整个故事的叙述者,她独立自强、生活富足、乐善好施,有良好的品位,并通过自己努力跻身美国上流社会,超越了以往东方女性逆来顺受的形象。朱玛琳则是一个事业成功又不乏女性柔情的华裔女子,是小说中最完美的女性。她独立自主、勇敢善良、受到过良好教育,完全摆脱了华裔女性在西方人心目中的刻板化印象。在她的白人倾慕者柏哈利眼里,朱玛琳虽然依旧充满着异国情调,然而对她已不再是白人对东方女性猎奇式的迷恋,窥视与亵玩的意味已荡然无存。在柏哈利看来,她的一切都那么优雅美丽,"就连她喷杀虫剂都像个女神"(谭恩美)。不仅如此,她在小说中还担当了"拯救"白人男性柏哈利的任务,令深爱她的柏哈利相形见绌。而昔日东方女性柔弱温顺的影子,在朱玛琳的女儿、十三岁的埃斯米身上已不复存在。她聪明理智、爱憎分明。相比之下,十五岁的西方男孩鲁伯特则显得轻率鲁莽,更像个孩子。

谭恩美对这三位华裔女性的刻画超越了以往东方女性逆来顺受的形象,摆脱了被书写、被操控的命运,在西方主流文化中发出了自己的声音,也颠覆了白人男子强大而无所不能的拯救英雄神话。

显而易见,谭恩美正在努力超越族裔作家的狭小视野,走出性别和族裔的樊篱,毅然走向全球化写作,并且凭借自身的独特和敏锐从美国文学中脱颖而出,已然超越了东方主义。

五、结语

长期以来,西方世界尤其是美国一直以"东方主义"者的偏见眼光看待华人,美国主流文化规约下的华人已成为刻板的、僵化的"他者"形象。华人通常是愚昧的、野蛮的,是道德败坏的、没有教养的。在华裔作家群中,既有坚守自身"阈界"身份,用文学创作颠覆"东方主义"的作家,亦有人为摆脱自身东方人的身份,蓄意借助创作跻身主流,从而自觉与不自觉地成为东方主义的帮凶与同谋。而谭恩美的创作是否有东方主义倾向,一直以来也是评论界争论的焦点。从上述对谭恩美的三部作品《喜福会》《接骨师之女》和《拯救溺水鱼》的探讨,读者可发现其主要创作与"东方主义"复杂的纠结、嬗变过程:同谋——颠覆——超越。为跻身主流,《喜福会》实则成为东方主义的同谋与帮凶;而随着地位的确立、写作视野的扩大,《接骨师之女》则是对东方主义强有力的颠覆,正写了华裔男性,重构了美国华人、华裔历史;《拯救溺水鱼》的创作已发展为对全人类的关注、企盼世界和平,已然超越了东方主义。这一切表明谭恩美已走出少数族裔女性作家狭小的创作藩篱,其写作视野已从"我"的世界转向"我们"的世界,走向了全球化写作。

引用文献

[1] 爱德华·赛义德:《东方学》,王宇根译,生活·读书·新知三联书店,2007 年。

[2] 陈爱敏:"东方主义视野中的美国华裔文学",《外国文学研究》,2006 年第 6 期。

[3] 王岳川:《当代西方最新文论教程》,复旦大学出版社,2009 年。

[4] 王岳川:《后殖民主义与新历史主义文论》,山东教育出版社,2001 年。

[5] 谭恩美:《接骨师之女》,张坤译,上海译文出版社,2006 年。

海湾战争后美国战争电影中的女兵形象研究

高莉莉　　　　　吴　楠

空军预警学院　　空军工程大学

引　言

　　在美国历史上,女性以很多方式参与着战争。从独立战争到美国内战,女性假扮男装走向战场,再到"一战""二战"中女性在军队中担任着后勤和辅助性工作。海湾战争是美国自越南战争之后的第一场大规模武装冲突,这场战争清晰地描绘了美军越来越依靠女性来应对战争危机,让我们深刻认识到美国参战人员的角色本质的转变,为人们提供了认可女性和改变看法的机会,带来了美国对于军队女性伦理观的转变。

　　美国学者 Rosemarie Skaine 认为在战争的神话学的词典里,只承认"勇士、受害者和娼妓"的字眼,前一项是留给男性的,而后两项是留给女性的。男勇士的神话使得女勇士几乎不为人们所看见(Weinstein:55)。女性在战争中一直没被充分地体现过,而女性自身也深受父权制文化的影响,长久地把自身禁锢在传统女性的角色之中,未能充分施展自己的才干。军队女性在相当长的时间里角色受限,数量受限,面临重重困境。

　　军队是推动社会变化的一个战场,军队文化的独特性经常被人们用来分析社会,军队是女性所从事的最为非传统的领域,军队的构建历来是以男性特征为标准而建立的权力机构,军队文化在很大程度上体现的就是男性特征。因为文化上的偏见,研究女性在军队中的矛盾角色,研究女性应该怎样融入男性世界,在最近一些年里是美国文化研讨的重要课题。现如今,战争环境、战斗样式和科技发展,都使得女性走向越来越多的战斗岗位,这一变化在很大程度上消解着文化对性别角色的限制和分工,军队女性受到了媒体和人们广泛的关注。

　　19 世纪 80 年代以来,媒体对军队女性给予了高度的关注。因为主题鲜明，新闻价值十足，性别角色和女性从事的工作都成为关注的焦点，无数作品都在讲述与军队女性相关的政策变化、辩论、丑闻等。因此媒体话语也影响到了影视对军队女性的塑造和叙事。

本文选取了几部美国20世纪90年代后的战争题材电影来探讨美国军队中的女兵形象问题。主要有以下两个方面：一个是参战女兵的勇士形象问题，着重探讨在新的战斗模式下女性作为战斗员或指挥员在战争中的表现；第二个是女兵在男性占主导的军队群体中的身份问题和与男兵之间的关系问题，主要探讨了美军长期存在的性骚扰和性侵犯问题。

一

意识形态对于性别的操控不仅仅在于保持女性的神话，同时还要保持男性、军队和战争的本质神话。传统的性别身份把男人同战争相连，而女性同和平相连。Susan Jeffords通过对越南战争中人物形象的刻画，发现战争和性别的结构关系如此密切，以至于"一个离开另一个无法存活"。这种关联也运用到了性别与战争的具体的领域。Jean Elshtain还分析了同战争相关的性别角色的形象塑造，发现男人通常被刻画成"正义勇士（just warrior）"，而女性则被塑造成"美丽心灵（beauty soul）"。这些形象使得女性不能成为战斗员，而男人不能成为非战斗员（Peach：24）。

从意识形态角度把军队看作男性气质，使得男性成为衡量女性的标准，这样的偏见使得女性同军队格格不入，尤其是战斗。把女性从战斗序列中排除出去，有助于创建一种厌女的（misogynistic）环境，使得女性被认为是"助手""女同性恋者"等（Weinstein：56）。纵观历史，战争一直是男人证明自己男性气质的途径，男性气质被看作成功必备的前提。女性气质在军中遭到了长时间的蔑视。人们努力地去压制和排除男兵身上的女性特征（Peach：25）。人们认为"男子汉气概"的品德是保持有效战斗力所必需的，女性不能也无法适应这些品德的养成，这些观念导致了女性长期被排除在大部分战斗岗位之外。

20世纪90年代后，美国很多战争题材的影视剧里女兵形象也随着社会和军队的变化有了明显的转变。在传统美国影视剧里，女性和战斗员不兼容，她们只是从属角色，担负着支援和服务战斗的任务，女性在军中最典型的形象和岗位就是护士，没有走向战斗和核心岗位。但在当下的影视剧里,女兵表现得更加尚武,不少战斗员的岗位由女性担任。她们在影视中和现实战争中的血性引起了美国媒体和民众的广泛关注,女性是否应该参与地面作战的问题成了讨论的焦点。

电影《魔鬼女大兵》,英文名为 *G. I. Jane*,是由美国著名导演雷德利·斯科特(Ridley Scott)于 1997 年拍摄的一部以军队女兵为中心人物的影片,由好莱坞著名女星黛米·摩尔主演。美国海军上尉乔丹·奥尼路作为军中唯一的女性参加了海军海豹突击队(SEAL)的选拔,因为训练极其艰苦,淘汰率高,只有不到 40% 的队员可以达标,荣升为突击队的一员。而奥尼路的成功与否则会直接影响到女性是否能够在生理和心理上适应战斗的需要,走向战斗岗位。

在整个影片中,奥尼路被置于一种敌对的、残酷的、男性为主宰的世界中,而女性要想进入由男性一统天下的精英团队,被认为是对性别的极大挑战。她的身体的特殊性和女性特征都成了男性排斥和嘲笑的对象。而奥尼路为了克服女性特征,在训练间隙,自己走进理发店,剃光了一头秀发。拒绝对女性的"性别优待"的双重标准,搬进了男兵兵舍。她以自己的优秀表现,以超乎寻常的顽强意志,最终通过了所有训练,并参与了这支新组建的突击队的一次军事行动,去寻找并恢复美国在利比亚坠落飞机上的敏感设备。在激战中,她营救了自己的训练官约翰,并最终被队员们接纳。

影片中最有讽刺意味的是,当奥尼路去除掉身上的女性气质和女性特征,争取向男性气质靠拢时,并非就能完全被军队所接受,因为在男性文化和军队文化的视角下,女性身体就是他者。当迷人的女同事邀请奥尼路去野餐的事情经媒体曝光后,军队开始怀疑奥尼路的性取向问题,开始以她是女同性恋而给予种种刁难。既要保留女性特征,又要适应男性文化,这就是当今女性军人要面临的现实,当女军人过多展示女性特征,女性身体就成为一个影响战斗力的因素,就被冠以"柔弱、胆小"等带有性别意味的贬义词;而当女军人过多展示男性气质时,则被怀疑是同性恋或性取向有问题,所以如何调和女性气质和军人身份的关系是女军人必须面对的难题。

另一部电影《生死豪情》,英文名为 *Courage Under Fire*,又译《火线勇气》,由爱德华·兹维克(Edward Zwic)执导,该电影并不是讲述异常明确的战役,而是讲述军队士气本身,刻画了一个女指挥员的英雄形象。该影片是第一部以海湾战争为题材的影片。虽然《生死豪情》和《魔鬼女大兵》在刻画女勇士方面有很多不同,但是它们都表现了一个深刻的主题,那就是女性是否可以在战斗岗位履职尽责。

电影的叙事是以坦克部队的上校军官沙林调查卡伦·沃特（梅格·瑞安饰）是否可以获得荣誉奖章为线索展开的。整个电影的叙事通过一系列完全不同的倒叙完成，目击者也就是卡伦的战友给出了不同的证词，有对卡伦的勇气的褒扬，也混杂着对卡伦的质疑。沙林质问士官墨菲。墨菲深受良心的折磨，开着车撞向火车自杀。墨菲的自杀使军医弗里兹终于说出了实情。而故事在这时也到达了高潮，在战斗中卡伦和她的小组去营救被困的美国士兵，不幸的是自己也被伊军包围，形势危急之下，墨菲不听指挥，煽动男性士兵们质疑女指挥官的能力，而卡伦则要坚持战斗，保护自己受伤的战友，并逼他交出武器。当救援队到达时，几个人在卡伦的掩护下登上了直升机，但墨菲却报告营救队卡伦已经死亡，把受伤的卡伦留在了阵地上。随后，轰炸机投下的燃烧弹使整个阵地化作一片火海。电影的焦点就在于卡伦作为一名飞行中队的女指挥官在指挥过程中，她的能力是否令人信服，当他们的飞机坠落，小组成员陷入混乱时，她的权威是否能够服众，她的指挥能力是否足够应对突如其来的改变。可以说卡伦·沃特一直没有抛弃受伤的战友，自己被队员所伤，仍旧全力抵抗，最终在掩护战友的过程中，却被战友所抛弃。从整个事件来看，卡伦是合格的，而且表现是卓越的。但是，她的那些男兵手下却违抗命令，不服从指挥，并最终导致卡伦的阵亡。随着电影情节的发展，沙林对卡伦的钦佩和同情不断上升，表现出男性军官对女性军官的钦佩和接纳。

在两部电影的结尾部分，两位女英雄都得到了勋章的奖赏，卡伦被公开授予了勋章，在白宫的授勋仪式上，总统亲自把勋章戴在卡伦的女儿身上。而奥尼路的训练官把自己的勋章给予了他心目中的女英雄，奥尼路在更衣间里的一本劳伦斯诗集里发现了这枚勋章，奥尼路和之前残酷折磨她的训练官约翰眼神的默默交流，代表着对她的肯定和褒奖。这些画面都暗喻着一种认可，对女性融入战斗部队的认可——被官方认可的同时，更重要的是被自己的男队友所接纳和认可。

对于把女性排除出战斗序列的观点来自于完成战斗任务的效度和保护女性的需要（Peach：32）。在传统人士看来，女性的加入降低了战斗力，影响男性士气，从体力上和心理上来看女性都不适合战斗。而女性战斗员打破了人们对于女性正确社会角色的偏见，同样打破的还有男性需要证明自己男性气质的惯有方式。我们去定义勇士时，不能再以性别为标准，而是应该以能力为标准。就像我们要以"意志"来区分士兵和勇士,这一重要因素从叔本华起就被哲学家们所讨论(Coker:5)。由于这些想象,不难理解反对者们是如何把女性参与战斗等同于破坏女性气质、男性气质和美国社会。战争是男性的神话(没有女性的立足之地),男性是保护者,女性是被保护者的神话成了排除女性参与战斗的基础。只有尝试着把这些意识形态的观念和偏见同相关女性问题分解开来,我们才能正确评估法律和伦理层面的问题。

二

性骚扰和性侵犯一直是美国军队面临的难题。据估计,有超过 20 万的美军女性遭到过性侵。如果考虑到那些受到侵犯但没有报告的女性,真正受到侵犯的女性是这个数字的两倍有余。2009 年,共有 3030 人汇报了性侵犯。美国军队中的最大的性丑闻莫过于 1991 年发生的海军"尾钩"船集体性侵犯事件,另外还有 2003 年空军军官学院出现的强奸和性虐待事件,在陆军的阿伯丁实验场 30 名拥有成文控诉的女性受到不同程度的侵犯,从猥亵、强奸到鸡奸。在阿富汗和伊拉克两场战争中,战场上女兵遭受"战友"强暴的人数远远超出伤亡女兵的数量。对于美国女兵来说,她们最可怕的敌人往往不是对手,而是身边的战友(邵永灵、万惠兰:158)。

美国国防部把性骚扰定义为"一种性别歧视,包含着不受欢迎的性别亲近"(Skaine:50)。性骚扰和强奸的新闻报道使得女性成为受害者形象,侵害者可能是那些捕食成性的男人,也可能是男性气质的军队文化。而媒体对于性丑闻的关注更是强调了一个前提条件,那就是女性身体被构建成问题的所在,被认为同军队和士气格格不入(Tasker:206)。

在反映女兵作为受害者形象的影片中,最具代表性的莫过于电影《将军的女儿》,英文名为 *The General's Daughter*,又名《西点揭秘》。这部电影改编自尼尔森·德米勒的同名小说,小说于 1992 年首次出版。该影片在 1999 年上映,票房过亿,它更多地被归入强奸和复仇的叙事类型,是一部女性主义的力作,深度演绎了"背叛恶于强奸"这一主题,填补了女权主义文学中军旅女性题材的空白(徐焕荣、付明瑞:27)。这部电影讲述了一位女军官成为性侵受害者和随后报复的故事,很多人把它看作惊悚片或悬疑片,但它更多地传达的是女性在军队的男权社会中遭遇到的不公平待遇,以及女性在经历性别歧视、暴力和凌辱之后的复仇行为,但这一切都未能改变自己悲惨命运的现实。

伊丽莎白是一个受害者,被她的战友、父亲和军队背叛;同时她又是一个性施虐者、滥交者,是一个离经叛道的女性人物。伊丽莎白以此作为武器,向她的父亲开战,破坏他的声誉和其处心积虑营造的高大的公众形象。这部电影暗示人们,在军队环境的有序外表下,隐藏着的是邪恶和犯罪。能力突出的女军官(在电影开始时,伊丽莎白帮助素不相识的保罗更换过轮胎),在影片中却最终沦落为一副可怜相。伊丽莎白对父亲最后的请求遭到了蔑视("我想听到你把过去的事说出来"),被非难("你从未帮助我"),变得绝望("爸爸,请帮助我")。这些都建构了影片中的军队女性受害者形象。

尽管美国军校从 1976 年开始招收女学员,但是这些军事院校一直担忧女性的加入会破坏掉"男人们的兄弟情谊"(brothership),破坏掉军队对男性气质的"怀旧式的迷恋",因为在他们看来就是因为有这样的男性气质,国家才得以进步。而女性的身体被构建成是有问题的或是会带来问题的,因而对军队男性带来的是破坏性的、制造混乱的影响。从本质上来说,性骚扰反映的还是一个文化问题,关于女性被接受和被平等对待的问题(Tasker:213)。

因为涉及军队面子、军方责任和军人隐私,性侵犯被美国国防部视为最不可外扬的家丑。然而,家丑还是在不断外扬。在 2012 年 1 月,导演迪克拍摄的纪录片《隐形的战争》(The Invisible War)首映就引起强烈反响。该片对美军中性侵犯受害者的经历和创伤进行了全方位展示。

美军严重的性骚扰和性侵犯问题主要的根源还是在于其根深蒂固的父权制文化和军队的文化传统。父权制产生了一种压制女性的文化力量,即男性至高无上的"社会性别意识形态",它形成了所谓的"男性特征"和"女性特征"。这种父权制的、贬低女性价值的"社会性别意识形态"强化了女性的从属角色和不独立的地位,使女性无法在公共领域获得认可(周婧:51)。当女性进入原先一统天下的军事领域,男性主导的传统文化理念遭到冲击时,必然导致性骚扰和性侵犯的出现。

在性骚扰和性侵犯发生之后,很多女性也会选择隐而不报,致使很多罪犯逍遥法外,助长了犯罪的发生。Skaine 总结了影响女性申诉和举报的几点原因:(1) 社会观念和个人原因,如感到羞耻、尴尬,自尊和自责等;(2) 害怕报复,职业受影响,有时反遭指控(如通奸的罪名);(3) 对制度不信任,申诉结果不了了之,或是侵犯者军衔更高(196)。

为了遮丑,美军把性侵犯事件列为"不能问、不能说"的军事秘密。一次次的调查报告一再表明,美军中性侵犯现象的存在和蔓延主要和军中不平等的地位有关(邵永灵、万惠兰:174)。面对接连出现的性侵、虐囚丑闻军队不能害怕出丑,更应反省其政策和执行力度,转变传统的文化观念,做到男女同训同用,提高女性的地位和晋升力度。军队的道德文化建设非一日之功,只有切实制定惩罚措施和相应的责任追究政策,军方才能震慑罪犯,打赢这场旷日持久的隐形战争。

三

在海湾战争后的电影中,出现了另一类女性形象,那就是参与性侵案件的女调查员和女探员的形象。她们并没有出现在战场上,却以军队的调查员、律师或探员的形象出现在法庭或调查现场,显示出当今军中女性的知性、高学历和干练的一面。比如,《将军的女儿》中的桑切尔,她是强奸调查部的女探员,心思缜密,勇敢善良,在得到摩尔上校的提示,前往西点军校拜访当时伊丽莎白的心理医生时,非常机智地引导这名医生说出了当年强奸案的真相,并设计让当年目睹伊丽莎白被强奸的现场目击证人(当时现场未参与强奸的第六个男学员)说出实情,供出了罪犯名单。这些都充分体现了这位女探员的机智和聪慧,在整个调查过程中,虽然受到了男性罪犯的恐吓和殴打,这一切并没有阻止桑切尔的决心,一定要找出真凶,还伊丽莎白以公道,表现了桑切尔的正直和不畏暴力强权的强大内心。

另外还有一部不得不提的电影,由黛米·摩尔和汤姆·克鲁斯主演的电影《好人寥寥》,英文名为 A Few Good Men,又译为《义海云天》。驻扎在古巴关塔那摩基地的海军陆战队发生了一起命案,士兵圣地亚哥被发现死在了自己的宿舍,而另两名海军陆战队队员道森和多尼是重要嫌疑人。而影片中的唯一一名女性盖洛维(Galloway),由黛米·摩尔饰演,作为一名律师,她认为该案可能涉及"红色条规",所以需要一名精通法律,又了解军队内部运作方式的律师。于是她向上级毛遂自荐,希望担任该案的辩护律师。而上级还是因为对其女性身份的偏见,认为她不适合担任首席律师,只能协助律师担任调查员的工作。最后师部指定的律师是由汤姆·克鲁斯饰演的卡菲(Kaffee)。虽然盖洛维只是个辅助角色,她还是帮助卡菲寻找细节,坚定地认为道森和多尼应该做无罪辩护,最终找出案件的真凶其实是基地司令上校内森·杰赛普(Nathan Jessup),授权下属对圣地亚哥实施了"红色条规",那就是凡触犯军规或训练不认真者,其他同伴对其私自实施的惩罚行为。

整部影片的叙事都是围绕着男性和男性气质这些主题,但是盖洛维在影片中的存在更加强化了这一主题。盖洛维作为一名军中女性,希望在事业上有所突破,却始终没有走向中心,始终处在边缘化的位置。相对于卡菲的油嘴滑舌和自我为中心,她却富有热情,道义感十足,很显然,盖洛维作为军队女性是一个麻烦的存在,被深深包围在军队男性气质的文化之中。在海军本身想草草结案的时候,她却鼓励卡菲一步步深入调查案件。她对事件的解读和把握最终证明是正确的。用事实证明女性同样可以胜任很多男性就职的岗位。《好人寥寥》这部电影仍旧在宣扬军队和男性气质,当然也成为其被质疑的方面。军队男性以及他们自身同军队男性气质之间的关系仍旧是叙事的中心。然而盖洛维的优秀才干使得主题焦点更加鲜明,突显和强化了战斗员和非战斗员在性别层面上的配对关系。盖洛维的被噤声和从属地位都暗示了包围在军队女性身边的当代媒体文化的状况。自从20世纪90年代中期,媒体报道就习惯性地把军队女性构建成一个问题而存在(Tasker:217)。

《好人寥寥》等小说采用了军队女性这个形象不仅探讨不平等问题,而且也讲述了军队男性被重新审视和重新被男性化的故事。所以,就像卡菲逐渐发现了自己的公众良知,盖洛维的理想主义和职业道德感都激发了和维护了电影给卡菲重新男性化的叙事。他同一名军队女性的结盟(尽管一开始是公开不屑的)表明了他在对待女性化视角下的地位和他需要重新转变自己,就如同当今的军队文化和大众文化在对待军队女性问题时,也需要转变一样。

结　语

在当下美国的影视剧中,女兵的形象是混杂的,复合的。虽然一些影视作品一直在试着调和这一问题,但这仍然是一个文化难题,传统女性与现代女性的身份在军队这个特殊组织中受到更深层次的拷问。美国影视剧所传递视的文化信息就是希望女性在军队这个特殊群体里要忘记自己的女性身体以适应男性化的军队,只有这样,她们才能充分地融入这个群体。但传统文化中的女人形象和士兵形象之间毕竟存在着巨大的鸿沟,女兵仍然是一个有争议的身份,要把女人变成女兵仍然需要大量的文化建构。

引用文献

[1] Coker, Christopher, *The Warrior Ethos*: *Military Culture and the War on Terror*. London and New York: Routledge, 2007.

[2] Laurie Weinstein, Christie C. Whites, *Wives and Warrior*: *Women and the Military in the United States and Canada*. Connecticut: Greenwood Publishing Group, 1997.

[3] Lucinda J. Peach, *Women at War*: *The Ethics of Women in Combat*. Indiana University, Bloomington, Indiana 47405, 1993.

[4] Rosemarie Skaine, *Women at War*: *Gender Issues of Americans in Combat*. McFarland & Company, Inc., Publishers, North Carolina, 1999.

[5] Rosemarie Skaine, *Women in Combat*: *A Reference Handbook*. ABC-CLIO, LLC, California, 2011.

[6] 邵永灵、万惠兰:《美国女兵》,辽宁人民出版社,2013 年。

[7] Yvonne Tasker, *Soldiers' Stories*: *Military Women in Cinema and Television Since World War* II. Durham and London, Duke University Press, 2011.

[8] 徐焕荣、付明瑞:"将军的女儿:女性军旅地位揭秘",《电影文学》,11(2007)。

[9] 周婧:"美国军队女性地位变迁研究",国防科技大学硕士学位论文,2009 年。

永远的伤疤
——创伤理论视角下的《大街》

许梦馨

南京大学

在传统非洲文化中,伤疤并不是丑陋和屈辱的象征。很多部落以浑身布满疤痕为美,他们在身上涂满颜料,鞭打后形成疤痕。有的部落则在脸上割出长长的伤口作为民族标志性的伤疤。在青少年的成人礼上,长辈会为晚辈们刻下民族的印记,这些印记并不是惩罚,而是一种骄傲,而我们从这些伤疤中也可以看到他们的历史、风俗、文化。但在黑人离开非洲大陆并脱离了非洲文化传统后,他们的伤疤成了耻辱的标志,奴隶主给他们刻上了奴隶的烙印,黑人成了白人的附属品,如果触犯白人的规定,那么他们很有可能会惨遭私刑。虽然后世的黑人没有经历这些痛楚,但是因为创伤具有可传递性,这些烙印、伤疤会一直刻在黑人的心里,甚至在取消奴隶制度后,也无法愈合,它们象征着黑人无法解决的种族创伤。

佩特里的《大街》以19世纪40年代的黑人住宅区为背景,围绕一位单身母亲露蒂而展开。小说中设置了各种对立角色:男人与女人,白人与黑人,富人与穷人。从他们的生活中我们可以看到种族、性别、阶级等一系列社会问题。虽然这些人物有着不同的背景、经历、个性,但他们身上都有着共同的记号:伤疤。这些伤疤有的长在他们的身体上,有的体现在他们的日常活动中,有的则深深烙在他们的心里。本文将运用创伤理论来诠释创伤是如何在《大街》中体现并被传递的。

一、真实的伤疤

赫奇斯太太的出场让人不自觉地把她归结为可怕的魔鬼:她非常黑、身材庞大,有着可怕的伤疤和毒蛇一样的眼睛。她总是坐在窗边,半眯着眼睛凝视大街上熙熙攘攘的人群,其至在寒冷的冬天,她也会打开窗户,仔细注视人们的一举一动,她想洞悉他们的内心,她想控制人们的一切。作为妓院的老板,她从上到下打量着女主人公露蒂,把露蒂当成一个可以买卖的物品进行鉴定、评估。

但随着故事的发展,我们不得不重新审视赫奇斯太太的形象。她曾经是一个捡垃圾为生的穷苦人,她因为自己的肤色和身材而感到羞耻,所以只敢在夜晚出门。在捡垃圾的过程中,她认识了白人强图,在她的帮助下,强图摆脱了贫困,也渐渐对赫奇斯太太产生了一种特殊情愫。赫奇斯太太是个女人,她也渴望被爱,但她幻想中的爱在一场大火中被烧毁了。在这场大火中,她表现出了惊人的求生欲望,她成了唯一的幸存者,但大火烧焦了她的头发,并让她留下了永远无法消除的伤疤。这场大火象征着在以往奴隶制下白人对奴隶使用的残忍私刑,如果黑人想要逃跑,那么白人会毫不留情地动用私刑。赫奇斯太太想要通过自己的智慧去创造财富,想要通过自己的个人魅力去获得爱情,她想要摆脱过去的一切,她想要像祖先那样解开社会控制自己的枷锁。但这一切都仅仅是幻想,在没有地位的年代,黑人没有权利去获得只有白人才能拥有的财富、地位、爱情,她的致富理想只能通过白人强图来实现,她的社会地位仅仅是从捡垃圾的穷苦人转变为同样处于社会最底层的妓院老板,而她对爱情的美好向往则在大火中燃烧,直至化成了遍体的伤疤。

赫奇斯太太的伤疤让她变成了一个难以揣摩的人。她的名字"hedge"在英文中就有"模棱两可的言行,不明确的言行"的意思。从一开始,赫奇斯太太就具有男人的雄心抱负,强图敬佩她,把她当成一个白人男性那样去尊敬,但是赫奇斯太太内心还是渴望成为一个被爱的女人。而当她发现自己的疤痕使自己永远也无法成为男人凝视的对象时,她拒绝了强图对她隐晦的爱意,她变成了男人,她开始拥有充满欲望的"男性凝视",她把其他女人完美无瑕的身体当成减轻自己痛苦的工具,她把露蒂作为自己的替代品献给她内心所爱的强图。

和露蒂相比,赫奇斯太太看似一个胜利者,她摆脱了贫困,她没有按照白人的规则出牌,她利用黑人的处事原则在经济游戏中获得了胜利(Clark:192)。但是赫奇斯太太的永久性伤疤告诉我们黑人女性不可能获得真正的平等:她们的成功要借助白人的力量,她们的爱情需要完美的身体和美丽的外表。

二、心灵的创伤

女主人公露蒂有着美丽的外表和优雅的体态,她是男人眼中的"天使",然而,我们从小说中不难发现,露蒂虽然身体上没有伤疤,但她的内心一定是伤痕累累。因为在露蒂的眼中,世界总是充满了暴力、情色、邪恶:男人殴打女人,男人对女人的窥视,大街上肮脏的垃圾,孩子间混乱的打斗……

露蒂对待金钱和物质生活的渴望源于在白人家做女佣的经历,她在受到歧视的同时,也受到了金钱的刺激,而在遭到丈夫的背叛后,她更加决然地依靠自身的力量去实现她的美国梦,她渴望通过自己的努力有朝一日可以带着儿子搬进富人区。但她没有意识到以往所受的歧视、背叛其实都已经在她心里打下了烙印,以至于当她尝试用儿子的眼睛去看这个世界时,她发现自己早已无法用儿童那纯真的目光去观察这条大街。虽然露蒂心中有着看似积极的美国梦,但内心深处的伤痛让她永远看不到希望,看不到美好的生活。作者曾描绘过露蒂洗窗户的场景:"看着污水,又脏又黏,里面夹杂着尘垢和泥土。"(Petry:407)污浊的浑水是肮脏社会的缩影,也象征着露蒂眼中的阴暗世界。

露蒂是男人觊觎的对象,也是男人眼中美丽的风景,但在和不同男人打过交道后,露蒂终于看清了所有男人的真面目,无论黑人白人,他们所想要的仅仅是她年轻美丽的身体。她对男人的所有仇恨在最后一刻得到了爆发,她疯狂地杀死了企图向她施暴的布茨。露蒂不顾一切的报复其实是撕开了自己心中的伤口,尽管这样会让自己血流不止,她也要捍卫自己的尊严。由此可见,男人灼热的目光在女人身上留下了印记,使她们的身心受到了不可磨灭的创伤,最终直接导致了露蒂的自我毁灭。这也是为什么露蒂总是感觉有人在暗处窥视自己,总是产生各种幻觉的重要原因。这些幻觉以及露蒂后来出现的噩梦、歇斯底里都可以说是来源于性别和种族的双重创伤。

虽然《大街》中的男人几乎都代表着人性罪恶的一面,但是男人们也有着自己的伤痛,他们每个人都有着痛苦的过去,那是他们心中永远抹不去的阴影,是他们走向罪恶的催化剂。

琼斯曾经是一名海员,他的海员身份不禁让人联想起黑人的历史:当年,美国黑人的祖先正是通过海上运输被贩卖到了美国,并开始了世代为奴的悲惨生活。结束海上生活的琼斯又找到了一个新的工作——房屋管理员,他长期和外界隔绝,只能成天守着黑暗的地下室和空荡荡的门廊。这样的工作环境正是当时黑人生活的真实写照。寂寞漫长的海上生活让琼斯觉得生不如死,长期的压抑让他无比渴望女性,而他的女友明特又是一个丑陋的女人,他只能通过窥探美丽女人的身体来满足自己的欲望。因此,琼斯对露蒂的迷恋以及后来的施暴其实都源于内心曾经遭受的创伤:作为一个黑人,他无法获得良好的工作条件,而长期抑郁的工作环境又给他的心灵留下了阴影,最终导致他成了好色的施暴者。

布茨是黑人乐队的主唱,他本想追求露蒂,但迫于老板的压力,成了说服露蒂的中间人,最后在强奸过程中被露蒂刺杀。布茨早年曾在另外两个乐队工作,受到了非人的对待,使他本人在工作中受到了巨大创伤,因此他无比痛恨白人对黑人的歧视。此外,布茨曾经亲眼看到自己的女友和白人私会,在和女友的打斗中,他的脸上留下了伤疤,但他心里受到的创伤更加严重。在事业和爱情上都受制于白人的布茨本应该同情露蒂的遭遇,应该在强图对露蒂的侵犯中充当保护者的角色,但是他所受的伤害已经摧残了他的心智,使他丧失理智,成了强奸犯,最终被杀。琼斯和布茨,他们的悲惨经历给自己带来了永远的伤痛,而这些伤痛最终化成了邪恶的疤痕,让他们走向了罪恶的深渊。

三、悲怆的音乐

音乐一直是美国黑人奴隶们表达自我和抒发情感的重要手段。《大街》自然也受到了黑人音乐的影响,而这种贯穿全文的音乐元素见证了黑人们跨越时间、地域、性别所受的创伤。露蒂从小听着祖母的歌谣长大,而自己也有一副好嗓音,并试图通过当酒吧歌手来维持生计。书中的男主角之一布茨是乐队的钢琴师,他在演奏生涯中遇到各种歧视,这些歧视最终成为他性格扭曲的重要因素之一。

尽管露蒂的祖母并不是小说主人公,但她自始至终出现在露蒂的回忆里,她对露蒂有着深远的影响。祖母会讲很多故事,也会唱各种黑人民谣,她是黑人历史的一个缩影。而祖母的民谣可以说是黑人音乐的起源。奴隶们在辛苦劳作的同时,将苦难、悲伤以及对自由的渴望写入了歌谣。因此黑奴的歌谣见证了种植园上奴隶的历史,并被一代代传递下来。它无时无刻不提醒着后代那黑暗的过去,激励大家要为了自由平等而努力斗争,但它的存在又让黑人的伤疤永远无法愈合,让人无法摆脱过去,哪怕是自己从没经历过的历史,黑人一出生就背上了沉重的历史包袱,他们无法做到真正的自己。

除了祖母的歌谣,酒吧的爵士乐也是黑人音乐的代表。爵士乐由民谣发展而来,以低调、忧郁的蓝调为基调,它是一种用即兴演奏来创造无穷变化的乐曲。难以捉摸的爵士乐让人着迷,然而正如黑人小说中特有的重复手法一样,再创新的爵士也有着重复的曲调,而创伤小说的叙事特征表现也正是重复和间接性(怀特海德:98)。盖茨在著作《意指的猴子》中指出,传统为即兴创作提供了跳板,在不断的修订和转义后,爵士音乐家通过引用并修正前人的作品来进行新的创作。痛苦的爵士乐为创伤提供了形式和语境(怀特海德:102),黑人通过音乐来传递创伤,通过不断的修订来弥补破碎的记忆。因此,即使黑人希望通过音乐来建立身份认同,来寻找新的自由,但奴隶制的创伤不可能轻易被遗忘,尤其会在重复中一次次被记起。因此,即使在奴隶制废除多年的今天,创伤依然会继续存在和自我重演(怀特海德:101),黑人的努力依然达不到真正的成功。

四、冷漠的母亲

在儿童成长的过程中,家庭的影响是巨大的,缺少父母关爱的孩子,往往身心会受到创伤。露蒂从小缺少母爱,父亲也很少关心她,只有祖母陪伴着她。父母的缺失对她的性格产生了消极的影响,而她自身性格上的缺陷也间接导致了婚姻的破裂。鲍勃的童年和露蒂极具相似性:父亲的缺失、母亲的冷漠、经济的窘迫。而更可怜的是,鲍勃没有祖母,也没有玩伴,他的童年更悲惨。露蒂想做一个好母亲,她为了自己和儿子的未来,不断地想通过工作来实现美国梦,为此她不惜去白人家做帮佣,去酒吧卖唱,甚至她最后的杀人举动也是源于对孩子的爱。但是仅仅给孩子物质需求是远远不够的,孩子的成长过程中最需要的是父母的关心和呵护,可这恰恰是露蒂所不能提供的。露蒂每天拼命忙于挣钱,总是向孩子抱怨家中的贫困,也不允许孩子和同龄人玩耍,当儿子的成长出现问题时,露蒂对待孩子的态度十分冷漠和粗暴。一般来说,在缺少关爱家庭中成长的孩子常常会把目光投向外界,寻找归属或者可以亲近的人(芮渝萍:204)。最终,得不到母爱的鲍勃只能和心理扭曲的琼斯打成一片,并在他的教唆下做了坏事,被送进了少管所。

弗洛伊德认为,每个成年人的精神创伤都来源于他的童年时代,童年的经验在人成长后会进入无意识,并演化为异常行为的某种症候。露蒂的童年只有祖母的陪伴,母亲的缺失,父亲的冷漠,使她感受不到家庭的温暖,这无疑对她今后性格的形成以及婚姻的破裂产生了很大影响。童年窘迫的经济状况更让她形成了扭曲的金钱观。露蒂的冷漠的个性和破裂的婚姻又直接对鲍勃的童年产生了消极影响。在不知不觉中,露蒂把自己曾经经历的家庭创伤传递给鲍勃,间接导致鲍勃进了少管所。小说的最后,露蒂因为杀了布茨,只能亡命天涯,也许永远也无法再照顾儿子,鲍勃的未来更是一片黑暗。鲍勃的经历代表了无数黑人在青少年时期的痛苦和迷茫,他们不得不在小小年纪受到来自家庭和社会的双重打击,这也充分证明了父母对孩子的负面影响也是令创伤在黑人间代代传递的重要原因。

《大街》中的每个人都有自己的创伤,尽管他们所受的伤害不同,每个人伤疤背后的故事也不同,但这些伤疤往往从出生起就注定存在,伴随他们的一生,并被世世代代传递。

引用文献

[1] Clark, Keith, "A Distaff dream deferred? Ann Petry and the Art of Subversion", *African American Review*. Vol. 26,No. 3(1992).

[2] Petry, Ann, *The Street*. New York:Mariner Books,1998.

[3] 安妮·怀特海德:《创伤小说》,李敏译,河南大学出版社,2011 年。

[4] 亨利·路易斯·盖茨:《意指的猴子:一个非裔美国文学批评理论》,王元陆译,北京大学出版社,2011 年。

[5] 芮渝萍:《美国成长小说研究》,中国社会科学出版社,2004 年。

伍慧明《骨》中的后现代女性主义解读

周霓忻

江苏建康职业学院

伍慧明的《骨》是具有后现代主义特征的女性主义文本。对于伍慧明而言,她所在的美国社会和她的华裔身份之间依然存在着一定的距离,美国是个移民国家,但是美国始终还是以白种人为主导的国家,所以伍慧明深切感受到种族主义和男权主义互相交叠下,美国人社会价值观的共性。《骨》主要是从华裔女性的角度,对美国社会的传统价值观进行解构,以美国华裔移民后代女儿这种特殊的身份切入,对社会以及人性进行观察。因此,《骨》所呈现的后现代女性主义特点具有重要的人文价值。

一、后现代女性主义切入点:华裔移民家庭及其女性

伍慧明将《骨》的后现代女性主义切入点设置在唐人街的一个华裔移民家庭当中。唐人街是中国人在美国的聚居区,伍慧明对于唐人街有非常深刻的记忆和感情,《骨》也是以唐人街作为其后现代女性主义的切入点。在《骨》这部小说中,梁家的祖父在清朝末年来到了美国,成了所谓的"金山客",不过受到排华法案的影响,只能够认领一个契纸儿子,并且希望这个契纸儿子能够将他的遗骨带回家乡。《骨》主要是围绕着这个契纸儿子里昂的家庭展开的。里昂虽然生活很艰苦,不过后来和一个中国女子结婚,并且抚养以及生育了三个孩子。这三个孩子都是女孩子,而她们身上表现出后现代女性主义的特点,面对生命的碎片化、移民后人的身份焦虑,这些方面最终让这些女孩子产生了一系列的问题。

二女儿安娜选择和自己家中的生意伙伴翁家的儿子奥斯瓦尔谈恋爱,可是因为梁家和翁家的生意关系最后破裂,所以后来梁家、翁家都非常反对这一场恋情,最终绝望的安娜选择了跳楼自杀。小女儿尼娜最后选择了离开家庭,到美国东海岸纽约生活,避免被家庭悲剧影响。大女儿莱拉则陪伴

自己的父母离开了唐人街的伤心地。

从这个华裔移民家庭的感情纠葛、爱情悲剧等,并不能非常明显地看出华裔移民家庭对于家中女子产生的影响。但是作为华裔移民家庭,这些女孩子所面对的问题相对于其他的美国普通女孩子其实更多。虽然她们都是在美国出生的孩子,她们对于美国的文化有自己的认知,也可以自由地运用英语,但是她们始终生活在唐人街这个美国华裔移民的聚居区,与美国社会的接触并不是十分广泛。这些女子渴望能够自己去寻找感情的归属,可是由于华裔身份,一直都不敢轻易越出雷池一步。所以这些女孩子很快就陷入矛盾当中。加上她们生活的家庭其实还是带有旧中国传统的一些封建特征,所以对于女孩子自由选择婚姻还是有一定的抗拒。受到这种感情约束的影响,这些女孩子都表现出了内心深处的痛苦。这一点从《骨》中安娜的自杀可以看出来。

因此,华裔移民家庭在《骨》当中是后现代女性主义文本的重要切入点,以特殊的华裔移民家庭中的女性不幸遭遇,展现出后现代社会的诸多矛盾,特别是人性和社会之间的冲突。而在《骨》中,有四个女性角色,也就是母亲和三个女儿,她们表现出后现代主义下的女性异化状况。母亲依然保留了非常明显的沉默性格,因为母亲这个角色接受了较多的封建主义传统,所以在面对各种后现代的男权主义时,无法进行抵抗。而具备反抗思想的是安娜,她企图追求自己的爱情,但是这种反抗最后换来的是自杀。而尼娜出走纽约则是一种逃避后现代主义霸权的消极表现。至于留在父母身边的莱拉,则具有对话的性质。这四个不同的女性角色在后现代社会的语境当中带有特殊性,这些都表现出不同的女性主义特征。

二、女性主义对后现代的主要应答模式:消极与沉默

《骨》通过华裔家庭的女性进行讨论,关键是为了以双重压迫来看待后现代的女性主义。华裔家庭在美国社会当中受到美国白种人的歧视,历来在社会上,无论是政治活动,还是经济活动都没有自己的地位。而华裔家庭的女性不仅仅受到上述压迫和歧视,在后现代的男权主义范畴当中,这些女性更是没有办法获得自己的社会地位。华裔妇女的生活在《骨》所设定的社会范畴和时代范畴是十分艰辛的,因为华裔妇女处在整个男权主义的美国社会边缘,受到了帝国主义和男权主义的权力压迫,从而变成了如同社会贱

民一样的社会角色。

《骨》中的华裔女性，在家庭当中其实还是受到男尊女卑观念的影响，这种影响即使到了美国也依然在发挥作用，所以她们依然生活在家庭的底层。即使《骨》中梁家的女性在数量上更多，可是依然无法真正改变这种男尊女卑的社会角色安排。而从另外一个角度看，这些女性因为华裔的身份，在美国社会也受到了来自社会的种族歧视。因此，消极和沉默逐渐就成了《骨》里华裔女性的一种后现代的应答模式。华裔女性矜持、保守，有着温良恭俭让各种美德，面对美国白种人的种族主义和男权主义的后现代社会权力结构，她们往往选择沉默。这一点就和《骨》当中的母亲一样，她没有办法对这样的双重压迫展开什么斗争，因为她非常清楚任何斗争都是没有意义和价值的，依靠自己一个人的能力，没有办法去真正改变这个社会畸形的价值观、世界观。因此，《骨》以非常特殊的视角揭示了这些女性出现的沉默以及消极现象。而这种现象和斯皮瓦克所分析的殖民者社会的"贱民"是接近的。《骨》当中的梁家母亲，因为长时期在社会上没有自己的话语权，再加上和美国当地的白种人妇女也不可能真正融入，所以她也只能选择沉默的方式。梁家母亲也不懂得流利地使用英语，所以根本没有办法在美国社会当中真正地融合，对于男权主义社会当中遇到的事情，她也只能够通过自己的长女莱拉给自己做翻译，将一些话翻译给自己听。因此，这种和外界的交际闭塞，让《骨》中的梁家母亲彻底成了消极和沉默的后现代女性代表，在沉重的男权、语言不通以及种族歧视等社会压迫下负重而行，用沉默应答后现代主义的种种压迫。

三、女性对后现代主义压迫的反抗及失败分析

《骨》中梁家的二女儿安娜和三女儿尼娜，她们作为华裔美国移民的第三代，已经有了一些新的意识形态，特别是从小就在美国长大，所以她们的价值观、世界观和人生观与美国人更为相似。但是安娜和尼娜毕竟不同于美国本土白种人，因为安娜和尼娜都长着华裔脸庞，加上她们从小在家庭当中，或多或少地受到传统中国文化的影响。因此，安娜和尼娜，虽然在后现代主义社会当中表现出对自由更为强烈的向往，但是同时也面对着矛盾，即传统的封建意识心态和美国的自由意识形态之间的冲突。小说中，梁家的父母将他们自己的传统中国意识形态传递给这些女孩子，但是这些女孩子

在美国的学校当中接受着一些新的西方思想。两种意识形态产生了冲突。在社会生活当中,梁家的二女儿安娜和三女儿尼娜都能够运用非常流畅的英语进行表达,她们能够和其他的美国年轻人进行没有障碍的交流。但是她们身上所呈现出来的华裔血统烙印,特别是黄皮肤、黑眼睛的外貌特征,让她们无法真正融入社会当中。

在安娜和尼娜的身上都可以看到,她们其实都有一种身份的迷失。她们知道虽然身为华裔女子,但仍可以获得平等的对待;另外一个方面,美国的后现代社会依然没有摆脱男权主义的阴影,她们在非常复杂的精神矛盾和身份冲突当中感受到自己内心世界的痛苦。安娜是一个抵抗后现代主义压迫的人物。安娜从家庭当中学会,一旦自己个人的爱情和家族的利益出现冲突之后,应该毅然放弃自己个人的利益,服从家庭的利益。但是她不愿意屈服在这种话语霸权当中。因为安娜非常清楚自己应该具有自由选择爱情的权利,即使翁家和她的家族产生了利益冲突,她也渴望冲破家庭的桎梏,从而追求自己灵魂的自由。当梁家采取了一种压迫的方式,要求安娜放弃爱情的时候,安娜并没有选择沉默,而是采用了激烈的手段进行抵抗。可是安娜的反抗最后也是失败的,安娜本人最后选择了自杀,发出了对生存困境的激烈悲鸣。从安娜的这种自杀悲剧当中可以看出,安娜向往自由,并且试图为自己的自由做出努力,可是安娜最后也成了后现代主义语境下的女性牺牲品,虽然她捍卫了自己的自由,但是自杀也让她彻底失去了生命。

四、结语

《骨》还塑造了一个和后现代主义社会展开对话和沟通的女性角色,也就是梁家的大女儿莱拉,但是莱拉的角色,其实也是《骨》的作者伍慧明与后现代主义的妥协。莱拉一方面没有彻底沉默,但是另外一个方面也没有争取自己的独立地位,莱拉虽然到最后留在了父母的身边,但是归根到底还是受到了家庭的羁绊,没有真正敢于去和后现代主义社会展开抵抗。这种幸存下来的后现代主义女性,其实也是对男权主义和种族主义的妥协。因此,《骨》这一部小说,对于后现代主义的女性是具有非常深刻的洞察力的。特别是以华裔家庭的女性这样一个特殊群体作为切入口,对后现代主义下的女性主义,特别是女性的焦虑、抵抗、斗争和妥协等都有非常鲜明的剖析,从而对女性的自我身份错位以及自我身份成长等,都提供了较为深入的女性主义典型范式,值得深思。

引用文献

[1] 王莉:"记忆与释怀:伍慧明《骨》中的死亡意象探析",《山花》,2010 年第 16 期。

[2] 管建明:"独特的叙事形式和主题的多重指涉——评华裔美国作家伍慧明的《骨》",《广东外语外贸大学学报》,2010 年第 2 期。

[3] 王建平、金烁锋:"'骨'之意象解读——对伍慧明小说《骨》的主题研究",《东北大学学报(社会科学版)》,2006 年第 1 期。

简评《雨中的猫》的两个中译本
——以曹庸、张祥麟译本为例

赵素花

河南理工大学

1989 年出版的《辞海》给风格下的定义是："作家、艺术家在创作中所表现出来的艺术特色和创作个性。"作家的艺术特色主要体现在其行文特色上：喜欢用长句还是短句，文字是典雅还是通俗，华丽还是简朴等（周仪、罗平：83）。

对于"风格是否可以翻译"这个问题，翻译界多年来争论不休。大量的学者认为风格不但可以翻译，而且必须翻译不可，因为风格问题是文学翻译的核心问题。周仪、罗平在《翻译与批评》中指出："风格不仅可译，而且一定要译出。不译出风格的作品不是珍品。"（周仪、罗平：81）海明威是位惜墨如金的作家，以其简洁的行文，"电报式"的对话风格而著称。有人曾说："海明威的文字就像清溪里的一颗颗排列有序、光滑闪亮的石子，文笔简练如洗。"因而，翻译海明威的作品，更要注重其风格的翻译。这一点张祥麟译本明显比曹庸译本做得好。试比较：

例 1：The poor kitty out trying to keep dry under a table. (*Our Times*：129)

曹译：外边那只可怜的小猫想躲在桌子底下，不让淋湿。

张译：外面那只可怜的猫咪正钻桌子底躲雨呢。

例 2：The American girl. (130)

曹译：年轻的美国太太。张译：美国少妇。

例 3："A cat in the rain?"(130)

曹译："在雨里的一只猫？"张译："雨中的猫？"

比较可见，曹译本语言过于烦琐，句子冗长，甚至生硬到令人难以理解。而张译本简练，用词精当，更能体现原文及作者的创作风格、韵味。但张译本也有个别地方由于过于追求简练而给人一种生硬、不自然的感觉。试举几例：

例 1：He looked up from his book. (131)

张译：他眼睛离书往上看。曹译：他从书本上抬起眼来。

例 2：She laid the mirror down on the dresser ... (131)

张译：她把小镜搁梳妆台……曹译：她把镜子放在梳妆台上……

例 3：In the door way stood the maid. (131)

张译：侍女站门口。曹译：那个侍女站在门口。

在以上三例中，曹译本尽管不如张译本简练，但更符合汉语习惯，读起来显得自然，通俗易懂。

作家创作个性要受到他特有的生活经历影响，体现其个性及世界观。要想如实传达原作家的风格应从以下几方面着手：尤其重要的是要抓住作者的世界观，抓住作者的社会观和审美观。不抓住作者的社会观，就不可能充分揭示作者作为社会人的面貌；不抓住作者的审美观，就往往会给原作艺术意境蒙上一层非固有的审美色彩（张今：106）。

让我们了解一下《雨中的猫》的写作背景。《雨中的猫》起笔于 1932 年，当时海明威夫妇应朋友之邀访问意大利。他们因为是否要孩子的问题而意见不合，妻子哈德莉急切地想要个孩子，而年仅 23 岁的海明威职业写作生涯刚刚开始，不愿为孩子所累。他心情烦躁，从内心深处厌烦哈德莉。这也许就是《雨中的猫》乔治夫妇的生活原型（吴晓奎）。下面让我们来看看曹、张两个译本是否注意到了这一点：

例 1：Something felt very small and tight inside the girl. (130)

曹译：太太心里感觉有点儿无聊和尴尬。

张译：少妇内心顿生莫名的猥琐、别扭感。

美国少妇喜欢旅馆老板，但这是一种什么性质的喜欢？"父亲"，"情人"，还是"理想丈夫"？ 说不清，道不明。但自己又感觉心里有鬼，所以将"small and tight"译成"猥琐、别扭感"比"无聊和尴尬"更贴切女主人公的心态。

例 2："I like it the way it is. "(131)

"I got so tired of it，" she said. "I got so tired of looking like a boy. "(131)

曹译："我喜欢这样子。"

"我可对它很厌腻了，"她说，"样子像个男孩子，叫我很厌腻了。"

张译："我就喜欢这个样。"

"我很腻烦这个样。"她说。"我很腻烦男孩相。"

妻子雨中寻猫一无所获，回到房间先坐在床上本想向丈夫发发牢骚，撒撒娇，可丈夫又埋头看书。她内心失落、烦躁，张译本简洁的话语更符合少妇当时的情绪以及与丈夫无法沟通的状况。

例3："Oh, shut up and get something to read," George said. (131)

曹译："啊，住口，找点东西来看看吧。"乔治说。

张译："哎呀呀，别唠叨啦，找点东西读读算了。"乔治说。

曹译本中"住口"与"看看吧"两词在语气上一硬一软，前后语气矛盾，读起来别扭。而张译本中的"哎呀呀"与"读读算了"将丈夫对妻子唠唠叨叨，要这要那而产生的厌倦情绪描写得淋漓尽致。

若取曹、张两位之所长，丈夫对妻子的冷漠厌烦，妻子对丈夫的不满与失望，对旅馆老板那说不清道不明的感觉就会跃然纸上，原作的风格也会得到更好的传达。

二、寻找完美的语言形式——直译与意译各得其所

关于"直译"与"意译"的问题是我国翻译史上争论不休的问题。赞成直译的著名翻译家有以鲁迅、瞿秋白为代表的"直译派"，主张"宁信而不顺"。著名的翻译家季羡林先生也是赞成"直译"的。但是所有这些大家所主张的"直译"也绝不是一字一板，次序不能颠倒的译法。他们所强调的是要忠实于原文的形式，赞同欧化语法。赞成"意译"的大家首推钱锺书和傅雷。钱锺书的"化境"说，傅雷的"重神似而不重形似"都是意译所追求的最高境界。周仪根据许渊冲先生关于"直译"和"意译"的新释得出两者的区别："其实，直译和意译只是大同小异，都把忠实于原文的内容放在第一位，它们的区别只在于：是忠实与原文的形式还是不拘泥于原文的形式。"（周仪、罗平：51-52)在曹、张两个译本中"直译"与"意译"的运用效果可见一斑：

例1：Artists liked the way the palms grew and the bright colors of the hotels facing the gardens and the sea. (129)

曹译：艺术家们都喜欢棕榈树那种长势，喜欢面对着公园和海的旅馆的那种鲜艳的色彩。

张译:画家们喜欢棕榈树姿态万千,喜欢面对公园和大海的家家旅馆色彩斑斓。

张译本采用"意译"方法,利用汉语特有的四字词结构,"姿态万千"与"色彩斑斓"明显比"长势"与"鲜艳的色彩"更生动,读起来朗朗上口。

例 2:Italians came from a long way off to look up at the war monument.(129)

曹译:意大利人老远赶来望着战争纪念碑。

张译:意大利人远道而来,为的是瞻仰战争纪念碑。

将这里的"look up at"译成"瞻仰"比译成"望着"更妥帖,更能表现人们不辞辛苦来表达对纪念碑的崇敬之情。

例 3:"Don't you think it would be a good idea if I let my hair grow out?"(131)

曹译:"要是我把头发留起来,你不认为这是个好主意吗?"

张译:"要是我把头发留起来,你觉得怎么样?"

在上面两例中,曹译是一字一板的欧化语法,不符合汉语习惯。

例 4:She liked the deadly serious way he received any complaints. She liked his dignity. She liked the way he wanted to serve her. She liked the way he felt about being a hotel-keeper. She liked his old, heavy face and big hands.(130)

曹译:她喜欢他听到任何怨言时那种非常认真的态度。她喜欢他那庄严的态度。她喜欢他愿意为她效劳的态度。她喜欢他那觉得自己是个旅馆老板的态度。她喜欢他那张上了年纪而迟钝的脸和那一双大手。

张译:她喜欢他对任何诉求都能认真听取。她喜欢他庄重的气质。她喜欢他乐于为她效劳的态度。她喜欢他身为老板而能自知。她喜欢他那紧绷的老脸和粗壮的双手。

这是用来描写美国少妇对旅馆老板种种喜欢的一段话。曹译本中采用"直译"的方法,将"the way"都生硬地译做"态度",显得过于单调。而张译本采用"意译"与"直译"相结合的办法,适当增减字词,充分发挥汉语优势,译得自然而流畅。但将"old, heavy face and big hands"译成"紧绷的老脸和粗壮的双手"值得推敲。人随着年龄的增长,肌肉会变得松弛,怎能"紧绷"?况且他对美国少妇很友好,应该面堆笑容,所以也"绷"不起来。其实"heavy"与"old"在此是近义词。不妨译成:"散发着成熟魅力的面庞"。

例5："Come, Signora," she said, "We must get back inside. You will be wet."（130）

曹译："来，太太，"她说，"我们必须回到里面去，你要淋湿了。"

张译："走吧，太太，"侍女说，"我们得回屋里去。您会淋湿的。"

曹译本中的"来""必须"都像长辈对孩子的说法。而张译本中意译为"走吧""得"及"您"才像一个侍女对旅馆客人的说话方式。

其实，"直译"与"意译"各有所长，并无孰优孰劣之别。两者完全可以综合运用于同一篇译文中，发挥各自的优势，各得其所。"直译和意译是为真实地再现原作艺术意境服务的两种具体方法。两者都不可缺少。哪一种方法最能帮助我们完成任务，就应当采用哪一种方法。"（张今：126）在综合运用这两种翻译方法的同时，还要充分"发挥译文语言的优势"，就是要译出"原作深层所有而表面所无的东西"，换句话说，就是要"译出原文内容所有而原文形式所无的东西，就是要传神"。这种"比原文表达力更强、也是更精确的语言形式"，就是"发挥了译文的语言优势，是传神的译文"（张今：23）。

三、着眼全篇，把握细节——再现原作艺术意境

是否真实地再现作为一定社会生活之映像的原作艺术意境是衡量文学译品艺术价值的主要标准。为了真实地再现原作中包含的生活映象，首先，译文中的生活映象在细节上必须和原作中的生活映象一致（张今：53）。

《雨中的猫》原作中的生活映象是：在异国旅馆，寂寞、空虚、无聊的女主人公雨天下楼寻猫，书呆子丈夫漠不关心，旅馆老板对女主人公一再献殷勤。要如实地再现这一映象，需要把握原作中看似微不足道，实则字字珠玑的细节。

文中共有五次提到美国太太向窗外望（look out），而这五次她的心态、情绪是渐次变化的，在翻译中必须留神。

例1：The American wife stood at the window looking out.（129）

曹译：……眺望。张译：……往外看。

雨天丈夫看书，自己无聊，"眺望"窗外雨景。

例2：Liking him she opened the door and looked out.（130）

曹译：……向外张望。张译：……往外看。

为了找猫，开门"张望"。

例 3：She laid the mirror down on the dresser and went over to the window and looked out. (131)

曹译：……向外张望。张译：……往外看。

与丈夫无法沟通，"张望"窗外，看猫是否再次出现。

例 4：His wife was looking out of the window. It was quite dark now and still raining in the palm trees. (131)

曹译：……往窗外望。张译：……看窗外。

挨了丈夫的顶撞，麻木地"往窗外望"。

例 5：George was not listening. He was reading his book. His wife looked out of the window where the light had come on in the square. (131)

曹译：……望着窗外。张译：……看出窗外。

丈夫对她的诉求充耳不闻，她还执意唠叨要猫，"望着窗外"——灯亮了，希望来了吗？对这五个"look out"，曹译本从"眺望""张望""张望""往窗外望"到"望着窗外"，体现了女主人公情绪的变化过程，将原文的艺术意境传达得恰到好处。而张译本比较而言就稍有逊色了。

对丈夫卧床看书的情景也有五次描写，而这五次描写都是和太太的行为以及心理活动紧密相连，形成鲜明对比。

例 1：The husband went on reading ... (129)

曹译：做丈夫的继续看书……张译：丈夫继续看书……

丈夫只是象征性地说一句"我去捉"就"继续看书"。

例 2：George was on the bed, reading. (130)

曹译：乔治在床上看书。张译：乔治还在床上看书。

张译本中一个"还"字将独立出现的现在分词状语"reading"突出。

例 3：George was reading again. (130)

曹译：乔治又在看书了。张译：乔治又埋头看书了。

张译本中"埋头"二字体现出丈夫对妻子感情的熟视无睹。

例 4："Oh, shut up ... "George said. He was reading again. (131)

曹译：他又在看书了。张译：他还是看他的书。

张译本中"还是看"三字体现出对妻子视而不见。

例 5：George was not listening. He was reading his book. (131)

曹译：他在看书。张译：他一门心思看他的书。

"一门心思"更体现出"George was not listening"。

从上述五句比较而言,张译本通过运用汉语中的一些表示强调的词语,将丈夫对妻子的冷淡突现出来,刻画了一个典型的书呆子形象,再现了原作的艺术意境。曹译本则稍逊一筹。

整体来说,曹译本出于忠于原文的考虑,偏向于直译,行文简洁程度欠缺,在再现原作写作风格方面值得推敲;而张译本更重视对海明威简洁文风的考虑,有的地方为简洁而简洁,因而显得过于生硬,不符合汉语习惯。若综合两种译本之长,在重视原作写作风格的传达,充分利用译入语言优势的基础上,同时运用"直译"与"意译"两种方法,将会译出更精湛的译作。

引用文献

[1] 厄内斯特·海明威:《海明威短篇小说全集》,陈良延等译,上海译文出版社,1995 年。

[2] 周仪、罗平:《翻译与批评》,湖北教育出版社,1999 年。

[3] 张今:《文学翻译原理》,河南大学出版社,1987 年。

[4] 吴晓奎:《海明威传》,北京世界知识出版社,2001 年。

从语言差异对比中西文化

李汉平

加州大学圣地亚哥分校

如林语堂所说:"人并不是因为思考而说话,而是因为说话,因为安排字句而思考,思想只是解释话语而已。"语言既是承载思维的载体,又能深刻影响思维的方式。应当看到,语言对思想的限定是不可避免的,如《道德经》在卷首开宗明义地指出"道可道,非常道"。然而,由于自然语言间存在着构造方式、表达形式、语法逻辑的差异,不同语言对不同思想的促进与抑制也就不尽相同。一般而言,以中文为代表的象形文字富于暗示及启发,以英文为代表的字母文字则精于逻辑与分析的思维。

本文将分为五个部分,第一部分将从象形文字及字母文字的起源入手,分析其发展的时代背景与原因。进而分析其从语言文字层面如何影响中、西方思维方式的形成;最后由思维方式的不同来分析其审美差异及最终的文化差异。二、三、四部分将遵循着第一部分中"语言差异—思维差异—审美差异"的脉络,分别从科学观、国家观、审美观三个层面解释中西文化的典型问题:其中第二部分将从语言差异造就的思维差异角度回答李约瑟问题,即为何科学和工业革命没有在近代的中国发生;第三部分将诠释中国朝贡体系与西方威斯特法利亚体系下"天下观"与"国家观"的对立;第四部分将分析目前中国近代诗歌发展困局背后的审美冲突。第五部分为结论。

一、表意文字与字母文字的成因及历史背景

罗素在《西方哲学简史》中指出:"每个国家的语言均起源于象形图画,

并进而演变为表意文字,后者在中国沿用至今。"① 表意文字的出现是人类文字发展的必然过程。然而与西方逐步发展出字母文字不同,中国人始终沿用相传为上古仓颉所创的象形文字,这也就决定了两种不同的思维方式。因而要阐明两种自然语言背后的思维差异,首先要分析西方得以发展出字母文字的原因。

字母文字源于公元前一千年左右的迦太基字母,进而发展出希腊字母乃至如今广为沿用的拉丁字母体系。腓尼基素为海洋强国,国人除善海战以外,也频繁与其他城邦进行贸易。在贸易过程中为了计算单位之便利,引入一套抽象的符号系统——不似象形文字一样有具体的图画代表,而仅仅是为了标记单位之便利,字母之间可以自由组合,也就是后世字母文字的雏形。

从其中便能看出象形文字与字母文字起源的本质不同,前者源于对具体现象的自然刻画,后者则旨在对抽象概念的逻辑表达。两种不同的语言工具日后深刻地影响了人们的思维方式。

具体而言,中文由于每个汉字本质是一幅画(或画的抽象形式),每个汉字本身便兼具各种词性,不需用词根词缀另造新词。因而一个字在句子中的词性乃至含义往往需要读者从语境中推敲。字母文字则由其文字本体适合叠加,使用者可从词根词缀分析单词的词性,亦可从语句的结构分析长句的语法,不需额外的联想;相反,需要对语句的语法结构多加注意,形成了对形式逻辑的潜移默化。

因此在中文语境下的人富于联想,在字母语言环境下的人精于刻画。这种思维层面的区别自然也外化到审美中。中西截然不同的古典艺术就是一例。中国的国画讲究大写意,于云遮雾绕中探求"此中有真意";书法追求神韵,一板一眼的馆阁体反而评价很低。西方的油画则追求真实感,于分毫毕现的刻画中展现自然之美;古典音乐更是严密反复,甚至使用了数学调和。当然了,近现代以来,东西方文化的交汇更为紧密:中国出现了现代诗,西方也有了印象派油画。不过就彼此的文化主流而言,上述审美区别依然存在。

---

① "In each country writing began with pictures of the objects intended. These pictures quickly became conventionalized, so that words were represented by ideograms, as they still are in China." Russell, B., *History of western philosophy*, 4.

二、解答李约瑟问题

李约瑟问题可以简要描述为"为何科学和工业革命没有在近代的中国发生"。这其中预设了一个潜意识中理所应当的条件：科学和工业革命对于一个国家终将发生，或者退一步，"应该"发生。

然而这种基于西欧文化背景的假设对中国却并不适用。用严格的数学语言来表述，李约瑟问题不是一个"良定义"的问题，因为他预设的条件并不成立——传统文化背景下的中国内部并没有实现现代科学与工业革命的诉求。要解释这一点需要从上文分析的思维差异谈起。

中国人富于联想与暗示的思维方式造就了其反对纯粹科学的传统（这里与实用性的技术相区分）。战国时期的公输班，相传是一位大发明家，创造出的机械鸟可以飞三天不止。然而墨子对之不屑一顾，斥为毫无意义的"奇技淫巧"。[①] 如今有人以此感叹古人毕竟拘于见闻，扼杀科学发明的思维，无法想见飞机环球旅行的今日奇景。我认为这些人是低估了墨子的眼界。

墨子所思考的，是如何兼爱非攻，解决战国交相攻伐、民力凋敝的困境。而这些大问题，时至今日依然存在，科学的进步非但未能解决这些，相反还增添了战争骇人的威力。至于飞机，我宁愿相信倘若墨子在世，也不过报以一笑，继而继续实践与探求前者。

当然，终墨子一生，他也未能实现这个梦想。然而换言之，墨子始终以完成人世纷争的大视野来作为人生规划的方向。这与西方一生致力于物理学或天文学的学者不同。墨子并非孤例，事实上中国的学者从来也不像西方那样划分严格的学科区分。

如果用一个球来形容人类对知识的认知，那么西方的球是不断扩大的，正如他们不断细化学科分类以扩大知识的外延。这一点以苏格拉底的一句

---

① 《墨子·非乐上》："利人乎即为，不利人乎即止。"

名言体现得最为明显："我的知识在于我的无知"①——因为本身的知识之球越大,则与外界未知区域的接触面积也越大,便越觉得自己无知。

然而在东方则截然不同。中国人传统上的知识之球是无法扩大的,抑或可以说是"至大无外,至小无内"的——因为中国人并不在意其外延的扩大,而追求对其内涵理解之深入。如"道可道,非常道"的道,从初始的定义上便是涵盖万物,无处不在,这与西方小心翼翼的设计"平行线不可相交"之类的数理公理不同,因为后者希望借由简单直观的公理推导出尚存于知识之球外部的未知结论。而在老子眼中,所有的知识以及包含在这名为道的球中,所追求的不是延其外延,不断发展,而是深究其内心,深化人与道,或者说世界的心灵体验。

如果借由罗素的定义,凡事有两种原因,一为 reasoning,二为 mechanism。前者引向形而上学,后者则推动科学的发展。中国的诸子,虽有百家之争,然无一不专注于 reasoning。形成这种思维方式的原因仍在于文字本身。

字母文字可以方便地为新兴概念拼凑新词,象形文字则只能在有限意象当中暗示启发无限的含义。对字母文字而言,signifer 和 signified 之间的关系几乎是随意的,但对汉语不然。象形的特点保证了二者之间的紧密联系。这意味着使用汉语者在思考时,始终离不开具体的客观物质;而英语或其他字母文字国度的人民则不然,由于语言与指示物从形式上没有必然联系,他们更适合进行抽象的思维。然而作为成熟的语言抽象的概念又必不可少,于是汉语采取了一种巧妙的方法,以两种极端的具体事物暗示其中蕴含的抽象概念:如以"大小"表示面积,"长短"表长度;最妙的是物质——自然界的一切都属于物质的范畴,看似难以以具体的象形来加以阐释。然而古人创造了"东西",盖指由东至西的一切存在之物(之所以不取"南北",笔者认为是因为先秦时代中国的政治文化版图为陕西—河南—山东的东西走向,南方文化较北方落后所致)。

因而即便是抽象词汇,在汉语中也并不"纯粹",而是通过对具体概念的

---

① 苏格拉底申辩道:"尊敬的陪审员们,我无非是具有某种智慧而获得了智者的名声。我所指的是什么样的智慧呢? 我想是人类的智慧。在这个意义上我的确可以算作有智之人。或许我刚才提到的那些天才们有超人的智慧,但我实在无法说明。我对这种超人的智慧自然是一无所知,谁说我有这种智慧就是说谎,就是有意中伤。"《苏格拉底的最后日子》,余灵灵、罗林平译,上海三联书店,1988 年,第 43-44 页。

暗示所体现。这就决定了在汉语语境下，人们倾向于联系已知事物之间的联系，而非发展新兴的未知领域。而自然科学正属于后者。

数学是西方思辨的集大成者。其重要特点便是"自洽"，如今的数学大厦分支众多，无不以逻辑的自洽为原则。然而某种意义上，数学乃至西方思辨，却又在源头上并不自洽。比如数学必须要承认公理才能推导，而公理的self-evident 却无法证明。自然科学同样基于一种基本的假设：世界是可以被理解的——依然无法以西方的方式证明。中国人的思维方式则自动取消了这个问题，因其并不对事物给出严格的定义，也并不追求知识尺度上的扩大，而是不断深化人与世界的理解。道是什么？不可说。基督教可以是道，伊斯兰教也可以。每个人都可以以其际遇在道的指引下找到自己的归属。真与伪，美与丑，没有严格的区分，也就不存在矛盾的可能。如《日本镜中行》所提及，日本人没有绝对的真理观，而相信"美即真理"，中国人也是如此。从某种意义上讲，这种无可无不可的道/美/真理，也是一种宏观层面的自洽。①

了解了这一点，便不难发现，自然科学的进步对于东方思维下的社会，并不是必需的。一个追逐科技的青年可能会对每年苹果手机的更新趋之若鹜；而对许多老年人而言，手机只要能用即可，他的幸福感来自他的事业顺利、家庭和睦及身体健康。我们常说科技进步带来了巨大的便利，无法想象古时人们没有飞机轮船会多么不便，这其中其实存在一个逻辑误区。

幸福感的来源，不仅仅取决于外界的收获（这点往往被强调），更在于其内心的需求。古人不会因为没有飞机的不便而苦恼，因为他们根本不知道飞机，也就无所谓不便。假如未来人们的交通工具更为便利，从北京到纽约时间可以再缩短一半（这非常可能），然而如今有人会为我们花了比未来多一半的时间在交通上而痛苦吗？已经习惯现代社会便利的我们，想象自己回到古代，或者忽然到了一个缺乏现代科技的国度，那时才可能感到痛苦，与古人毫无关系。

我并不是说科技进步无用，而是指出其在何种程度是"有用的"。科技的进步是"依赖性"的，与其说它的出现自动为人类带来幸福，不如说当人类

---

① 《日本镜中行》："对日本多了几分了解以后，我开始产生一种意识：如果说经济支配着美国，法律支配着英格兰，宗教支配着印度，文化支配着中国，那么，日本的一条中心线索就是美学。在日本人的心目中，借用诗人济慈的话来说，真即是美，美即是真。"（艾伦·麦克法兰：21）。

习惯它之后,一旦失去便会感到痛苦。因为科技进步只是手段,而非目的,而后者恰恰是东方思维下的思想家最为关注的。回到文章开头的墨子,我认为他即便看到如今的波音747,也不会对蔑视公输班的发明而感到遗憾,因为当时他所投身的事业,如今依然是世界难题——兼爱/非攻。

总结而言,汉语文化所决定的思维方式既不擅长科学发展所必需的抽象思维,其进而延伸出的世界观也对科学发展的潜在优势并不重视。这两点决定了科技进步在古代中国既无诱因,也无需求。无法成型也就在情理之中了。

三、天下观与国家观的对立问题

同科学观的分歧类似,中文与字母文字的差异也同样影响了中国人的国家观。与西欧诸国林立不同,中国自秦朝统一以来始终有着天下一统的向心力。这里当然有秦始皇建立中央集权制度的原因,不过本文要强调的是另一点——文字基础的原因。

如前文所述,汉字作为象形文字,除了字体在演变过程中逐渐简化之外,基本用字的数目大致不变。而作为表意文字,其读音与写法并不直接相关。这也就决定了即便不同地区存在读音差异,仍能使用相同的语言——汉语来进行交流。字母语言没有这个特点,往往不同地区对峙数十年,拼出来不同发音的语言,文化差异也就由此出现。而差异一经确立,仅靠军事强人的武力很难改变不同民族间的离心力,因而西欧纵然间或出现拿破仑或希特勒这样的一统局面,仍然难以改变诸国林立的大趋势。至于中国,不同民族领导的南北朝在对立两百年后,仍不失统一天下的向心力,在西方的语境下是难以想象的。

这种由文字差异带来的向心力与离心力之别使得东西方对于国家有着截然不同的认知。西方不同民族下的离心力最终导致了三十年战争后的威斯特法利亚体系,为互相尊重主权的现代国家概念拉开了序幕。而在以汉文化为中心的中国,则逐步建立起"万邦来朝"的朝贡体系国家观。

因此严格来说,中国古代并没有现代意义上的概念。取而代之的是"天下"——"普天之下,莫非王土;率土之滨,莫非王臣"。在这样一种唯我独尊的天下观中,中国皇帝乐于向四方邻邦册封王位,宣示天朝上国的权威。在这种语境中,中国处于超然的优势地位,自然也就天然地缺乏互相平等的契约精神。

然而在中国向现代国家转变的过程中,缺乏对现代国家概念的教育。中国人大都自发地将天下观继承到现代国家体系中,认为二者并无二致。这就是为何中国在外交争议问题上多次强调"自古以来"这个看似不符合国际惯例的理由,而仍能获得国内民众普遍理解的原因。

四、现代诗的"原罪"

现代诗引入中国近百年,仍处于不温不火的尴尬局面。其原因同样源于中西语言差异所外化出的审美差异。冯友兰先生曾在《中国哲学简史》中指出,中国这些富于暗示的"负的哲学",正与西方善于分析的"正的哲学"所对应。[①] 结合上文分析,可以说中文本身也是一种"负的文字",因而发展出的审美也更具有负的倾向,比如主张大写意的国画、书法等。

如今在网上一窥博物馆中珍贵古物的全貌时,拍摄者往往会使用 360 度全方位拍摄,以期让观者有全方位的直观感受。譬如一个宋代瓷器,当它旋转地展示在世人面前,会有几个侧面呢? 答案是无数个。

然而文字的视角不论是从上至下、还是由左至右,所描述的始终只有一种固定的侧面。而一个场景、一个事物却有无数个视角,无数个侧面。因而如西方油画,先讲画面定格,方能诉诸笔端。可是国画并不如此,相传宋徽宗有一次让画待诏们画一幅"踏花归去马蹄香",有的画家绞尽脑汁,画了满地花瓣,有的画了马蹄飞扬,可是终究没能把握住诗眼,也就是"马蹄香"的"香"字……诸多画卷中唯有一幅画的是位公子哥扬鞭打马而过,有几只蝴蝶绕着马蹄上下翻飞——宋徽宗龙心大悦,擢为第一。香味本是一种难以描摹的存在,无法诉诸直观,但是借用具象的蝴蝶却能细腻地暗示出来……

正是这种"负向审美"的特点,才使国画取其意境,不计细节精确与否。相对而言,西洋油画就有更为直观的理论可循,也就更追求物质层面的精确之美。

这里便存在一个与语言影响思维类似的规律:负向的语言催生了负向

---

① 在《新知言》一书中,我认为形而上学有两种方法:正的方法和负的方法。正的方法的实质,是说形而上学的对象是什么;负的方法的实质,则是不说它。这样做,负的方法也就启示了它的性质和某些方面,这些方面是正的描写和分析无法说出的。参见冯友兰:《中国哲学简史》。

的艺术形式,而这些艺术形式又在千百年来不断深化着中国人青睐暗示与含蓄的负向审美。

然而现代诗的出现无疑与这一点格格不入。

从现代文的逻辑基础上看,与其说是古文的演变,不如说更接近英文。大量双音节复合词的使用,无疑使中文变得"精确"起来,然而这也同时部分抹杀了含蓄的余韵。当然不是说现代文改良不妥——这无疑是中华文明适应现代效率社会的必要改变。然而作为一个小小的副产品,语言基础的改变为现代诗的没落埋下了隐患。

举例而言,当林语堂曾在留学时抱怨,美国白人大都身材魁梧,却喜欢唱一些扭捏作态的爱情歌曲,让他觉得很不协调。这就是所谓的 culture shock。英文是精确的拼音文字,相比于中文更适合直白明确地阐述想法。久之也就形成了如古典油画与音乐一样精确严密的正向审美。投射到流行音乐上,就显得直露奔放,并不顾忌大量使用"baby,I love you"等亲昵词句。与之相对的,是当夏目漱石看到学生将"I love you"译为"我爱你"时并不满意,指出:"日本人怎么可以说我爱你呢,说今夜月色很美就可以了。"在负向审美上,中国与日本相对一致。

当然了,时至今日中国也涌现出许多流行歌手,其作品不外乎也是以爱情为主,歌词之直白,可能较林语堂时代的美国犹有过之——然而与其说那是中国人的审美特征,不如说是在强调效率/高速消费下的流行歌曲乃至流行文化的审美属性。做一个简单的思维试验,即便找一个狂热的流行音乐粉丝,让他在其偶像的专辑与齐白石的画作间做选择,恐怕仍会选择后者。当然可以说那只是因为齐白石的画作更值钱,不代表他更欣赏。然而更进一步,即便在流行文化高度发达的今日,为何齐白石的画作标价仍然远超诸位天王天后呢?

因为审美是有层次的,也许一个人一天大多数时间都在听流行乐,看漫画,但他知道齐白石的画是好东西,是更高的东西。齐白石的画——可以画得像日系漫画那么唯美么?或者说国家艺术团去国外演奏,可以加一段 rap 吗?说到底,如今西方文化进入国人审美"尚在腠理",还没到五脏六腑的地步。

大多数人并不能欣赏郭沫若的长诗《大海,我的母亲》,认为通篇的"啊啊啊爱爱爱"没有"诗韵",却可以接受更直白的流行音乐。那是因为人们评判流行乐和诗歌的标准与取向并不一样。换言之,我们在生活中依然极大地受到西方正向、精确、快餐文化的影响,但在更深的心灵体验层次,譬如传统文学、诗歌,依然无法割舍千年来负向审美的烙印。

不能武断地说现代文/现代诗不美,只能说不合于传统的审美——西方那种追求精确的逻辑,无疑是时代必须而现代文所具备的,但与汉字本身的特点貌合神离。说到底,古人在象形文字中沉浸几千年,趋向于一种暗示性的审美,这非平铺直叙的逻辑手段所能达到。

如今现代文作为中国人的语言,已经从古时"负"的语言转变为"正"的。然而在国人审美层面,始终还是趋向于认同"负"的审美,所以现代文写不出激荡人心的现代诗。正的语言与负的审美,这就是现代诗不可调和的原罪。

直观来看,当语言基础与审美倾向不协调时,无非只有两种方法:抑或人为使现代文语言由正变负;抑或直接追求正的审美,寄望于读者在无数现代诗轰炸之下审美突变,开始欣赏正的诗歌。然而这恰恰对应了如今现代诗发展的两种乱象。

第一种,用现代文语言写出贴合大众负向审美的东西。确实有人这么尝试并且某种意义上获得成功。北岛的名句"卑鄙是卑鄙者的通行证,高尚是高尚者的墓志铭"正是如此。然而有汉学家指出"(这句话)现在这个时代的人很容易能说出来,并不是诗"。不论这句话是否很容易能说出来,"不是诗"这三个字可谓一针见血。倘若北岛此言是诗,那么"岁寒,然后知松柏之后凋也"是否也是诗句呢?当然他们若译成英文,也许看不出和"床前明月光"的英译本哪个更有诗性。这也就是问题所在,符合英文诗意表达的未必符合中文对诗的审美。

汉语的节奏感并不强,所以强调诗歌格律、平仄的统一。以人文的形式营造诗歌的乐感——像这种朦胧的现代诗,确实在迎合负向审美的地方做得不错,留有回味的余暇(所以也受到欢迎),但是现代文本身是精确的语言,基本词素缺乏遐想空间——倘若用这种语言工具构造'负',那就好比从胖人身上削肉来减肥一样,瘦是瘦了,未免缺些美感——破碎的表达丧失了语言的完整性。最后呢,变成一句句箴言。这就是我要说的,诗歌的箴言化,是一些现代诗人谋求传统审美的探索。然而箴言并不是诗,无论是美感还是传唱度都受影响。

简而言之,用现代文谋求含蓄的负向审美,会受到国人的部分认同,然而难以避免的是诗歌"箴言化"。

第二种,就是不改变现代文的语言形式,索性就追求正向审美到底。这就走向另一个误区了——诗歌的散文化。现代文本身就是精确繁杂的语言,又顺水推舟,追求西方十四行诗一般直白的叙述,那自然愈写愈长,愈写愈细,近乎散文了。但可惜的是中国人接不接受呢?看看人们喜不喜欢《地球,我的母亲》就知道了。

并不是说西方人审美低下——只不过是语言基础造成的审美取向不同而已。所以从这种意义上来说,郭沫若的现代诗不受欢迎并不能代表他的语言功底差——被组织选作接过鲁迅旗帜的人物,语言不会不好。只不过反映了他在解决现代诗创作上自己的摸索与努力——可惜这努力恰恰证明了现代诗的失败与无可救药。

总而言之,想要以现代文迎合负向审美的,最终激进者,语言破碎不可辨识,为群众抛弃;温和一些的,则走向箴言化的路子,与诗渐行渐远。想要正向语言正向审美一条道走到黑的呢,其实写的不仅是散文,更是黄皮肤的英文诗而已,并且在很长一段时间内得不到人们的审美认同。

这里谈的箴言化与散文化仍是指其中的优秀作品。由于现代诗取消了格律的门槛,催生了一些缺乏古典基础,就妄谈诗歌的所谓诗人。箴言化写得不知所云,散文化写得俗不可耐。正是他们群魔乱舞,才使得诗歌与一般受众的体验愈来愈远。当然这种人的失败可以想见,无须赘述。

五、结论

应当指出,无论是第二章的李约瑟问题,第三章的朝贡体系,还是第四章的现代诗,都是复杂而宽泛的大问题,前人多有所述,其研究方式也不一而足。笔者本文并非将语言文字的差异视为这三个问题的唯一原因,而是试图以语言差异为着眼点,借由这三个问题从科学观,国家观及审美观三个角度诠释语言差异所造就的文化区别。结合上文分析,试作简答如下:

1. 李约瑟问题:为什么科学和工业革命没有在近代的中国发生?

古文不适合培养自然科学所必需的逻辑思维;并且在文字影响下,中国人更强调探求人与世界的关系与心灵体验,而非追求(同时也不认为存在)物质之间的"客观"性质。

2. 中国朝贡体系与西方威斯特法利亚体系下"天下观"与"国家观"的对立。

字母语言具有灵活的可变性。西欧的族群对立数十年,便拼出了不同的文字与语法,形成不同的民族与根深蒂固的离心倾向。汉语难以自发地改变书写及构词方式,因而纵然南北朝隔江对峙两百年,两岸仍不失统一的愿景与诉求。因此,中国人逐渐形成了域内一统的"天下观"乃至朝贡体系;西方则最终确立了以国家主权为基础的威斯特法利亚体系。

3. 中国近代诗歌为何无法获得国民普遍的接受与认可,达到唐诗宋词的审美影响力?

汉语由古文转为现代文是适应现代社会追求"效率与精确"的必然结果。然而在吸纳西式语法,大量使用双音节词为汉语注入逻辑性与现代性的同时,汉语也牺牲了本身模糊含蓄、富于暗示的性质。现代汉语从语法与逻辑上更接近英文,而非传统古文。现代诗的困局在于,其语言工具(现代文)是一种有西化审美倾向的语言,而国人仍然心系于中国传统含蓄、暗示性的审美。语言载体与受众审美不匹配,造就了现代诗未能盛行的现状。

引用文献

[1] 艾伦·麦克法兰:《日本镜中行》,管可秾译,上海三联书店,2010 年。

[2] 冯友兰:《中国哲学简史》,赵复三译,北京大学出版社,1985 年。

[3] 林语堂:《林语堂自传》,中国华侨出版社,1994 年。

[4] 色诺芬:《回忆苏格拉底》,永泉译,商务印书馆,2009 年。

[5] Russell, B. , *History of western philosophy*, New York, 1949.

英语教学中中美文化差异问题的研究

袁怡娟

陕西师范大学

文化与教学具有内在的、必然的相依关系。"一定的语言总是历史地和一定文化相关联。语言是相关文化,特别是文学的关键。各种语言本身只能在交织蕴藏语言的文化背景中才能被充分认识;语言和文化总是被一起研究的。"(Lyon:324)语言作为一门综合性的学科,由于历史文化、风俗习惯、生存环境、宗教信仰等不同,导致了中西方文化存在着很大的差异,从而出现了英语学习的多种困扰因素。语言与文化的关系如此紧密,以至于在不同的两种文化中很难找到文化内涵完全相同的词语,所以"学习外语必须了解目标语言的文化,即所谓 to be bilingual one must be bicultural。仅仅掌握语音、语法、词汇以及具有相应的听说读写译能力,还不能保证学生能深入、灵活、有效和得体地表达思想,具有跨文化交际的能力"。教师在教授时应注意英汉两种语言文化中常见的差异,学生在英语学习中必须了解中西文化的各种差异,教师在训练和提高学生语言水平的同时应有意识地注重培养学生用英语进行跨文化交际的能力。这是因为,在跨文化交际过程中,文化信息如价值判断、思维模式必然会通过语言或隐或现地表露出来,传达出来。学生如对西方文化没有深入了解,就不可能真正领会英语所要传达的文化信息,有时甚至会曲解原意,不能与源语文进行沟通与交流。

英语教学中老师常常会发现:一些学生在学习英语的过程中语法知识掌握得很全面,记忆词汇的能力也很强,但对文化方面的阅读语篇却觉得难以理解,其原因就是学生在阅读过程中过分依赖于母语的逻辑思维,对英语国家的文化和社会背景知之甚少。所以,唯有了解和掌握英语国家的文化背景才能真正达到理解西方文化并得体运用英语的目的,进而全面提高英语运用的综合能力。因此,教师在传授知识时更要增强学生对英语国家文化和社会的学习和了解,培养他们对英语的敏感性和适应性,进而发展成为一种国际理解文化能力。如何开展这方面的教学活动呢? 通过笔者在实际教学过程中的实践,结合教材,可以从如下几个方面进行探讨。

一、依照教材课文内容,增加相关英语语言文化知识的介绍

英国著名语言学家利奇(Geoffrey Leech)把词义置于社会文化的广阔背景之中,围绕词义的交际功能,进行详尽的分类研究。他认为,词义可分为7种类型:(1) 理性意义(conceptual meaning):关于逻辑、认识或外延内容的意义;(2) 内涵意义(connotative meaning):通过语言所指的事物来传递的意义;(3) 社会意义(social meaning):关于语言运用的社会环境的意义;(4) 情感意义(affective meaning):关于讲话人/写文章人的感情和态度的意义;(5) 反映意义(reflected meaning):通过与同一个词语的另一个意义的联想来传递的意义;(6) 搭配意义(collocative meaning):通过经常与另一个词同时出现的词的联想来传递的意义;(7) 主题意义(the matic meaning):组织信息的方式(语序、强调手段)所传递的意义。利奇以联想意义(associative meaning)概括除理性意义和主题意义之外的其他 5 种意义,因为它们是人们在使用语言时联想到的现实生活中的经验,传达人们在使用语言时情感上的反应,并具有特定社会文化特征(利奇:13-33)。

每一种语言在其历史演变过程中,总是与操该语言的民族文化生活融为一体,营造一种特殊的情感氛围,并能引起一定的文化联想,产生联想意义。每一民族语言所包含的文化涵义也不完全相同,有些词汇文化涵义十分丰富,很难在另一语言中找到恰当的对应词。譬如,对中国人来说,中国诗歌中的一棵松树就会引发无限的联想,翻译成英语,则无法引起与之相同的联想,许国璋先生称这类词汇为"文化涵义丰富的词汇"(culturally-loaded words)。文学阅读与欣赏中,对于这类词汇的把握就显得尤为重要,因为它关系到学生正确理解原文与正确接受原文的信息,进而欣赏原文所传达的美学意蕴与韵味。

因此,对于英语文学阅读中的文化问题,必须引起高度重视,把文化问题作为文学中一个首先需要解决和不断需要解决的问题。唯有如此,英语文学阅读与欣赏才能深入。我们对英语文学阅读教学中的文化问题,在自己的教学实践中进行了一些尝试,采取了一些积极措施,收到了比较好的效果,具体做法如下:在英语文学教学中,一方面利用该课程的导入和热身的时间有目的地、系统地传授西方文化知识;另一方面,结合具体教学总结归

纳一些比较小但也很重要的"文化包"(cultural capsules),结合具体文学作品(如影视、歌曲、诗歌等),做较为详细的介绍和分析,以加深学生对这些文化的体会和培养跨文化交际的能力,同时提高学生对该文学语篇的理解和赏析。

二、在英语教学中注重中西文化风俗习惯的比较

众所周知,外语学习者在初学外语时,会在思维和习惯上自觉或不自觉地依赖母语,这样时常会在学习中发生一些可笑的错误,甚至误会。如果教师加以引导,在教学中突出这些语句交流间的差异,使学生更容易掌握英语的语用特点,就会有利于学生的学习和运用。例如,中西方人的思维方式在很多方面都有所不同。我们可以看出,西方人说话坦率、个性鲜明、富有幽默感;而中国人讲话含蓄、中庸拘谨。在对待别人的邀请方面中国人习惯以退让来表达客气礼貌。如在一所中学的外语活动中,由外教带领几名学生去兵马俑参观。回来后老师向学生了解外出情况以及心得体会。有学生说老外特别小气。问起缘由才知道是因为外教在买冰激凌时询问学生要不要吃,学生出于礼貌回答不要。外教就自然只买了自己的,并没有给孩子们买。这种误解完全是由于两国不同的观念和表达礼节的不同方式产生的。

三、学习英美用语习惯,引导学生准确理解语言的正确用法

著名学者沃尔夫森(Wolfson)指出,在与外国人接触当中,讲本国语的人一般对语音或语法错误并不苛求。相反,对于不符合该国文化习惯的用语很难容忍,认为是没有礼貌的。英语国家有的生活习俗方面与中国习惯相反,比如英语民族把名字放在前面,姓氏放在后面。这使许多初学英语的中国学生不习惯。此外在头衔和称呼方面,也容易出这样的问题。如在一些中小学或更初级的英语教学环境中我们还发现有的老师仍教给学生"Goodbye,teacher"这样的用法。老师在英语里不是头衔或者称谓,所以"Goodbye,teacher"(老师,再见)中的"teacher"一词,在英语中是表示职业的名词,作为称呼是不恰当的。

再如,一些词汇问题属于语言因素,学生认识这个词应该说没有问题,但并不能准确理解其文化内涵(Cultural Connotation)。如下面的句子:I am not a feminist, but I am an individualist. "individualist"是从 individualism 而来的。国内出版的各种"英汉"和"汉英"词典均将 individualism 和"个人主义"视为对等词。individualism 是美国人的价值观和人生观的核心,强调充分发挥个人的自由、权利以及独立思考与行动能力,是美国社会的主流文化,显然是个褒义词。而中国则倡导集体主义和协作精神,个人主义在中国文化中是指"一切从个人利益出发,把个人利益置于集体利益之上,只顾自己不顾别人的错误思想"。显然,个人主义不是中国的主流文化,它是个贬义词。由此可见,individualism 和个人主义的文化内涵截然不同。学生弄清了 individualism 的内涵,才能正确把握句子的意思,达到跨文化交际的目的。

　　教育的本质是培养学生的综合素质,包括专业素质、道德素质、人文素质和科学素质,因此素质教育应该是教育的追求目标。文化教育是拓展素质、提升境界的重要手段。文化教育在这一方面发挥了不可估量和不可替代的作用。作为历史文化的传播者,教师更应当坚持做好对学生英语文化知识的输入,使学生通过学习异域文化,领略异域文化风采,促进学生英语语言技能的发展,培养学生文化鉴赏能力、文学品味与健全的人格,培养学生的"文化多样性"意识与文化宽容的精神,从而提高学生的综合素养。

引用文献

[1] Lyon, J., *Language and Linguistics: An Introduction*, Cambridge University Press, 1981.

[2] 利奇:《语义学》,李瑞华等译,上海外语教育出版社,1988 年。

[3] Barbara, J. shade, Cynthia Kelly, and Mary Oberg, *Creating Culturally Responsive Classrooms*. American Psychological Association, 1997.

[4] E. T. Hall, The Silent Language. Greenwish Coim, 1959.

[5] E. T. Hall, Beyond Culture. Anchor Books, 1976.

[6] 陈申:《外语教育中的文化教学》,北京语言文化大学出版社,1999 年。

[7] 胡文仲:《英语的教和学》,外语教学与研究出版社,1989 年。

[8] 贾玉新:《跨文化交际学》,上海外语教育出版社,1997 年。

[9] 林燕平、董俊峰:《英美文学教育研究》,上海外语教育出版社,2006 年。

[10] 钱穆:《文化学大义》,台北正中书局,1952 年。